La vie secrète
de Pablo Escobar

María Isabel Santos-Escobar

La vie secrète de Pablo Escobar

Albin Michel

Titre original :
Mi vida y mi carcel con Pablo Escobar

Traduit de l'espagnol (Colombie)
par Maria Poblete

Adaptation : Frédéric Ploquin

À mes enfants, Juan Pablo et Manuela,
pour leur courage et leur résilience pour avoir supporté
la violence épouvantable engendrée par leur père
et les horribles emprisonnements de leur enfance.

À ma belle-fille, Ángeles, qui est pour moi
comme une autre fille que Dieu m'a donnée ;
pour son affection inconditionnelle et sa loyauté.

À mon petit-fils, Juan Emilio, qui me donne la force
et l'inspiration nécessaires pour tout dépasser ;
pour cette connexion magique de plénitude avec ma vie.

À mes parents, ma famille, mes professeurs,
mes amies et amis, et ceux qui m'écoutaient tous les soirs
et lisaient mes écrits en respectant mon silence et mes larmes.

Merci à tous pour votre amour illimité et constant.

Prologue

« Comment avez-vous fait pour dormir avec ce monstre ? » m'a demandé un jour l'une des victimes de mon mari, Pablo Escobar. « Étiez-vous complice ou victime ? Pourquoi n'avez-vous rien fait ? Pourquoi ne l'avez-vous pas quitté ? Pourquoi ne l'avez-vous pas dénoncé ? »

Ces questions sont probablement celles que se posent des milliers de personnes sur moi. Ma réponse est que je l'aimais. C'est l'unique explication de ma présence à ses côtés jusqu'au dernier jour de sa vie, même si de nombreuses fois je n'ai pas été d'accord avec ses actions et ses décisions.

J'ai connu Pablo lorsque j'avais à peine douze ans, lui en avait vingt-trois. Il a été le premier et le seul amour de ma vie. Je me suis mariée à l'église, convaincue que les vœux du mariage se réaliseraient.

J'avais grandi dans un milieu paysan machiste où les femmes apprennent à suivre leur mari sans sourciller. Pablo m'a littéralement « élevée » pour devenir sa femme et la mère de ses enfants, ne poser aucune question ni mettre en doute son comportement. À partir du moment où j'ai terminé le lycée, après la naissance de mon fils, ma vie n'a tourné qu'autour de Pablo, et ce jusqu'au jour de sa mort.

J'ai fermé les yeux sur ses maîtresses, subi des humiliations, des mensonges, des périodes de grande solitude, des perquisitions, des menaces de mort, des attentats terroristes, des tentatives de séquestration de mes enfants, de longues périodes d'enfermement, et même l'exil. Tout cela par amour. Bien sûr, j'ai connu de nombreux moments de doute. Devais-je continuer, ou pas ? J'étais incapable de le quitter, par crainte, par impuissance, inquiète aussi de ne savoir que faire de ma vie ni de celle de mes enfants. J'ai même craint que l'homme le plus dangereux de Colombie puisse me faire du mal si je m'éloignais.

En 1984, quand notre situation s'est envenimée après l'assassinat du ministre de la Justice Rodrigo Lara Bonilla, et au cours des neuf années qui ont suivi, j'ai ressenti de la frayeur. Pablo ne mesurait pas les conséquences de ses actes et encore moins leurs effets sur sa famille. La démesure dans laquelle il vivait ne permettait aucune remise en cause ni critique. Même à cette époque, je n'ai pas eu la force nécessaire de le quitter, alors que beaucoup l'avaient déjà abandonné.

À la fin des années 1980, chaque jour est devenu une question de vie ou de mort, pour mes enfants et pour moi, mais aussi pour tous les Colombiens, otages d'une guerre qui nous dépassait. Esquiver la barbarie déclenchée par Pablo Escobar a été un défi. L'explosion d'une voiture piégée bourrée de sept cents kilos de dynamite devant la porte de notre domicile, pendant notre sommeil, a marqué le début de la guerre féroce lancée contre nous par les ennemis de mon mari. Par miracle, nous avons survécu. Mais à partir de là nous n'avions plus d'autre option que d'attendre les décisions de Pablo concernant nos déplacements.

Lorsque je me suis rendu compte à quel point je n'avais rien vu venir de cette cruauté, il était trop tard. J'avais été trop naïve et aveugle face à la réalité. Je n'avais pas le droit de voir, de donner mon opinion, de décider, de choisir ni même de poser des questions.

Les derniers temps, Pablo était très solitaire. Il était entouré de nombreux hommes, mais peu d'amis. Son ambition excessive l'a amené à perdre tout contrôle. Il pensait seul, décidait seul. Il est devenu propriétaire de nos vies et s'est approprié avec violence celle de tous ceux qui croisaient son chemin. Je n'ai pas eu la force de m'opposer. Même si j'ai souvent critiqué ses actes, il ne m'a jamais écoutée.

Ma vie et celle de ma famille ont pris un autre virage après sa mort. J'ai dû monnayer notre survie auprès de ses ennemis, négocier avec l'État notre sortie du territoire, changer nos identités, chercher un pays d'accueil et voir comment avancer avec mes enfants et ma belle-mère. Mon amour pour eux a décuplé en moi des forces jusque-là inconnues. Il m'a permis d'accomplir des choses que je n'aurais jamais imaginées. Je me suis aussi aperçue que, quoi que nous fassions, nous continuerions à être identifiés comme la famille de Pablo Escobar. Que nous serions pourchassés jusqu'à notre mort.

Juan Pablo Escobar, mon fils, devenu Sebastián Marroquín, a décidé d'affronter le monde en 2009 avec un documentaire, *Pecados de mi padre*[1], dans lequel il a demandé pardon pour les crimes de son père. En publiant deux livres, *Pablo Escobar, mi padre*[2] et *Pablo Escobar in fraganti*[3], il a voulu raconter notre histoire avec la seule intention qu'elle ne se reproduise pas. Son courage m'a poussée à suivre son chemin, et avec son aide j'ai décidé moi aussi de dire ce que j'ai ressenti et vécu pendant toutes ces années.

Il m'a fallu vingt-cinq ans pour me lever, sortir de l'enfermement et vaincre la peur de décrire ce que fut ma vie aux côtés de Pablo Escobar. Grâce aux enquêtes menées pour nourrir ce livre, j'ai commencé à prendre la mesure des événements que nous avons traversés. J'ai dû dépasser la crainte d'être jugée et les réticences de nombreuses personnes qui me demandaient de ne pas écrire. J'ai choisi et assumé ce chemin sans retour parce que je voulais rompre avec ces années de silence. Raconter mon histoire était devenu une nécessité.

Aujourd'hui, avec le temps et la sagesse des années, je regarde le film de ma vie avec calme. J'accepte mes responsabilités et mon irresponsabilité, mes certitudes et mes doutes.

Mon enquête m'a permis de découvrir que je ne connaissais pas réellement mon mari. À tel point, qu'à certains moments, j'étais même franchement horrifiée par ce que j'apprenais. Quand mon fils eut fini de lire mon manuscrit,

---

1. *« Les péchés de mon père. »*
2. Juan Pablo Escobar, *Pablo Escobar, mon père*, Hugo & Cie, 2017.
3. Juan Pablo Escobar, *Ce que mon père ne m'a jamais dit*, Hugo & Cie, 2021.

lui qui pensait tout savoir de son père reconnut que ce livre allait changer en mal l'image qu'il avait de lui.

Ce processus a été douloureux et non exempt de larmes. J'ai remis en cause beaucoup de mes décisions. Écrire a été une catharsis.

J'ai découvert combien de personnes avaient souffert de l'horreur de la guerre liée au narcotrafic. Je suis triste et j'ai honte de l'immense douleur que mon mari leur a infligée. Je regrette que ses actions aient laissé de graves séquelles sur mes enfants et moi-même.

Peu de personnes me regardent comme María Isabel Santos. Pour beaucoup, nous sommes encore assimilés à la méchanceté de mon mari. On m'interroge sur ses actes, sans connaître mes efforts et ma lutte en tant que mère de famille. Le passé nous poursuit et le fantôme de Pablo ne nous laisse pas en paix. Je suis « la veuve de Pablo Escobar » et j'espère ne plus l'être à partir d'aujourd'hui.

À travers ces pages, les lecteurs vont me découvrir différente des portraits dressés par les médias, les films ou les séries télévisées. Je suis une femme qui a évolué, consciente que mes enfants et moi-même sommes porteurs d'un nom de famille associé inexorablement au mal.

Même si la loi me donne le droit, comme épouse, de ne pas dénoncer le père de mes enfants, je sais que cette vie ne suffira pas à demander pardon pour ne pas l'avoir abandonné ni dénoncé. J'ai été amoureuse de lui et, en vertu de cet amour, j'ai tout fait pour protéger ma famille et mon mariage.

Seul celui qui a aimé aveuglément et inconditionnellement comme je l'ai fait pourra comprendre. Je n'ai pas choisi ce chemin pour être exonérée de tout. Je souhaite simplement être écoutée, en tant que femme.

Pablo Escobar n'est pas un modèle à suivre. Le faux héros créé par les séries m'a poussée à raconter la vérité, sans tabou.

Ce livre est une introspection dans la vie de famille de Pablo Escobar. C'est aussi le journal de bord d'un voyage sans retour dans les profondeurs les plus obscures de son être et de ma vie à côté de lui, l'homme le plus recherché, le criminel le plus impitoyable de la Colombie du siècle dernier.

Pour tout cela, pour tout ce qu'il a fait, j'implore le pardon.

María Isabel Santos

1

L'adieu

Vingt-cinq ans ont passé depuis ce moment douloureux et lorsque je m'en souviens, un nœud se forme au fond de ma gorge.

Mi-août 1993. Nous sommes cachés dans la *casa azul* (la « maison bleue »), Pablo, nos enfants, Manuela et Juan Pablo, ainsi qu'Andrea, la fiancée de mon fils. Mon mari et moi savons que le dernier adieu est imminent, notre situation étant devenue insoutenable. Nous cherchons des excuses, comme celle de mon proche trente-troisième anniversaire ou une éventuelle visite de la famille, pour fuir l'inévitable. Ces jours-là, plus que jamais, la mort rôde.

La *casa azul* se trouve dans le secteur d'El Poblado. De là, on a une magnifique vue sur la ville de Medellín. Pablo y avait débarqué en août de l'année précédente après avoir échappé pour la énième fois aux autorités, mais aussi à ses ennemis rassemblés au sein d'un groupe clandestin appelé « les Pepes »[1]. Ils avaient failli le débusquer dans

1. « Los Pepes », Perseguidos por Pablo Escobar (« Persécutés par Pablo Escobar ») [NDT].

l'une des trois planques qu'il fréquentait dans le quartier de Belén Aguas Frías, au sud de Medellín.

La nouvelle cachette n'était pas prête. Pablo a voulu embaucher un ouvrier pour peindre les murs en bleu ciel, couleur qu'il adorait. Le désir de vivre dans une planque impeccable l'a amené à négliger sa propre sécurité : un étranger a travaillé pendant deux semaines dans la maison, alors qu'il était enfermé dans une des chambres.

À l'époque, mon mari était seul, son armée avait disparu. Après son évasion de la prison de La Catedral en juillet 1992, ses ennemis avaient éliminé ses hommes de main. D'autres l'avaient abandonné et s'étaient rendus à la justice. Désormais, il ne pouvait plus compter que sur Gladys et son mari, qu'on appelait el Gordo (« le Gros »), un couple de confiance qui aidait dans la maison. Il y avait aussi Alfonso León Puerta, dit Angelito (« l'Ange »), l'un des derniers sicaires qui l'accompagnait et faisait office de garde du corps et de messager.

Avec Manuela, Andrea et Juan Pablo, nous sommes arrivés dans la *casa azul* les yeux bandés, après avoir été abrités pendant plusieurs semaines dans un autre lieu. J'ai été surprise d'apprendre cette histoire de peinture bleue.

« Pablo tu es fou, pourquoi as-tu fait ça, Seigneur ? » est la seule phrase que j'ai osé prononcer. Il m'a lancé un sourire sournois.

Le bleu clair a toujours été son obsession. C'était la couleur de la chambre de son enfance dans l'hacienda de ses parents. Lorsque la famille Escobar a déménagé dans le quartier où nous nous sommes rencontrés, à la fin des années 1970, Pablo a repeint sa chambre en bleu clair. Plus tard, alors fortuné, il a fait peindre de cette couleur toute une partie de l'hacienda Nápoles.

La *casa azul* allait être notre dernière planque. On y accédait après avoir passé deux portes. La première, coulissante, télécommandée et peinte en vert foncé pour se fondre dans la végétation, était gardée par un énorme berger allemand et une oie furieuse que nous appelions Palomo. Cet animal avait été amené là parce que Pablo assurait qu'il était plus dangereux qu'un chien. Il fallait le nourrir de loin tellement il était irascible. Après avoir franchi cette porte et échappé au chien et à l'oie, un second portail, bleu foncé, de trois mètres de haut s'ouvrait. Tout autour s'élevaient des poteaux entourés de fils barbelés, une immense barrière pour dissuader les intrus.

À l'intérieur, notre chambre était obscure. Deux tables de chevet entouraient notre lit. Des livres y étaient posés, notamment *Vivir, amar y aprender*[1] de Leo Buscaglia. Il y avait aussi un livre d'exercices pour la mémoire que Pablo m'avait offert avec une dédicace amusante : « Pour ma Victoria, qui ne se souvient que de moi. »

Parfois, avant que je m'endorme, Pablo s'asseyait près de moi et je lui en lisais des extraits qu'il écoutait, concentré. En général, je me couchais à minuit, épuisée. Mais je me réveillais souvent en sursaut, la peur au ventre, avec la sensation horrible d'ouvrir les yeux sur une mitraillette pointée sur moi, comme cela était déjà arrivé. Je ne me débarrasserais de ces peurs que bien plus tard, vers 2015, après avoir consulté de nombreux spécialistes.

Pablo, lui, venait se coucher à l'aube, jamais avant 4 heures du matin. Mais à la différence du temps où ses

---

1. Leo Buscaglia, *Apprendre à vivre et à aimer*, Québec, Éditions du Jour, 1998.

longues nuits étaient dues à ses affaires ou à ses maîtresses, cette fois, le chef du cartel de Medellín devait attendre le lever du jour parce qu'il surveillait lui-même sa cachette.

Tandis que mon mari dormait profondément, je me levais à 7 heures pour laver Manuela et lui servir son petit déjeuner. Puis j'endossais le rôle de professeure d'espagnol afin que la petite, âgée de neuf ans, ne prenne pas de retard scolaire. Andrea lui donnait des cours de mathématiques, de géographie et d'histoire de l'art. Juan Pablo recevait les photocopies du meilleur élève de son ancienne école, avec une liste de devoirs. C'était la seule façon pour que mes enfants ne perdent pas pied scolairement, eux qui avaient cessé d'assister à des cours dans une école depuis près de six ans. L'éducation de Manuela et Juan Pablo s'était compliquée le jour où, dans l'hacienda Nápoles, Pablo m'avait notifié que les enfants ne pourraient plus retourner dans une école pour raisons de sécurité.

– Ce que tu me dis est impossible, mister. C'est impossible. L'éducation de nos enfants passe au-dessus de tout.

Sa réponse me laissa sans arguments.

– Tata, tu acceptes ma décision, sinon tu risques de voir tes enfants disparaître, séquestrés ou morts.

Tout arrêter et interrompre les études de Manuela et Juan Pablo était impensable. Il me semblait insensé et inimaginable que la guerre empêche mes enfants d'apprendre et de communiquer avec les enfants de leur âge. J'étais stupéfaite.

– Mister, prête-moi le téléphone que tu as dans la Jeep, je vais trouver une solution.

J'ai appelé la directrice de l'école des filles de La Paz. Je savais qu'elle m'aiderait grâce à ses nombreuses relations.

Manuela et Juan Pablo ont alors bénéficié de l'enseignement à domicile prodigué par plusieurs enseignantes. Ils remplissaient des évaluations toutes les deux semaines pour certifier leurs progrès scolaires. Lorsque nous vivions dans des appartements ou des maisons, la situation était gérable, mais dans la clandestinité, les choses devenaient plus compliquées. Alors Andrea et moi jouions le rôle d'enseignantes. C'est ainsi que chaque jour je donnais un cours à ma fille.

Vers 11 heures du matin, la leçon terminée, je préparais le petit déjeuner de Pablo. Son menu était toujours le même : riz, œuf au plat, bœuf rôti, tranches de bananes mûres frites, galettes de maïs au fromage, salade de betteraves avec un peu de tomate, citron et sel, accompagnés d'un verre de lait, indispensable à ses yeux pour renforcer les os. Il aimait aussi manger de petites portions de riz au lait, de banane ou de *mazamorra*[1].

Cependant, Pablo faisait presque toujours attention aux excès. Maintenir son poids était pour lui une priorité. Il le contrôlait de manière curieuse : il sortait une corde d'un tiroir, mesurait son tour de taille, faisait un nœud. Le lendemain, il répétait l'opération en vérifiant la place du nœud. Malgré cette obsession, dans les derniers mois de sa vie, il était en surpoids à cause du stress et de la solitude.

La journée de Pablo se poursuivait avec la lecture des journaux *El Tiempo*, *El Colombiano* et *El Espectador*, que Gladys ou el Gordo allaient acheter tous les matins. Puis il regardait le journal télévisé de 12 h 30. C'était désagréable parce qu'il changeait constamment de chaîne. Il ne voulait manquer aucune information le concernant. Selon la gravité des informations, nous nous asseyions

1. Dessert traditionnel d'Amérique latine.

pour discuter des mesures à prendre pour notre sécurité et celle de nos enfants.

À cette époque, la guerre était passée au second plan. Pablo ne commandait plus d'attaques terroristes. Désormais, tout ce qu'on racontait à son sujet était lié aux nouvelles poursuites judiciaires engagées contre lui, notamment les conditions de sécurité qu'exigerait un tel procès, ainsi qu'à la garantie que nous réclamions de pouvoir quitter le pays et trouver une terre d'accueil avec le statut d'exilés.

La *casa azul* disposait d'un parking assez spacieux pour une douzaine de véhicules, mais comme nous n'avions plus de visites, il fut transformé en terrain de football et de basket. Les journées étaient longues et les nuits éternelles. Comme nous ne pouvions pas sortir, nous avions inventé un monde idéal. Pour profiter du soleil, nous enfilions nos maillots de bain et nous nous arrosions avec un tuyau. Pablo aimait jouir de ces moments qui le détendaient, sans doute une façon d'échapper à la dure réalité.

Pablo aimait les habitudes. Chaque jour, je lui tenais le miroir pour qu'il se rase. Puis je lui faisais une manucure et une pédicure. J'étais aussi sa coiffeuse. Je lui avais proposé à maintes reprises des coiffeurs professionnels, mais il n'avait jamais accepté. Jusqu'au dernier jour, et même dans les pires moments, Pablo avait une autre manie : se laver et se brosser les dents pendant environ deux heures. Tous les jours. Je n'exagère pas. Pendant ce temps qui semblait infini, il utilisait le fil dentaire, le passant entre chaque dent plusieurs fois, minutieusement.

– Mister, tu exagères. Deux heures pour te laver et te brosser les dents, c'est trop.

– Tata, je dois m'en occuper sérieusement parce que je ne peux pas aller chez le dentiste.

En effet, Pablo n'a jamais eu de problème avec ses dents. Moi, si. Une fois, à la *casa azul*, je me suis réveillée avec une rage de dents terrible. Il fallait que j'aille en urgence chez le dentiste et mon mari a été contraint d'accepter. Bien sûr, se rendre en ville était très risqué, mais en même temps cela m'a donné l'occasion de prendre l'air, de voir des gens, d'observer autre chose que les quatre murs de notre planque. Accompagnée de Manuela et d'Andrea, j'ai quitté la maison avec lunettes de soleil et fichu sur la tête. Nous avons marché les yeux baissés pour que personne ne nous reconnaisse jusque chez le dentiste du centre commercial de San Diego, au sud-est de Medellín. Pendant ma consultation, Andrea se promenait avec Manuela, mais elle mourait de peur. Ces instants de liberté généraient une grande anxiété. Nous avions la hantise d'être kidnappées ou de recevoir une balle. Je ne pouvais rester sereine une seule seconde.

Manuela a beaucoup souffert de l'enfermement. Elle souhaitait aller chez sa grand-mère Nora, voir ses cousins, ses amis d'école, monter à cheval, faire des choses de son âge. Mais son père était strict. Il tenait à nous couper du monde extérieur pour rester en sécurité. Ce n'est qu'exceptionnellement, et quand Manuela n'en pouvait plus, que Pablo acceptait de la laisser passer un week-end chez l'une de ses professeures. Nous nous efforcions tous de lui rendre la vie le plus supportable possible. Nous avions collé des étoiles réfléchissantes sur le plafond de notre chambre pour que Manuela puisse les regarder quand elle s'allongeait à côté de nous. Elle était affectueuse avec son père et de temps à autre, avant de s'endormir, elle disait : « Quand je ne peux pas te voir ou que tu n'es pas avec moi, papa, je peux te chercher dans les étoiles en regardant le ciel ? »

Dès qu'elle s'endormait, nous la couchions à côté de nous dans un lit de fortune. Elle se sentait moins seule. Souvent, les matins tristes, quand l'anxiété était trop forte, Manuela et Pablo se rendaient dans la cuisine pour frire de la mortadelle qu'ils mangeaient avec du riz et du Coca-Cola. C'était leur petit plaisir pour vaincre la peur. Aujourd'hui, Manuela a conservé cette habitude et demande parfois à un ami venu de Colombie de lui apporter de la mortadelle de sa marque préférée.

Un soir, en regardant la nuit étoilée dans la *casa azul*, nous avons découvert une étoile bleue très spéciale qui se détachait dans le ciel. Vingt-cinq ans plus tard, cette étoile accompagne toujours Manuela partout où elle se trouve. Et lors de ses insomnies, dans la solitude du balcon de sa maison, la douleur au fond de son cœur, elle la cherche pour parler avec son père.

Même si Pablo était un taiseux, je sentais sa solitude. On notait chez lui une certaine impuissance à rester seul, sans personne en qui avoir confiance. Quand devrions-nous partir à nouveau ? Nous ne le savions pas. Nous attendions sa reddition – le processus de négociation était entre les mains de l'un de ses avocats, en contact direct avec le bureau du procureur et certains représentants du gouvernement du président César Gaviria – et notre exil.

En ces temps emplis d'incertitude, Pablo m'informa qu'il envisageait de prendre des dispositions pour aller chercher sa mère, qu'il n'avait pas vue depuis plusieurs mois et qui lui manquait. C'était une opération risquée. Il fallait la transférer les yeux bandés. Mais, aidée par quelques hommes de confiance, elle est arrivée, apportant des petits plats que nous avons dégustés avec plaisir. Après quelques heures, Pablo s'est tourné vers elle :

– Maman, nous avons une chambre que nous préparons depuis plusieurs jours spécialement pour toi.

Un silence de plomb s'est abattu. Puis Doña Hermilda, le fixant, a répondu :

– Pablo, je ne peux pas rester… Je dois aller voir Roberto ce dimanche en prison.

– Mère, tu as plus d'occasions de voir Roberto que moi. Tu connais la complexité de notre situation.

– Oui, Pablo, je sais, mais je dois aller voir Roberto. C'est ma décision et mon désir.

En entendant les paroles de ma belle-mère, mon cœur s'est brisé.

Pablo ne comprenait pas pourquoi sa mère ne pouvait pas rester pendant une semaine, alors qu'elle connaissait ses problèmes. Il en a conservé un goût amer.

– Ma mère peut aller voir Roberto quand elle veut, mais pas moi, a-t-il lâché, incapable de cacher sa déception.

– C'est la vie, mon amour, ai-je dit en le serrant longuement dans mes bras.

Cet épisode m'a beaucoup marquée. Je m'en souviens encore avec nostalgie. Ma belle-mère n'a pas permis à son fils de lui parler de son avenir incertain.

Dans la *casa azul*, les jours et les nuits s'écoulaient. Nous guettions une lettre annonçant une bonne nouvelle, tout comme la possible irruption de bourreaux venus mettre fin à nos vies. Des courriers circulaient, et Pablo montrait un peu d'optimisme. Mon intuition était bien plus sombre.

« Pablo, ils nous trahissent, ta reddition ne se fera pas. Ils ne te laisseront pas te rendre une nouvelle fois... Ils ne te donneront pas une deuxième chance. Je préfère que nous restions ici et qu'ils nous tuent tous, toi, nos enfants et moi. C'est la meilleure chose qui puisse nous arriver. Quittons ce monde ensemble. C'est insoutenable. »

Pablo était à court d'arguments pour me convaincre qu'il y aurait de la lumière au bout du tunnel. Il savait que j'avais raison parce qu'en s'évadant il était allé trop loin. Il mesurait la gravité de la situation. Inquiet, il m'a proposé :

« Mon amour, va dans un autre pays, et si tu peux te marier, fais-le le plus tôt possible. L'important est que vous puissiez résider dans un autre endroit et porter un nouveau nom de famille, toi et nos enfants. C'est le seul moyen de les sauver. Je te promets que dès que ce sera possible, je prendrai un bateau et j'irai vous chercher où que vous soyez. »

Les paroles de mon mari étaient dramatiques, mais vraies. Mes larmes m'empêchaient d'y répondre. Au fond, je savais que nous devions trouver un moyen de survivre ailleurs. Même si cela devait nous séparer. Pablo sortait plus souvent de la maison pour contempler la beauté de Medellín et de la vallée d'Aburrá. Il semblait nostalgique et son regard se perdait à l'horizon. C'était son seul contact avec l'extérieur.

Son autre préoccupation était le manque d'argent. Un matin, je l'ai entendu annoncer à Angelito qu'il ne lui restait que quelques millions de dollars en espèces pour « gagner cette guerre ». Vu les énormes sommes d'argent que Pablo avait réussi à gérer et la façon dont il les avait dépensées, il n'était pas surprenant qu'il ne reste que des miettes. C'était toujours comme ça. Avec lui, les dollars partaient en fumée en quelques minutes.

En septembre 1993, le pouvoir de Pablo appartenait pratiquement au passé. Mais son statut d'homme en fuite le rendait malgré tout dangereux pour l'État et les Pepes, qui le recherchaient comme au premier jour. C'est pourquoi les lettres étaient importantes. C'était le seul moyen de communiquer avec son avocat et les quelques hommes restés dehors.

Pablo a alors réussi à établir un système infaillible qui consistait à faire circuler les missives entre quatre, cinq maisons ou appartements à Medellín, où elles étaient collectées toutes les quatre heures. Le courrier était ramassé la nuit et apporté à la *casa azul.* À la demande expresse de Pablo, toute l'opération se déroulait de nuit, avec des horaires précis. Tout retard indiquait que quelque chose s'était passé et qu'il fallait fuir, comme cela était déjà arrivé tant de fois.

Cela semble incroyable, mais Pablo recevait une cinquantaine de lettres par jour. Il y en avait beaucoup de son avocat, de son frère Roberto, de sa mère, des professeurs de Manuela et Juan Pablo, ainsi que de ses hommes détenus en prison. Il s'asseyait à son bureau en fin d'après-midi et restait de longues heures à les lire. Puis il répondait à celles qui l'intéressaient. Évidemment, celles de son avocat étaient analysées. Il y trouvait des informations sur ses démarches auprès du procureur et du gouvernement. Lorsqu'il était stressé, Pablo reprenait sa manie de déchirer des bouts de lettres, pour en faire de petites boules qu'il jetait par la fenêtre ou qu'il mangeait.

« Reste tranquille, Ula, me disait-il en plaisantant lorsque je cuisinais, nettoyais et repassais depuis un long moment, comme à Eulalia, notre ancienne employée de maison. Mon avocat va vous aider à quitter le pays. C'est l'une des conditions de ma reddition. Le procureur De Greiff a promis de vous trouver un refuge, et seulement après je me rendrai. »

Malgré le relatif optimisme de Pablo face à cette négociation, les jours passaient lentement dans la *casa azul*. L'angoisse augmentait, car les membres du groupe Bloque de Búsqueda (« Bloc de recherche ») étaient plus actifs que jamais. Les raids étaient monnaie courante et les rumeurs du désarroi de nos proches allaient bon train.

Aussi surprenant que cela puisse paraître, Pablo pensait que l'une de nos issues était de nous cacher dans la jungle. Il avait alors acheté des terres et y faisait installer l'électricité. La seule personne connaissant l'emplacement était son frère Roberto. Détenu, il ne représentait aucun danger pour la sécurité du projet. Quel ne fut pas mon étonnement quand il m'avoua que l'un de ses plans était d'aller là-bas avec les guérilleros ! À cet instant, j'ai réalisé qu'il était très inquiet et qu'il se savait dans une impasse. Mon mari cherchait des options pour sortir du piège, mais cette révélation me laissait mal à l'aise. Y avait-il une chance de réussir ? Combien d'années pourrions-nous vivre dans la jungle ? Ces questions s'ajoutaient aux nombreuses autres qui me submergeaient jour après jour.

« Pablo, je ne suis pas la bonne personne pour t'accompagner dans la montagne. Je n'ai pas la force de manier un fusil ou de me trouver à tes côtés lors d'un affrontement.

Comment allons-nous faire avec deux enfants dans la jungle ? Que va-t-il leur arriver ? C'est fou. Ce n'est pas possible. »

Le 3 septembre 1993, j'ai eu trente-trois ans. Nous avons toujours fêté nos anniversaires en famille. Mais cette fois, c'était triste, sombre, de mauvais augure. Finis les grandes célébrations, les fêtes somptueuses, les salons remplis d'invités, les cadeaux ostentatoires. Malgré cela, j'ai été agréablement surprise en trouvant sur la table de la salle à manger un délicieux gâteau d'anniversaire d'un célèbre pâtissier, six bouteilles d'un bon champagne et plusieurs cadeaux. Comment ces objets étaient-ils arrivés là ? La veille, Pablo avait violé les règles de sécurité et organisé une expédition à Medellín avec Andrea, les yeux bandés pour qu'elle ne reconnaisse pas l'adresse de la planque en cas de détention. En croisant des militaires, elle avait été terrifiée. Les cadeaux étaient lourds, elle pensait ne jamais parvenir à les porter jusqu'à la maison !

« Je priais le Seigneur de m'aider, m'a raconté Andrea. J'étais sur le point de m'évanouir de fatigue et de peur quand je suis arrivée sur le lieu du rendez-vous, juste au moment où Angelito démarrait. Dans la voiture, j'ai commencé à voir des lumières et je me suis évanouie. »

Deux jours plus tard, je vis Pablo heureux. Ce fut la dernière fois.

Cet après-midi-là, l'équipe colombienne se qualifiait pour la Coupe du monde. Ces quatre-vingt-dix minutes ont fait oublier à Pablo notre dramatique situation. La fête pour célébrer cette qualification a duré plusieurs jours, la télévision restait allumée. Mais la dure réalité a montré de nouveau son visage.

Le samedi 18 septembre 1993, une nouvelle lettre de l'avocat allait sceller l'avenir de notre famille. Pablo s'est levé, s'est approché de moi et m'a demandé de le suivre, seule, à l'étage. Mon cœur battait la chamade.

– Mon amour, prépare vos valises, vous partez vivre à Altos sous protection de l'État, a-t-il déclaré gravement.

– Non, Pablo, je ne pars pas. Je suis sûre que c'est un piège.

– Mais, comment peux-tu dire ça ? L'accord le plus important était de garantir votre vie, c'est fait.

– Pablo, s'il te plaît, ne nous séparons pas. Ils vont nous trahir avec la promesse d'un exil. Tout cela est faux, c'est une stratégie pour t'atteindre. Ils vont nous tuer.

Pablo était pâle. Il respirait avec difficulté.

– Tu dois y aller, mon amour. Que cela te plaise ou pas, tu dois partir. Je ne serai pas si irresponsable. Le jour où ils débarquent, ils nous tuent tous.

– Qu'ils nous tuent tous. Ce sera la meilleure chose qui puisse nous arriver.

Je ne pouvais plus contenir mes larmes.

– Nous avons deux enfants et la petite amie de « Juancho ». Nous devons les sauver.

Son visage reflétait une profonde tristesse.

Je pleurais sans cesse. J'avais été mariée à quinze ans, pour toute la vie, et j'étais amoureuse de Pablo. Je savais que sa démesure nous avait plongés dans cette folie. Je ressentais une profonde douleur, car j'allais devoir quitter le père de mes enfants pour les mettre en sûreté. Il n'y avait pas d'autre issue. L'heure du dernier adieu était arrivée.

– Tata, ils vont vous chercher un pays, calme-toi. Je te l'ai déjà dit : marie-toi, change de nationalité. Je traverserai les océans pour te retrouver quand tout sera fini.

Le silence était insoutenable. Comment continuerais-je à vivre sans lui ? Où pourrais-je trouver la force de survivre avec mes enfants ? Soudain, Pablo a ordonné :

– Tata, je te demande de commencer à faire tes valises.

Avant de quitter la chambre, nous avons décidé de dire à Manuela que nous allions dans un endroit très joli, mais sans son père. Avec Juan Pablo, il n'y avait pas de problème, il comprenait parfaitement la situation. La *casa azul* s'emplissait de tristesse. Je sentais que mon cœur allait éclater. Je ne pouvais imaginer ma vie sans Pablo. Qui raconterait des histoires à Manuela le soir pour l'endormir ? Qui chanterait à ma fille *La donna è mobile* (« La femme est inconstante »), l'opéra classique de Giuseppe Verdi ? Les vingt ans passés à ses côtés ont défilé, tel un film.

C'était comme un galop sauvage. Tout avait filé si vite que je n'avais pas eu un instant pour réfléchir à cette folie. Nous avions connu si peu de moments tranquilles, avec ces années passées à fuir ou à se cacher. Quitter l'amour de ma vie a été le dilemme le plus douloureux de mon existence. Quelle dure réalité ! J'ai pourtant trouvé la force nécessaire pour sauver nos enfants sans regarder en arrière. Cependant, jusqu'à la dernière minute, j'ai tout essayé pour éviter cette séparation.

– Je préfère mourir, dis-je.

– Nous avons deux enfants, et l'un de nous doit prendre soin d'eux, les éduquer.

Mes larmes n'ont pas suffi. Pablo m'a serrée dans ses bras, sans un mot. Vers 11 heures du soir, le moment du départ est arrivé.

Pablo m'a embrassée avec une grande douceur. Il a caressé mon visage et mes cheveux, comme il l'avait toujours fait. Me regardant tendrement, il m'a parlé d'une voix brisée : « Je t'aime tellement, Tata. Merci de prendre soin de nos enfants. Tu vas y arriver. »

Puis il a dit au revoir à Juan Pablo. Quand il s'est approché de Manuela, il s'est mis à pleurer. Nous ne l'avions jamais vu sangloter.

Nous sommes alors montés en voiture. Pablo nous suivait dans une autre, avec Angelito. Avant que nos chemins se séparent, il a sifflé plusieurs fois, puis l'obscurité de la nuit l'a englouti. Nous étions le 18 septembre 1993. Il lui restait soixante-quinze jours à vivre.

Que lui est-il arrivé après ? Gladys et el Gordo, le couple qui travaillait pour nous à l'époque, me l'ont raconté en juillet 2017.

Très affecté par notre départ, Pablo a cessé de se nourrir pendant deux jours et ne se rasait plus. La nuit, il sortait regarder le ciel en caressant sa barbe avec sa main. Il avait l'air désespéré, m'a dit Gladys. Pour pallier le manque d'argent, il avait décidé d'enlever des personnes dans un secteur huppé de la région. Chaque rapt devait lui rapporter 500 millions de pesos. Il avait organisé cela avec l'aide de jeunes des bidonvilles, et el Gordo devait l'accompagner pour repérer des planques pour les otages dans les montagnes près de Medellín. Tout semblait parfait, mais dans la nuit du 6 octobre le plan a échoué. Le Bloque de Búsqueda a tué Angelito et son frère dans le quartier Villa Hermosa de Medellín. Angelito n'avait pas écouté les avertissements de Pablo. Ce jour-là, il était allé à Medellín rendre visite à son frère.

« Je lui avais dit de rester, que c'était dangereux d'aller à Medellín, parce qu'ils offraient une récompense de

100 millions de pesos. Mais il y est allé quand même », se souvient el Gordo.

La mort de l'un de ses derniers tueurs à gages a terriblement affecté Pablo.

« Gordo, c'est fini. Je n'ai plus personne avec qui travailler. Ils m'ont enlevé mon bras droit. »

Sa solitude s'est aggravée, il a commencé à se comporter bizarrement. Puis, pour la première fois, la *casa azul* a été prise pour cible par ceux qui le poursuivaient.

« Après la mort d'Angelito, deux hélicoptères de la police ont survolé la maison. Pablo s'est caché dans un placard et pour les distraire Gladys et moi sommes allées travailler dans le jardin. Quelle frayeur ! Ils ont tourné pendant une demi-heure, puis sont partis. »

Gladys et el Gordo m'ont raconté que Pablo tournait en rond. Il quittait à peine sa chambre. Il avait l'air inquiet et s'asseyait occasionnellement à son bureau pour écrire des lettres.

Le 27 novembre 1993 eut lieu notre tentative ratée d'exil en Allemagne. Le gouvernement colombien est intervenu, et deux jours plus tard nous avons dû retourner à Bogotá.

El Gordo a été témoin de l'indignation de Pablo face à notre situation. Peu de temps après, il les a informés qu'il partait pour une autre planque, où Limón (Álvaro de Jesús Agudelo) l'attendait.

« L'adieu semblait normal, m'a raconté el Gordo. Mais quand je lui ai serré la main pour lui dire que je le verrai plus tard, j'ai senti que je ne le reverrais plus. »

2

Je ne pouvais pas le laisser tomber

Quand je me suis retournée pour regarder derrière moi et que Pablo a klaxonné deux fois avant de se perdre dans l'obscurité, je me suis dit que nous ne nous reverrions plus jamais. Ce fut un moment étrange. Le son rauque du klaxon de la voiture semblait envoyer un message subliminal, qui disait : « Adieu mon amour, adieu mes enfants. »

Dans un geste suicidaire, le 18 septembre 1993, à 11 heures du soir, Pablo avait tenu à nous accompagner de la *casa azul*, où nous nous cachions, jusqu'à l'entrée du bâtiment Altos où nous attendaient de nombreux agents du corps technique d'enquête (CTI), mobilisés par le bureau du procureur. Ils nous protégeraient le temps que se déroule le processus de reddition de mon mari à la justice. Nous avons rencontré les quatre agents chargés de notre sort : Alpha – qui semblait être le chef –, A1, Imperio et Pantera. Déjà, dans le parking de l'immeuble, je ne pouvais m'empêcher de pleurer, submergée par la panique et l'angoisse. Nous enfermer dans cet appartement, loin de Pablo, était apparemment le seul moyen d'assurer notre survie après quatorze mois particulièrement difficiles. L'évasion de mon mari de la prison La Catedral nous avait précipités dans un chaos indescriptible. Alors que nous montions vers le quatrième étage avec nos maigres bagages, je rêvais d'une autre vie. Dans un pays normal, j'entrais dans un magasin, je marchais dans la rue sans me retourner, sans escorte, sans journalistes embusqués, respirant l'air frais. Je retrouvais le goût de la vie quotidienne, j'accompagnais mes enfants au parc et reprenais mon rôle de femme au foyer…

Nous sommes entrés dans cet appartement où nous allions vivre pour une durée indéterminée. Je n'oublierai jamais les lueurs d'espoir sur les visages de Manuela et Juan Pablo, qui me regardaient comme s'ils disaient : « Maintenant tout dépend de toi, maman. » Nous pensions que nous allions vers la vie, pas vers la mort. L'immense appartement était vide, pas une chaise, rien. Sans hésiter un instant, j'ai frappé à la porte d'un voisin. Il nous a prêté une petite table en plastique, quatre chaises et deux matelas, un pour Juan Pablo et Andrea, l'autre pour Manuela et moi. Après une mauvaise nuit, j'ai prié le même voisin de me donner deux autres matelas. La deuxième nuit a été plus reposante, l'occasion d'oublier un instant nos difficultés.

Nous devenions à la fois les otages de l'État, des Pepes et de mon mari. Notre sécurité dépendait d'eux. Ils avaient sur nous droit de vie et de mort. Nous étions au pied du mur. Nous ne nous doutions pas que nous allions moisir soixante-dix-huit jours dans cet endroit. Les premiers temps, le sympathique voisin nous a fourni de la nourriture. Puis il nous a apporté deux casseroles, huit cuillères, cinq serviettes et divers ustensiles de cuisine. Ensuite, nous avons trouvé un employé pour faire nos courses.

Il n'y avait ni téléviseur ni téléphone, heureusement nous avions pris la précaution d'acheter des radios de poche, notre seul contact avec l'extérieur. Toutes les heures, nous écoutions les informations, pour être au courant de ce qui se passait dans le pays, mais surtout de ce qu'il advenait de Pablo. Était-il lui aussi au pied du mur ?

Dans notre dos, Altos s'était transformé en forteresse. Les agents de la CTI – la police d'investigation – et du bureau du procureur avaient creusé des tranchées et entassé des dizaines de sacs de sable à l'entrée et aux coins du bâtiment. Avec les renforts arrivés de Bogotá, une quarantaine d'hommes nous protégeaient désormais, armés de fusils et de mitrailleuses. Ils patrouillaient constamment, à l'intérieur et autour du bâtiment. Une énorme et très bruyante alarme a été installée sur le toit. Pablo était l'ennemi public numéro un et nous étions, nous, sa famille, le fil qui pouvait les conduire à lui.

Nos gardes recevaient des dizaines d'appels menaçants. On entendait des rafales de mitraillettes de jour comme de nuit. La sirène s'est mise à hurler rapidement. Dans ces moments-là, nous n'avions d'autre choix que de nous réfugier dans la buanderie, l'endroit le plus sûr parce que loin de la rue.

À cause des hauts bâtiments qui nous entouraient, d'où nous étions des cibles parfaites, nous avons bientôt été confinés dans une pièce d'à peine 6 mètres carrés. Nous devions parler à voix basse, en attendant que les heures passent. D'autres personnes décidaient de notre vie. Nous avons tous perdu l'appétit. Le moment était venu de nous motiver les uns les autres et de manger au moins un œuf sur le plat chaque jour, avec de l'*arepa*[1] et du chocolat.

Le danger imminent et la méfiance croissante de nos anges gardiens nous ont conduits à envisager de renforcer notre protection. Par le biais de Nubia, la nounou, j'ai envoyé un message à Juan Carlos Herrera Puerta, « Nariz », un ami d'enfance de Juan Pablo. Grâce à un sauf-conduit, Nariz est arrivé avec un fusil de chasse dans son sac à dos. Sa présence dérangeait A1, Alpha, Imperio et Pantera. Ils ne voulaient pas d'un étranger auprès de nous. Après de longues palabres, ils ont fini par l'accepter : l'ami de mon fils serait d'une aide précieuse en cas d'urgence.

Les quelques familles qui habitaient le bâtiment ont commencé à déménager en raison des tirs répétés, des menaces et des perquisitions. À la fin, Altos n'abritait plus que deux femmes seules, et nous.

Nous avons apprécié deux ou trois jours de détente, mais un jeudi après-midi, la sirène a résonné de nouveau. Plusieurs coups de feu ont retenti, suivis d'un choc violent contre le mur extérieur de l'immeuble. Les agents se sont précipités vers leurs postes. Effrayés, nous nous sommes blottis dans un coin de la pièce principale, tandis que Nariz fermait la porte et sortait son fusil de chasse pour repousser tout intrus. Le silence était terrifiant, les minutes semblaient durer une éternité. Pendant que Nariz et Juan Pablo communiquaient à voix basse, Manuela, Andrea et moi priions.

Enfin, l'alarme s'est tue. Un agent est arrivé pour nous raconter que trois hommes étaient descendus de deux

---

1. L'*arepa* est une galette de maïs, symbole de la gastronomie colombienne.

voitures à l'intersection de la rue ; deux d'entre eux ont aussitôt ouvert le feu, un autre a lancé une grenade qui a atteint la façade au niveau du cinquième étage de l'immeuble, au-dessus de l'endroit où nous nous trouvions. Heureusement, le projectile n'a pas explosé.

Les agents de la CTI ont organisé pour nous des simulations d'attaque. Nous sommes tombés d'accord sur la place de chacun à l'intérieur de l'appartement en cas d'urgence. La peur ne nous a plus quittés. À plusieurs reprises, rongée par la colère et les regrets, j'ai songé à plaquer Pablo, mais je ne pouvais le laisser seul dans un moment aussi critique. Il m'avait tellement donné dans la vie !

L'anxiété était telle, et notre quotidien si imprévisible, que nous avons commencé à confondre le jour et la nuit. Manuela n'arrivait plus à dormir et Andrea perdait l'appétit. Un jour, elle s'est évanouie et nous avons dû l'emmener d'urgence à la clinique de Medellín, escortés par une douzaine d'agents de la CTI. Les médecins ont diagnostiqué une déshydratation. Ils voulaient la garder, mais les conditions de sécurité n'étaient pas réunies. Elle est rentrée en titubant et s'est mise au lit pour plusieurs jours.

Depuis Bogotá, notre situation devait sembler désespérée parce que, deux jours plus tard, Pantera a débarqué avec un message du procureur général, Gustavo de Greiff : « Madame, le procureur De Greiff vous cherche un pays d'accueil. C'est long, car l'affaire est délicate. Il veut vraiment que votre mari se rende. »

Les mots de Pantera – de son vrai nom Luis Fernando Correa Isaza, directeur régional de la CTI à Antioquia – m'ont un peu apaisée. Mais le dénouement était encore loin. Je n'avais pas les moyens de demander à Pablo de se rendre à la justice. J'ai déployé des efforts surhumains pour que Manuela ne remarque pas la peur sur mon visage. Je pleurais la nuit, une fois ma fille endormie. Je n'avais de cesse de remercier Andrea pour sa présence, malgré l'horreur ; elle était un baume pour Juan Pablo, écrasé par le poids de la responsabilité, lui qui devait veiller sur trois femmes.

Un jour, Gloria, l'une des sœurs de Pablo, m'a apporté une lettre de sa part. Il racontait comment le nouveau processus de reddition progressait et nous conseillait de prendre des mesures de sécurité extrêmes. Dans ma réponse, j'ai décrit la traque incessante de ses ennemis, l'appartement inconfortable, le désespoir et les pleurs, nos interrogations. Nous essayions de distraire Manuela en jouant avec elle, en l'initiant à la peinture, en lui racontant des histoires.

Par une de ses lettres, j'appris que Pablo avait réussi à échapper in extremis à une grosse opération du Bloc de recherche de la police et de l'armée, à Belén Aguas Frías, près de Medellín. Dans cette missive longue de quatre pages, faite de deux morceaux collés par des pansements, il racontait comment il avait réussi à s'en sortir, de nuit, malgré la zone montagneuse entourée de falaises. Il était sain et sauf. Cependant, comme toujours, nous subirions les conséquences de cet échec des forces gouvernementales. Plusieurs camionnettes blindées se sont positionnées au bas de l'immeuble. Une dizaine d'hommes armés en sont descendus. Pris de panique, nous avons couru nous cacher comme prévu lors des exercices, en cas d'assaut d'un commando des Pepes. Quelques minutes plus tard, qui nous ont semblé une éternité, sont apparus à la porte Ana Montes, la directrice nationale des procureurs, et le procureur De Greiff. La procureure s'est plantée devant moi et, sans même me dire bonjour, m'a lancé avec mépris : « Madame, si Pablo ne se rend pas dans trois jours, nous allons cesser de vous protéger. »

Le message était fort et limpide. J'ai seulement réussi à répondre que la reddition de mon mari ne dépendait pas de nous parce que nous n'étions pas en contact avec lui. « Madame, la seule solution serait de nous laisser quitter la Colombie et de faciliter notre installation ailleurs. Il se rendra dès le lendemain, j'en suis sûre », ai-je ajouté.

La déléguée du parquet a quitté le bâtiment après avoir réitéré sa menace. Notre vie était en suspens. Au milieu de ce marasme, telle une surprise, Pablo a envoyé des fleurs pour célébrer le jour de l'amour et de l'amitié. Un bouquet pour moi, un pour Andrea, un autre pour Manuela. Mais qu'avions-nous à fêter ? S'exposer de cette manière était une folie ! Voilà les incongruités de Pablo. La situation était si complexe qu'un jour de désespoir nous avons pensé nous enfuir d'Altos. Pour aller où ? Aucune idée. Mais le simple fait d'imaginer que le bureau du procureur pouvait congédier du jour au lendemain les agents de la CTI nous donnait des sueurs froides. Personne ne pourrait nous protéger des ennemis de Pablo. Ils n'hésiteraient pas à nous tuer de la pire des manières pour l'attraper lui.

Les choses se sont encore compliquées en octobre 1993. Le 6 de ce mois, un peu avant 10 heures, Imperio, l'un des agents de la CTI, a annoncé à Juan Pablo qu'Angelito et son frère avaient été abattus par le Bloc de recherche à Medellín. Juan Pablo s'est presque effondré en apprenant la nouvelle. Il savait qu'Alfonso León Puerta, alias Angelito, était pratiquement le dernier garde du corps de Pablo.

« Impossible, impossible ! Que va-t-il arriver à ton père ? » ai-je demandé, me tenant la tête entre les mains.

La mort d'Angelito était un coup fatal pour mon mari, de plus en plus seul. Et pour nous, c'était aussi une mauvaise nouvelle, car nous n'avions désormais plus aucun moyen de communiquer avec Pablo. La dernière fois que nous avons vu Angelito, c'était trois semaines plus tôt, quand il nous avait déposés à Altos avec Pablo. Ce garçon silencieux et timide vouait un soutien inconditionnel à mon mari ; il avait juré de l'accompagner jusqu'au bout. Il venait de donner sa vie pour lui.

L'isolement presque total de Pablo après la mort d'Angelito nous a plongés dans une incertitude absolue. Nous n'avions plus de nouvelles du procureur. Rien. Nous redoutions une nouvelle vague d'attaques. Elle n'a pas tardé. Le dimanche 7 novembre 1993, notre cercle a été amputé par la disparition de Nariz. Désespéré de ne pas voir son fils, il nous avait demandé de lui accorder son week-end. Nous avions tenté de le retenir en évoquant les ennemis qui rôdaient dehors. Comment quitterait-il le bâtiment ? Mais comment lui interdire de voir son enfant ?

Nariz était déterminé et il n'a pas écouté nos conseils l'invitant à partir à pied, et à traverser un ravin qui se trouvait derrière Altos, par lequel nous nous étions faufilés plusieurs fois pour échapper aux autorités. Pour ne pas mouiller ses chaussures, il a accepté de monter dans le véhicule de deux agents de la CTI qui lui proposaient de le rapprocher du centre-ville. Lundi, il n'était pas de retour. Mardi non plus. Lorsque nous avons appelé sa famille, ils nous ont appris qu'il n'était jamais arrivé. Les fonctionnaires ont simplement expliqué qu'il était descendu de la voiture à mi-chemin.

Nous ne le savions pas, mais l'enlèvement de Nariz était le premier épisode d'une nouvelle phase de la traque lancée contre mon mari. Les Pepes savaient qu'en éliminant les maillons de la chaîne qui nous rapprochaient de Pablo ils limitaient sa capacité de manœuvre. Deux jours plus tard, des hommes armés ont pris d'assaut la maison d'Alicia Vásquez et l'ont emmenée. Je me souviens qu'elle montait à l'appartement tous les jours pour savoir si nous avions besoin de quelque chose, mais je n'osais rien lui demander, même si mon regard devait dire que nous avions besoin d'elle pour sortir de notre enfer.

Au fil des jours, j'avais commencé à me rapprocher d'elle et, petit à petit, à lui raconter notre histoire. Alicia a eu pitié et nous a rendu quelques services, dans le plus grand secret. Elle a acheté trois talkies-walkies pour nous permettre de communiquer avec Pablo. Nous avons pu entrer en contact plusieurs fois avec lui, même si le signal était faible. Lors de l'une des conversations, il nous a donné un numéro de téléphone que nous pourrions composer en cas d'urgence. Au fil des jours, outre l'achat de livres ou de produits d'épicerie, Alicia prenait de plus en plus de risques, notamment en transmettant des lettres à Pablo. Ces courriers étaient laissés à un endroit précis, où quelqu'un les récupérait. Pour limiter les risques de filature, plusieurs étapes étaient nécessaires avant d'atteindre la destination finale. Alicia gérait aussi l'acheminement de mon courrier personnel, essentiellement destiné aux enseignants de mes enfants, à ma famille et à mes amis – de rares lettres, car je ne voulais pas leur attirer d'ennuis.

Peu après la disparition d'Alicia, j'ai été horrifiée d'apprendre qu'Alba Lía Londoño, ma professeure au lycée de La Paz, chargée d'éviter que mes enfants prennent un trop grand retard scolaire, avait été extraite de force de chez elle par des hommes camouflés sous des uniformes aux couleurs d'une entreprise publique de Medellín. Les kidnappeurs ont sorti cinquante boîtes de sa maison et les ont embarquées dans un camion. Ils ont dû penser qu'Alba Lía conservait des informations secrètes au sujet de Pablo ; il s'agissait en réalité des livres et des encyclopédies que j'avais achetés au fil des années et qu'elle gardait secrètement.

Les enfants d'Alba Lía, âgés de quatorze et seize ans, sont arrivés désespérés à Altos pour nous appeler à l'aide. Tout ce que je pouvais faire, c'était les serrer dans mes bras et leur demander d'être forts. Je savais qu'Alba Lía ne réapparaîtrait jamais. Son rôle avait été d'éduquer mes enfants. En plus de la tristesse, j'ai ressenti une immense impuissance. La mort rôdait. Chaque jour, l'une des personnes en qui j'avais confiance pouvait disparaître... J'ai décidé de m'occuper des enfants d'Alba Lía comme s'ils étaient les miens. Je ferais de mon mieux pour les aider à grandir et les soutenir dans leur parcours scolaire. C'était normal. Leur mère avait donné sa vie pour ma famille.

Alba Lía et moi nous étions retrouvées dès les premières heures de clandestinité. Rita – comme je l'avais surnommée pour la protéger – était une éducatrice sensible à mon rôle de maman soucieuse d'offrir une vie plus ou moins normale à ses enfants. À deux reprises, je l'avais aidée à se rendre à Cuba pour renforcer ses connaissances en matière pédagogique. Malgré le danger, elle était toujours prête à recevoir Manuela chez elle quand Pablo acceptait de la laisser sortir. Ses enfants l'accueillaient avec affection, jouaient avec elle, la grimaient avec des écharpes et des lunettes et l'emmenaient faire le tour de la ville en taxi, dans les centres commerciaux ou au cinéma. Aujourd'hui, je pense que j'ai été irresponsable. N'importe qui aurait pu la reconnaître et la tuer. Mais dans mon désespoir, j'avais juste voulu que ma fille respire un peu.

La terreur était loin d'être terminée. L'enlèvement d'Alba Lía avait eu lieu à 11 heures du matin, et il était environ 6 heures de l'après-midi lorsque nous avons compris : si les Pepes s'attaquaient à nos proches, il était fort possible qu'ils s'en prennent à la seule qui restait, Nubia Jiménez, la nounou de Manuela. Sans réfléchir une seconde, Juan Pablo s'est précipité dans l'un des appartements vides d'Altos pour ordonner à Nubia de se cacher immédiatement avec ses enfants. Trop tard. Elle venait de monter dans un taxi. Ils l'avaient kidnappée, elle aussi. Manuela n'a su que des années plus tard ce qui était arrivé à sa nounou.

En moins de soixante-douze heures, notre situation à Altos était devenue plus que désespérée, car non seulement Nariz, Alicia, Alba Lía et Nubia avaient disparu, mais nous devions protéger les deux fils d'Alba Lía. Nous étions six personnes mortes de peur, coincées dans le vestibule de l'appartement. Juan Pablo n'a plus lâché le fusil de chasse que Nariz avait pris pour nous protéger. Ces nuits de la mi-novembre 1993 ont été les plus pénibles de ma vie. La question de notre sortie du pays stagnait plus que jamais depuis que les autorités nous avaient envoyé un nouveau message, cette fois par le biais de Pantera : ils ne nous trouveraient pas de terre d'accueil tant que Pablo ne se rendrait pas.

Un cercle vicieux. Nous ne pouvions rien faire puisque nous n'avions aucun moyen de communiquer avec lui. Devant faire face au dilemme, vivre ou mourir, nous savions que les derniers événements ne nous laissaient d'autre choix que de chercher par nous-mêmes un endroit dans le monde où nous réfugier. Les options étaient peu nombreuses. Luz María, l'une des sœurs de Pablo, avait récemment été expulsée du Costa Rica. Pourquoi pas l'Allemagne ? Quelques années auparavant, Nicolás, le fils aîné de Roberto, frère de Pablo, y avait séjourné pendant trois ans, sans problème. Alba Marina, une autre sœur de mon mari, était également établie là-bas depuis trois mois. Pourquoi pas nous ? Nous avons décidé de nous envoler pour Francfort dès que possible et d'informer le procureur De Greiff de notre projet.

Nous avons acheté quatre billets pour un vol prévu le samedi 27 novembre 1993. Nous n'avions qu'une semaine devant nous. J'ai respecté le protocole et notifié notre départ au parquet. J'ai demandé une protection afin de faciliter notre transfert jusqu'à l'aéroport de Rionegro, puis notre attente à l'aéroport de Bogotá. Nous avons préparé quatre valises, une pour chacun d'entre nous. Mais très vite, nous avons compris que le bureau du procureur n'était pas disposé à nous autoriser ce voyage avant la reddition de Pablo. Ana Montes, furieuse, se chargea de nous le dire de vive voix. En guise de riposte nous annonça-t-elle, un procureur de Bogotá avait ouvert deux enquêtes préliminaires contre Juan Pablo, l'une pour des viols présumés à Medellín, l'autre pour port illégal d'armes. Juan Pablo se défendit de façon si convaincante que la fonctionnaire, avant de quitter les lieux, lui dit simplement qu'elle croyait en sa parole.

Malgré cela, nous avions décidé de quitter Altos. Tout sauf continuer à vivre cette épreuve et cet enfermement. Notre acheminement vers l'aéroport José-María-Córdoba a pris les allures d'une opération de sécurité complexe et je dois admettre que le parquet, sur ce plan, a fait correctement son travail.

Quand on nous a annoncé que dix camionnettes de la CTI étaient arrivées, nous nous sommes serrés les uns contre les autres, dans la chambre. La peur nous rendait plus forts. Nous voulions vivre ! Nous sommes descendus du quatrième étage et avons prié en silence pour qu'il n'y ait pas d'attaque sur la route. Manuela et moi avons grimpé dans une voiture blindée blanche. Juan Pablo et Andrea dans une autre. Devant, il y avait une voiture vide pour tromper l'ennemi. À l'intérieur du véhicule le silence était sépulcral et en serrant ma fille dans mes bras j'ai encore prié pour qu'il ne nous arrive rien.

Comme une scène de film, pendant que nous accélérions vers l'aéroport, je voyais plusieurs hélicoptères de la police survoler notre caravane. Les portières étaient ouvertes et on apercevait des hommes armés de fusils et de mitrailleuses. Le bruit était assourdissant. Sur les bords de la route les autres véhicules s'écartaient.

Nous sommes finalement arrivés sans une égratignure à l'aéroport. Quelques minutes plus tard, à 13 h 15, nous étions à bord d'un avion de la compagnie Avianca.

Lorsque nous avons atterri à Bogotá, nous avons été emmenés dans le salon VIP où, en quelques minutes, nous avons été encerclés par les autorités et les journalistes. Ce déploiement autour de nous – une vingtaine d'hommes envoyés par le procureur général adjoint, une quinzaine de détectives et une cinquantaine de policiers – était disproportionné. Nous quittions notre pays, mais je pensais à Pablo, dont nous ne savions rien depuis plusieurs jours. Je ne pouvais imaginer qu'il ne lui restait qu'une semaine à vivre. Pour des raisons de sécurité, nous avons été les premiers à monter dans l'avion et nous nous sommes assis en classe affaires. Très vite, l'avion a décollé. Je continuais à regarder la porte avec l'impression que quelqu'un allait venir pour nous sortir de là. La paranoïa ne m'a pas laissée un instant tranquille. À un moment, Juan Pablo et Andrea ont joué à une drôle de devinette : qui trouverait le premier un policier en civil parmi les passagers. Elle en a indiqué plusieurs et en particulier deux hommes assis près de nous ; ils seront les premiers à se lever lorsque l'avion atterrira à Francfort. Puis nous nous sommes tus. Entre les attaques, les persécutions et l'enfermement, nous n'avions pas dormi suffisamment depuis dix ans. La fatigue m'a forcée à fermer les yeux, mais je les ai vite rouverts parce que j'avais peur de perdre de vue mes enfants. Après une heure de vol, j'ai commencé à respirer. Je pensais être sur le chemin de la liberté, de la vie, mais j'avais tort. L'illusion durerait à peine quarante-sept heures. Je ne le savais pas, mais pendant que nous étions dans cet avion, un plan secret était en cours en Colombie, destiné à nous utiliser pour attraper Pablo. Ce qui s'est vraiment passé, je ne l'ai appris qu'en avril 2017, vingt-quatre ans après la mort de mon mari, en lisant ces lignes dans le livre sur Óscar Naranjo[1] :

> « Le dénouement de cette histoire avait commencé fin novembre 1993, lorsque nous avons appris l'intention de la famille Escobar de se rendre en Allemagne pour chercher un éventuel asile. Trois raisons nous ont amenés à penser que ce mouvement était dangereux pour le pays. Nous avons donc fait en sorte qu'ils ne soient pas reçus dans cette nation : un, parce que si sa famille était protégée, il serait encore plus violent vu qu'il n'aurait rien à perdre ; deux, la famille était justement le moyen de le localiser ; et trois, si l'asile de sa famille fonctionnait, il bénéficierait d'un répit international qui entraverait les opérations en cours. L'ambassadeur d'Allemagne en Colombie a joué un rôle fondamental. Il a reçu la visite du directeur de la police, le général Gómez Padilla, qui lui a fait comprendre à quel point il était grave pour l'Allemagne de recevoir la famille d'Escobar. Cependant, alors que les discussions entre les deux pays se poursuivaient, les Escobar ont quitté le pays le 27 novembre, mais le général Gómez Padilla a réussi à faire voyager secrètement deux policiers sur le même vol. »

Nous étions en vol depuis quelques heures quand, soudain, un jeune homme est apparu. Il a dit s'appeler Óscar Ritoré et travailler comme reporter pour le journal télévisé. « Comment saviez-vous que nous étions à bord ? » lui ai-je demandé. Il a répondu de manière évasive, mais il était clair que quelqu'un de haut placé à Bogotá avait divulgué l'information. Le journaliste a sollicité une interview.

---

1. Julio Sánchez Cristo, *Óscar Naranjo El general de las mil batallas*, Planeta, 2017.

Il m'a aussi proposé son aide, touché par la situation douloureuse dans laquelle nous nous trouvions. Avec Pablo, nous n'avions eu de contact avec aucun journaliste, la présence soudaine de Ritoré nous a semblé une aubaine. Il pouvait devenir un allié. Nous avons convenu de nous voir à Francfort, sans rien lui promettre. Mais nous pensions qu'une interview pourrait être utile à notre cause.

Les heures ont filé à toute allure. Tout à coup, le commandant a annoncé l'atterrissage. Il était 6 heures du matin, ce 28 novembre 1993, mais l'avion a étrangement ralenti, avant de se mettre à l'arrêt le long de la piste. Le commandant a repris la parole : « Passagers, désolé pour l'atterrissage et le retard. Nous devons faire descendre des gens de l'avion et nous continuerons ensuite vers le terminal international. »

Les deux hommes que Juan Pablo avait repérés se levèrent de leur siège et se dirigèrent vers moi. « Madame, nous sommes membres d'Interpol, nous sommes là pour vous protéger », dit l'un d'eux. Pourquoi ce souci soudain pour notre bien-être ? Le cauchemar n'était pas terminé. J'ai observé par la fenêtre le mouvement des nombreuses patrouilles de police autour de l'avion. Il n'y avait aucun doute : ils étaient là pour nous. Toutes mes illusions ont disparu. Deux policiers armés ont pris Manuela par le bras et l'ont sortie de l'appareil. Je me suis précipitée vers eux en pleurant et en les suppliant de la laisser à mes côtés, ce n'était qu'une enfant de huit ans. « Maman, ne me quitte pas ! » a crié Manuela.

Quelqu'un a-t-il traduit ? Je ne sais pas, mais j'ai été entendue. Un homme en uniforme m'a dit dans un espagnol parfait : « Madame, tenez-vous tranquille ! Que voulez-vous, votre mari menace de faire sauter tous les aéroports allemands. » Je ne savais pas s'il disait vrai. Pour l'instant, ma priorité était de garder Manuela à mes côtés. Les Allemands ont dû réaliser que la petite n'était responsable de rien, puisqu'ils m'ont subitement autorisée à la garder. Nous nous sommes retrouvés dans les bureaux d'Interpol, à l'aéroport, où nous avons été minutieusement fouillés, ainsi que nos bagages. Juan Pablo portait des mocassins à la mode avec des languettes en cuir. Dans l'une d'elles était dissimulé un petit morceau de papier avec le numéro de téléphone que Pablo nous avait donné quelques jours plus tôt. Ils ne l'ont pas trouvé.

L'interrogatoire a duré plus de trente heures, l'une des expériences les plus humiliantes que j'ai eues à vivre. Ils voulaient savoir où étaient cachés mon mari, sa fortune, ses associés. Ils voulaient aussi savoir pourquoi j'avais choisi l'Allemagne, quels étaient nos contacts dans ce pays et d'où venait l'argent que nous transportions.

Les Allemands nous ont assigné une avocate parfaitement hispanophone. Je l'ai suppliée de nous aider à rester en Allemagne, car nous renvoyer en Colombie serait nous condamner à une mort certaine. Les yeux bleus de l'avocate se sont embués.

– Madame, je ne peux pas faire grand-chose pour vous et vos enfants parce qu'on me l'a interdit, a-t-elle fini par lâcher.

– S'il vous plaît, nous ne pouvons pas retourner en Colombie, ils vont nous tuer.

– Je ne peux pas vous aider. Je vous souhaite bonne chance, a-t-elle répondu dans un sanglot.

Puis un agent a ordonné :

– Madame, un avion vous attend. Ramassez vos affaires et préparez-vous. Vous partez immédiatement avec vos enfants.

Il n'y avait plus rien à faire. Ils nous ont conduits sur la piste où un avion commercial pour Bogotá était stationné. Au milieu des sanglots, j'ai crié une dernière fois mon désespoir. Puis j'ai fermé les yeux et cherché le repos, mais une heure après le décollage, la voix du commandant m'a sortie de ma torpeur. Il parlait de nous :

« Mesdames et messieurs les passagers, j'ai le regret de vous informer que nous serons encore retardés. Nous allons devoir dévier notre route parce que les autorités françaises nous ont interdit de survoler leur espace aérien. Les enfants et la femme de Pablo Escobar voyagent dans cet avion. Merci beaucoup pour votre attention. »

Je n'en revenais pas. Nous venions d'être expulsés d'Allemagne et maintenant nous n'étions pas autorisés à passer à dix mille pieds au-dessus de la France ! Je voulais disparaître, accablée par le regard de reproche des passagers qui cherchaient ma famille. Plusieurs heures plus tard, une femme au visage tranquille et aux grands yeux noirs s'est approchée de moi, une petite bible entre les mains.

« Madame, comment allez-vous ? Je suis heureuse de vous saluer. C'est triste ce qu'il vous arrive. Je m'appelle Luz Miriam. Prenez cette bible. Lisez le psaume 23, qui vous aidera. Ayez foi et ça ira mieux. »

Après quelques minutes de conversation, elle a noté ses coordonnées à Bogotá sur une page du petit livre rouge aux lettres dorées. Les paroles de cette gentille dame étaient un signe que la vie me donnerait une autre chance. « Merci, madame, merci. » La lecture du psaume m'a apaisée. Je crois en Dieu. Et je me suis accrochée à lui ; il ne me restait que cet espoir. Que nous arriverait-il une fois en Colombie ? Je n'avais pas la réponse. Je ne pouvais pas non plus savoir que pendant que nous volions vers l'Amérique du Sud, la seconde partie du plan secret monté par les autorités pour localiser mon mari était presque terminée à Bogotá. La première partie avait déjà fonctionné : l'Allemagne ne nous avait pas permis d'entrer sur son territoire. Dans son livre, Óscar Naranjo révèle ce qui se tramait, le 29 novembre 1993, alors que nous traversions l'Atlantique :

> « J'ai suggéré que les Escobar aillent dans cette résidence appartenant aux forces armées pour des raisons de sécurité. On leur a dit que nous prendrions soin d'eux, tant qu'ils acceptaient de rester sur place. L'idée était de les garder sous surveillance dans un endroit que nous pouvions contrôler. Alors qu'ils étaient en cours d'expulsion depuis l'Allemagne, nous avons installé des microphones sans fil pour les écouter. Nous contrôlions aussi les lignes téléphoniques. »

Il était environ 8 heures du soir lorsque le pilote a annoncé l'atterrissage à Bogotá. J'ai été prise d'angoisse. Je manquais d'air. J'avais peur. J'ai serré dans mes bras Manuela, Juan Pablo et Andrea. Peu de temps après avoir touché le sol, l'avion s'est à nouveau immobilisé sur le côté de la piste, la porte principale s'est ouverte et trois procureurs sont entrés. Ils ont demandé aux autres passagers de rester assis dans leur fauteuil tant que nous étions à bord. Un homme qui s'est identifié comme « A1 » nous a demandé nos passeports. Nous sommes descendus de l'avion et avons été encerclés par des hommes armés de fusils. Il faisait froid. Sur un ton sec, A1 a annoncé le programme :

– Madame, pour vous protéger, la seule possibilité dont dispose l'État est de vous conduire à la résidence des retraités des forces militaires colombiennes.

Je n'avais aucune idée de l'existence de cet endroit.

– Non, merci. Je préfère aller dans un hôtel sûr.

– Madame, nous ne pouvons pas garantir votre sécurité ailleurs... Ce doit être là-bas, ce sont les instructions.

Nous sommes montés à bord d'une camionnette blindée et une longue caravane de véhicules nous a conduits jusqu'au centre-ville, dans cette résidence équipée d'appartements privés. Toujours entourés d'hommes armés, nous avons pris l'ascenseur, qui s'est arrêté au vingt-neuvième étage. Ils nous ont emmenés dans un deux-pièces, au fond du couloir.

Physiquement, j'étais épuisée. Mes enfants, ma belle-fille et moi continuions à encaisser les conséquences des décisions de Pablo. Nous avons mal dormi. Nous ne savions pas ce que l'aube nous réservait.

Dès notre arrivée, la résidence s'est métamorphosée en bunker. Personne ne pouvait circuler à notre étage sans l'autorisation des procureurs. Plus d'une centaine de militaires avec des chiens anti-explosifs avaient pris position. Des gardes de sécurité inspectaient les voitures à l'aide de miroirs pour détecter les éventuelles bombes. Le lendemain, ma sœur a appelé pour savoir comment nous allions, mais ma principale préoccupation était que nous n'avions aucune nouvelle de Pablo. Au téléphone, je ne pouvais rien lui demander ni même prononcer le prénom de mon mari, convaincue que nous étions écoutés.

Le 1er décembre 1993, jour de l'anniversaire de Pablo, est arrivé.

Nous avions décidé que Juan Pablo accorderait une brève interview à une station de radio de Medellín afin d'adresser un message d'anniversaire à son père, lui signaler que nous allions bien et lui raconter la malheureuse expérience allemande. Nous savions que Pablo écoutait cette radio.

Le lendemain, Juan Pablo a accepté de recevoir une enveloppe contenant des questions adressées à Pablo par un journaliste du magazine *Semana*. Nous avions confiance en ce journaliste. À 13 heures, la réception nous prévint que trois généraux, de l'armée de terre, de la marine et de la police, venaient nous rendre visite parce que la direction de la résidence avait autorisé le renforcement de la sécurité du bâtiment avec une centaine de soldats supplémentaires, ainsi que l'isolement total du vingt-neuvième étage.

Alors que nous nous entretenions avec ces visiteurs, le téléphone a sonné. Juan Pablo a répondu. « Bonjour mamie, comment vas-tu ? Ne vous inquiétez pas, nous allons bien, nous allons bien », a-t-il dit sèchement avant de raccrocher. J'ai été frappée par le ton de sa voix et j'ai pensé qu'il avait parlé avec quelqu'un d'autre. La conversation avec les généraux s'éternisait et cinq minutes plus tard le téléphone a sonné de nouveau. Juan Pablo a de nouveau répondu : « Mamie, s'il te plaît, ne nous appelle pas, mais ça va. » Cette fois, mon fils n'a pas raccroché et m'a dit que sa grand-mère voulait me parler. J'ai couru dans la pièce voisine. C'était Pablo. J'étais très heureuse de l'entendre, mais Juan Pablo est revenu en courant et m'a dit de raccrocher parce qu'il était sûr qu'ils cherchaient à repérer le lieu d'origine de l'appel. J'ai compris l'avertissement :

– Mister, prenez soin de vous quand même.

– Rassure-toi, mon amour, ma seule motivation, c'est de me battre pour toi. Je suis dans une grotte, en sécurité. Le plus dur est passé.

Mais il a encore appelé. Juan Pablo a raccroché deux fois, puis le téléphone a de nouveau sonné et Pablo voulait me parler. Désespéré, Juan Pablo a crié : « Raccrochez ! Raccrochez maintenant, ils vont le tuer ! Raccrochez ! »

À 2 heures de l'après-midi, Pablo a rappelé. Juan Pablo a mis le haut-parleur et mon mari lui a demandé de lire lentement les questions envoyées par le magazine ; Limón, son garde du corps, les noterait dans un cahier. À la cinquième question, Pablo a interrompu la discussion, précisant qu'il rappellerait vingt minutes plus tard. J'étais assise dans une petite pièce. Je parlais au téléphone avec ma sœur. Soudain, j'ai entendu Juan Pablo crier : « Quoi ? Ils ont tué mon père ? Ce n'est pas possible ! »

Sans comprendre ce qui se passait, j'ai lancé à ma sœur : « Petite sœur, vérifie ce qui se passe à Medellín, ils disent qu'ils viennent de tuer Pablo. »

Après avoir raccroché, je me suis précipitée vers Juan Pablo. Manuela prenait une douche en chantant une de ses chansons préférées. Ma sœur a rappelé et a confirmé que Pablo était mort. Je voulais mourir. Mon mari est mort, victime de son entêtement, pour avoir ignoré la plus importante mesure de sécurité : ne jamais parler au téléphone. Ses ennemis l'avaient finalement attrapé. Andrea a allumé la radio. Les informations annonçaient sa mort lors d'une opération policière. Dix minutes plus tard, un appel est arrivé et Juan Pablo a répondu, embarrassé. Il a fait un geste indiquant qu'il s'agissait d'une journaliste. Le bref dialogue qu'ils ont eu a été dramatique.

– Ne me dérange pas maintenant, nous ne savons pas si c'est vrai ou faux pour mon père.

– La police vient de le confirmer. Il était au centre commercial Obelisco, à Medellín, dans le centre-ville.

– Mais que faisait-il là-bas ?

– Je ne sais pas… La police vient de donner l'information officielle.

– Nous ne voulons pas parler maintenant, mais celui qui l'a tué, je l'attends, je vais tuer tous ces salauds.

Juan Pablo a raccroché et nous nous sommes tous regardés. Son ton menaçant nous a effrayées, Andrea et moi.

– Tu ne peux pas parler comme ça, tu es le fils de Pablo Escobar. Les mots violents, jamais, jamais, Juan Pablo. Tu ne peux pas être violent, ils te tueront. Je ne peux pas, je n'en peux plus de tant de douleur, dis-je désespérément, en larmes.

Juan Pablo ne mesurait pas les conséquences de ses paroles. Il venait de faire une déclaration de guerre. Son père venait de tomber. Juan Pablo perdait son sang-froid. Sa douleur était si grande, il se sentait tellement abandonné, il parlait sans réfléchir. De mon côté, j'étais perdue.

Cependant, un moment de réflexion lui a suffi pour regretter ses mots. Il a appelé le chef des informations d'une chaîne de télévision et répété qu'il ne vengerait pas son père. Il a contacté une autre journaliste et enregistré une courte déclaration dans laquelle il annonçait ne pas vouloir riposter, qu'il prendrait juste soin de sa famille.

La suite n'a été qu'une succession de douleurs. Il n'y avait que de la tristesse dans mon cœur, dans mon être, dans ma vie. Le désespoir était total.

Nous avons informé Manuela de la nouvelle, et il n'y a pas de mots pour décrire l'affliction de ma fille. Au milieu des sanglots, elle répétait : « Non, ce n'est pas possible maman. Pas mon père, mon père n'est pas mort. »

Pablo était mort. Et maintenant ? Comment sortirions-nous du cauchemar ? Qu'allait-il se passer ?

3

La négociation

Comment commencer une nouvelle vie sans Pablo ? Ces questions et bien d'autres m'ont empêchée de fermer l'œil cette nuit-là.

Nous étions le 3 décembre 1993 et nous venions de rentrer de Medellín où nous avions enterré le corps de mon mari. Je devais être forte face à Manuela, Juan Pablo et sa petite amie, Andrea. La douleur nous accablait, mais la vie continuait. Comment ? Je n'en avais aucune idée. Dans le silence de ma chambre, je savais que ce qui nous attendait ne serait pas facile. Pablo était mort. Nous, sa famille, étions à la merci de ses nombreux ennemis, qui voulaient nous voir morts. Nous n'étions plus rien pour l'État colombien et notre avenir n'avait plus d'importance pour personne.

Deux jours plus tard, alors que j'essayais de trouver des solutions, une visite inattendue m'a permis de commencer à y voir un peu plus clair. Une vieille connaissance, le cavalier Fabio Ochoa Restrepo, est arrivée dimanche 5 décembre à la résidence. Don Fabio, que Pablo vénérait, a été un don du ciel. De son restaurant, il avait apporté, je n'exagère pas, plus d'une centaine d'assiettes de nourriture. Assez pour nourrir les dizaines de policiers, soldats, fonctionnaires de justice et agents secrets qui nous protégeaient. Haricots, bœuf haché, porc, chorizo, bananes, œufs. La rencontre a été agréable. Nous avons parlé de ce qui nous était arrivé ces dernières années, mais quand il s'est levé pour partir, il semblait inquiet et grave, et nous a demandé d'être prudents. Il avait entendu une rumeur : Fidel Castaño, le chef des Pepes, maintenait son intention de nous assassiner, Juan Pablo, Manuela et moi, pour effacer toute trace du clan Pablo Escobar.

Cette confidence nous a plongés dans la panique. La sécurité de l'endroit où nous nous trouvions serait insuffisante si Castaño donnait l'ordre de nous abattre. Nous étions sans défense et à la merci de la puissante armée qui avait réussi à vaincre mon mari et son réseau criminel. La seule issue était de se rapprocher de Fidel Castaño, avec qui j'avais eu une courte amitié au début des années 1980. Je suis entrée en contact avec une femme, compagne d'un ancien associé de Pablo. C'est elle qui a accepté de faire passer ma lettre à Castaño.

Dans cette lettre, je suppliais Fidel de nous laisser en vie : « Je te demande de nous pardonner, mes enfants et moi. Tu me connais, tu sais que je suppliais Pablo de cesser la violence. Je t'en supplie, il faut parler à ceux qui veulent nous tuer. »

Trois jours plus tard, je recevais une réponse : « Tata, ne t'inquiète pas, je n'ai rien contre toi et tes enfants. Il ne t'arrivera rien de mal. Compte sur mon soutien. Ces jours-ci, j'enverrai mon frère Carlos pour t'aider. » Il me disait aussi qu'il avait donné à son frère l'ordre de restituer certaines œuvres d'art que les Pepes nous avaient volées pendant la traque, y compris le célèbre tableau *Rock and Roll*, de Salvador Dalí. La lettre de Fidel m'a ôté un poids énorme. C'était comme un miracle. L'un des hommes les plus sanguinaires du pays nous pardonnait, mais aussi nous proposait son aide.

La réponse rapide de Fidel Castaño était une bonne nouvelle, mais nos problèmes étaient loin d'être résolus. Au fond de mon âme, je savais que se profilaient des jours sombres pour mes enfants et ma belle-fille. Combien de temps devrions-nous attendre pour voir le bout du tunnel, ce labyrinthe mortifère ?

J'avais rencontré Fidel Castaño à plusieurs reprises. C'était un homme respectueux, intelligent, et qui appréciait l'art, comme moi, la bonne nourriture et les vins de qualité. Nous parlions pendant des heures des peintres que nous aimions, des tendances artistiques. Ce rapprochement, en tout bien tout honneur, avait rendu Pablo jaloux. Dans l'hacienda Nápoles se tenaient de grandes fêtes qui accueillaient jusqu'à deux cents invités. Malgré ce magnifique paysage, au milieu du zoo, je me sentais seule. Un week-end, Fidel s'est approché de moi alors que j'étais au bord de la piscine. Il m'a demandé de l'accompagner pour une promenade. J'ai accepté sans réaliser que cela prendrait un peu plus de deux heures. Ce fut une délicieuse promenade. Nous nous sommes arrêtés pour observer le paysage, les lacs, les animaux et le coucher du soleil, un vrai cadeau de la nature. À notre retour, Pablo m'attendait avec un visage renfrogné.

– Où étais-tu Tata ?

– Pablo, je suis allée marcher avec Fidel parce que je m'ennuyais.

Mon mari était fâché, mais il a continué à parler avec Fidel pendant que j'allais chercher Juan Pablo. En bon macho, il était clair qu'il avait été piqué au vif par Fidel, mais il n'a pas fait de scène. Ayant compris que notre ami allait nous rendre visite à l'immeuble Monaco pour voir ma collection d'art, il a glissé ce petit commentaire : « Tata, n'emmène pas Fidel à Monaco sans mon autorisation. »

Comment annoncer à Fidel Castaño qu'il ne pourrait pas venir ? Morte de honte, je n'en ai pas eu la force. Le soir de notre rendez-vous, je l'ai attendu dans le hall d'entrée du penthouse, à la sortie de l'ascenseur privé. Il est arrivé vêtu d'un élégant smoking noir. Je portais pour ma part un costume du créateur italien Clemente Valentino.

Mon invité a observé de près le décor de l'entrée, ornée d'une sculpture d'Auguste Rodin et de deux chandeliers chinois en bois. Puis nous avons déambulé dans le spacieux appartement. Ma collection de tableaux était fièrement accrochée. Parmi eux, des œuvres de Claudio Bravo, Alejandro Obregón, Fernando Botero, Edgar Negret, Enrique Grau, Oswaldo Guayasamín, Salvador Dalí et Igor Mitoraj. Outre d'autres sculptures d'Auguste Rodin, en marbre et en bronze, des tapisseries d'Olga de Amaral et une sculpture de Rodrigo Arenas Betancourt, *La Vida*.

Fidel était très impressionné par la qualité des œuvres et par le soin que j'avais porté à l'obtention des certificats d'authenticité. Pablo n'était pas à la maison ce soir-là, mais Fidel et moi avons eu une longue et intéressante conversation sur l'art, qui nous a conduits à un voyage imaginaire à travers les musées européens. Il aimait se rendre à Paris. Il y avait un bel et luxueux appartement décoré de magnifiques peintures.

Cette visite m'a coûté très cher. Pablo s'est emporté et a cessé de me parler pendant un mois. Bien sûr, c'était exagéré, mais connaissant son tempérament, j'ai décidé d'envoyer plusieurs lettres à l'endroit où il se cachait. Je l'ai supplié de m'écouter. Il a accepté. Il était encore très en colère, le regard distant et froid. Il m'a fallu beaucoup de temps pour briser la glace. Je lui ai donné toutes les explications possibles, mais il était absent, l'esprit ailleurs. Tout à coup, deux employés lui ont dit quelque chose à voix basse et il est allé directement dans notre chambre.

– Tata, Tata, Tata.

– Que se passe-t-il Pablo ?

– Je dois partir, il y a un problème, nous parlerons plus tard.

Avant de s'éclipser, il a lancé :

– Tata, je veux que tu saches que Fidel est homosexuel.

– Alors, ne t'en fais pas.

Quelques mois plus tard, Fidel nous a invités, Pablo et moi, à dîner dans son manoir, baptisé Montecasino. La soirée n'a pas été agréable, car Fidel a affiché tout ce que Pablo détestait. Il nous a reçus en smoking noir, et quatre serveurs ont servi le dîner dans une élégante vaisselle en argent, avec pas moins de cinq fourchettes.

À la fin du dîner, notre hôte nous a proposé de visiter son immense résidence, nous arrêtant devant des œuvres originales signées Alejandro Obregón, Oswaldo Guayasamín, Fernando Botero, Joan Miró et Claudio Bravo, entre autres, sans oublier les antiquités, les tapis persans et de magnifiques meubles italiens.

Ensuite, et pour finir d'assommer mon mari, Fidel Castaño a dit que l'invitation incluait un bain turc et un hydromassage, qu'ils étaient prêts, mais Pablo n'a pas caché son embarras. Soudain pâle, il a invoqué un rendez-vous pour justifier notre départ précipité. Quelques semaines plus tard, j'ai compris que ce geste d'impatience était dû au fait qu'à seulement six pâtés de maisons de chez nous Wendy Chavarriaga, une de ses amantes du moment, attendait Pablo dans son appartement. Ce fut l'une des dernières fois que je vis Fidel Castaño.

Et le hasard de la vie a fait que je devais, moi, la femme de Pablo Escobar, traiter avec un homme sensible, un expert en art, un amoureux de la bonne nourriture, des bonnes manières, qui, lors de nos réunions, n'avait jamais fait référence à ses activités criminelles. Ses autres facettes, je les connaîtrai un peu plus tard : celle du trafiquant de drogue qui deviendra le puissant chef des groupes d'autodéfense de Córdoba et d'Urabá, celle du promoteur des premiers massacres de paysans du pays et celle du créateur de ce groupe monté contre Pablo Escobar, les Pepes.

Toujours est-il que la lettre que Fidel Castaño m'a envoyée en décembre 1993 m'a apporté un peu de paix, en même temps que de nouvelles incertitudes. J'allais bientôt retrouver sur ma route son frère Carlos, mais en attendant la mort de Pablo nous avait plongés dans une épouvantable solitude. Trois de mes sœurs avaient trouvé refuge hors du pays avec leurs familles, alors que les Pepes les avaient condamnées à mort et avaient détruit certaines de leurs propriétés. À Medellín, une autre de mes sœurs, enceinte, avait préféré rester pour prendre soin de ma mère, qui plongeait dans une grave dépression. Le pire est qu'elle ne pouvait nous rendre visite, chaque identité étant enregistrée et vérifiée à l'entrée de la résidence.

Je n'arrivais à rien, malgré de nombreuses visites à des dizaines d'ambassades. J'avais l'illusion qu'un gouvernement aurait pitié de nous et nous accorderait un visa pour quitter la Colombie. Malgré la mort de Pablo, nous restions des parias. J'ai aussi demandé de l'aide à la Croix-Rouge internationale, en vain. Dans mon désespoir, je suis allée jusqu'à appeler l'ancien président Julio César Turbay, père de la journaliste Diana Turbay, tuée après son enlèvement. Je me souviens de cet appel comme si c'était hier.

– Monsieur le président, je suis Victoria Eugenia Henao, la veuve de Pablo Escobar. Je suis vraiment désolée de ce qui s'est passé. Je vous appelle pour vous demander de m'aider à sortir du pays, ils vont nous tuer, mes enfants et moi.

– Madame, comment osez-vous m'appeler… votre mari a tué ma Dianita… souvenez-vous de Dianita, souvenez-vous de Dianita.

– Monsieur le président, vous avez absolument raison, mais je ne suis pas responsable de ce qu'a fait mon mari. Aidez-moi, j'ai une petite fille et un adolescent…

– Eh bien, Madame, malgré la douleur que votre mari a provoquée, je vais vous aider.

Je l'ai remercié. J'espérais vraiment que l'ancien président aurait de la compassion pour nous, mais je l'ai rappelé plusieurs fois, sans succès.

J'ai passé des journées entières à chercher une solution. Mes enfants étaient inquiets. La tristesse et la douleur étaient notre pain quotidien. Les épouses des lieutenants de Pablo demandaient à me voir. Les seigneurs des cartels de Cali et de Medellín qui avaient persécuté Pablo exigeaient de grosses sommes d'argent en compensation de ce qu'ils avaient investi dans la guerre contre mon mari. Puis j'appris qu'une attaque contre mon beau-frère, Roberto Escobar, avait eu lieu.

Le 19 décembre 1993, trois semaines après la mort de Pablo, Roberto a ouvert, en prison, une enveloppe qui a explosé, lui causant de graves blessures aux yeux, aux mains et à l'abdomen. Il a été transporté d'urgence à la clinique Las Vegas et détenu dans l'unité de soins intensifs. Mais il n'y avait pas le matériel ophtalmologique nécessaire. Nous avons décidé de le transférer à l'hôpital militaire central de Bogotá, mieux équipé et surtout plus sécurisé.

Juan Pablo et mon frère Fernando se sont rendus à son chevet. À leur retour, douze heures plus tard, ils m'ont raconté qu'ils avaient attendu deux heures dans l'unité de soins intensifs, jusqu'à ce qu'un médecin leur avoue que les yeux de Roberto avaient été très affectés par l'onde de choc de la bombe, au point de devoir être retirés. Juan Pablo et Fernando ont refusé de signer le papier autorisant cette opération et ont demandé au spécialiste de tout faire pour éviter que Roberto ne perde la vue à jamais. L'opération a été prolongée. Puis, toujours anesthésié, Roberto a été transféré dans une chambre où se trouvait un surveillant pénitentiaire. Après une longue attente, ils ont pu enfin entrer et lui parler. Roberto voyait de la lumière, rien d'autre. Au fil des minutes, il avait surmonté les vapeurs de l'anesthésie. Juan Pablo lui a dit que nous étions très inquiets, car nous étions certainement le prochain objectif des ennemis de Pablo. Plusieurs fois, mon fils a insisté en interrogeant son oncle sur la marche à suivre, jusqu'à ce qu'ils obtiennent une réponse qui modifierait le cours des événements. Roberto a réclamé du papier et un crayon et leur a demandé d'écrire la mention « AAA »[1]. Avec cette lettre, il les recommandait auprès de l'ambassade des États-Unis à Bogotá, où ils devaient se rendre pour réclamer de l'aide.

Le lendemain, Juan Pablo et Fernando étaient, dès l'ouverture, à l'ambassade. Cela peut sembler incroyable, mais cette autorisation a permis à mon fils de s'entretenir directement avec Joe Toft, le puissant directeur de la DEA[2] en Amérique latine.

« J'étais très nerveux, m'a raconté Juan Pablo. À l'entrée de l'ambassade, j'ai sorti le papier et presque aussitôt des hommes sont apparus et ont commencé à nous photographier. Puis l'un d'eux s'est approché et m'a invité à l'accompagner. Ils ne m'ont pas demandé qui j'étais. »

L'entretien avec Toft n'a rien donné. Les États-Unis conditionnaient leur aide à l'obtention d'informations sur les fichiers secrets de Pablo Escobar relatifs au cartel de Cali. « J'ai répondu, a poursuivi Juan Pablo, qu'avec la mort de mon père ces fichiers avaient disparu parce qu'il avait tout dans sa mémoire. »

Les semaines suivantes, nous rendions souvent visite à Roberto à l'hôpital, malgré les risques. Tant que je pouvais, je prenais en charge toutes ses dépenses. Mais nous avons très vite commencé à manquer d'argent et un jour je lui ai annoncé que je ne pouvais l'aider davantage. Cela

1. Pour autorisation, authentification et traçabilité.

2. La Drug Enforcement Administration, chargée de la lutte contre le trafic de stupéfiants.

ne lui a pas plu. Cet impondérable a été le premier d'une série qui nous séparerait pour toujours. J'ai su alors que, pour la famille de Pablo, nous avions une certaine valeur tant que nous donnions de l'argent. Là, nous devenions ses ennemis. Les obstacles semblaient sans fin. C'est ce que j'ai compris après l'arrivée soudaine dans la résidence d'une femme prénommée Angela. Elle disait venir de la part de son petit ami, John Jairo Velásquez Vásquez, alias Popeye, détenu à La Modelo, la prison de Bogotá. Très vite, elle m'a informée que Popeye souhaitait que je rende visite, dans cette prison, au narcotrafiquant Iván Urdinola Grajales. Il était le messager des *capos* (« seigneurs ») du cartel de Cali. La courte visite de la petite amie de Popeye m'a profondément troublée. Je l'ignorais, mais j'étais sur le point de me lancer dans une odyssée très dangereuse : la recherche de la paix avec les chefs des cartels de la drogue. Fallait-il que je me lance dans la gueule du loup ? Je n'ai pas eu beaucoup de temps pour réfléchir. Dans les semaines qui ont suivi, et avec la coopération du parquet – qui gérait les autorisations –, je suis allée dans les bâtiments de haute sécurité des prisons de La Modelo et de La Picota, à Bogotá, et dans celle d'Itagüí, à Antioquia. Le premier à qui j'ai rendu visite était Urdinola, le chef du cartel de la vallée du Nord. Il m'a saluée cordialement, mais n'a pas manqué l'occasion de dire du mal de Pablo, qu'il a décrit comme un « monstre » de la pire espèce. Pour lui, il était très important que j'aille à Cali pour parler à Miguel et Gilberto Rodríguez, car bien que Pablo ait disparu ma situation et celle de mes enfants étaient incertaines. Je lui ai signalé que je voulais tourner la page et sceller la paix de manière définitive avec tous ceux qui étaient en guerre contre Pablo. Il a accepté et a demandé si je m'en sortais financièrement. J'ai répondu que nous devions faire face à des difficultés parce que nous n'avions pas d'argent liquide et qu'il n'était pas facile de disposer des biens laissés par Pablo. Ils étaient soit saisis, soit entre les mains de tiers. Il était compliqué de vendre ces biens soupçonnés d'être issus du trafic de drogue. Ce qu'il me restait, c'étaient des œuvres d'art que je cherchais à écouler. J'ai parlé d'une peinture d'Alejandro Obregón. Urdinola m'a demandé son prix, et quand je lui ai donné une valeur approximative en dollars, il a accepté de l'acheter. Puis, j'ai profité de l'occasion pour parler à d'autres détenus, Popeye, Otto et Giovanni. Ils manquaient eux aussi d'argent pour subvenir aux besoins de leurs familles et payer leurs avocats. Cela m'a frappée, car je savais qu'ils avaient accumulé un bon capital grâce à la générosité de leur patron. Malgré tout, je leur ai dit de ne pas s'inquiéter, que j'assumerais cette responsabilité une fois que j'aurais pris contact avec les *caleños*[1], nom donné aux capos de la vallée du Nord.

Les conversations avec les détenus dans les prisons sont devenues mon pain quotidien, mais le ton de ces visites était souvent pénible. Il fallait supporter leurs blagues de mauvais goût et leurs insinuations. De plus, la famille de Pablo n'arrangeait rien. Un jour, en quittant la prison de haute sécurité d'Itagüí, j'ai croisé Doña Hermilda, qui m'a dit dans son style distant et sec : « Tata, vous avez l'argent de Pablo… payez ces garçons qui en ont besoin. »

Les mots de ma belle-mère m'ont choquée. Agacée, j'ai lancé : « Doña Hermilda, Pablo ne m'a pas donné

1. Les gens de Cali [NDT].

d'argent pour ces jeunes gens. Il m'a seulement dit qu'il allait en laisser un peu pour Roberto. »

Avoir suggéré aux détenus que j'avais de l'argent de côté m'a créé de graves ennuis. Leurs exigences sont devenues de plus en plus pressantes. J'ai senti que ma vie, encore une fois, était en grand danger. J'étais scandalisée par le manque de compréhension de ma belle-mère face à notre situation. Le pire, c'est que depuis la mort de Pablo Doña Hermilda ne s'était jamais inquiétée de la situation financière et affective de ses petits-enfants. Elle n'a d'ailleurs eu aucun problème pour les effacer de son testament. Heureusement, l'écheveau a commencé à se défaire d'une manière inattendue. Dans l'après-midi du 12 février 1994 a débarqué Alfredo Astado, un parent éloigné réfugié aux États-Unis depuis plusieurs années. Je ne savais rien de lui. Il est allé droit au but.

– Tata, j'étais chez moi quand Miguel Rodríguez Orejuela m'a appelé sur mon portable. Presque sans me dire bonjour, il a exigé que je me rende à Cali sur-le-champ. Il me donnait quatre jours. C'est pour cela que je suis ici. Je ne sais pas ce qu'ils me veulent.

– Comment ça ? Non, tu ne peux pas y aller, ils vont te tuer !

Je l'ai supplié, mais en vain.

– Je n'ai pas le choix, Victoria. Ils m'ont trouvé une fois, ils me retrouveront. J'en ai assez de me cacher. J'ai parlé à ma femme et je lui ai dit que je préférais mourir pour qu'elle et nos enfants ne soient pas embêtés. Nous nous cachons depuis cinq ans et je n'en peux plus.

Le lendemain, il est parti pour le Valle del Cauca. Nous nous attendions au pire, jusqu'à ce que, deux jours plus tard, il revienne à la résidence. Miguel et Gilberto Rodríguez Orejuela lui avaient expliqué que je pouvais mettre fin à la guerre. Ils nous attendaient tous les trois à Cali, Alfredo, Juan Pablo et moi. Le chemin qui s'ouvrait devant nous était incertain, mais pour la première fois depuis la mort de Pablo une solution émergeait. Les ennemis de mon mari avaient gagné la guerre et nous n'avions pas d'autre issue que de trouver un accord et de quitter le pays. Encore une fois, j'ai dû me montrer forte devant mes enfants, mais j'étais morte de peur.

La décision prise, il restait un problème de taille : comment fuir la résidence militaire sans être repérés par l'un des cent soldats, policiers et agents qui nous surveillaient ? Notre plan incluait la psychologue. Elle pouvait prétendre rester trois jours de suite avec nous pour poursuivre le traitement. Elle a accepté. Nous avons fait semblant de nous enfermer avec elle pour apprendre à gérer la dépression. Personne ne se doutait de rien. À 10 heures du soir, j'étais prête à partir. Manuela dormait profondément. Juan Pablo et Andrea étaient très inquiets, mais conscients que nous n'avions pas le choix.

J'ai fermé les yeux et des larmes ont coulé lorsque j'ai fermé la porte de l'escalier de secours, la seule sortie sûre. J'ai descendu les vingt-neuf étages, mais je sentais que mes jambes ne me portaient plus. Arrivée au parking, Alfredo m'attendait dans une voiture louée. Je me suis installée à l'arrière du véhicule. Nous étions déjà dehors et l'aventure ne faisait que commencer. Cinq agences de sécurité d'État nous surveillaient en permanence mais, de façon incroyable, personne n'a remarqué cette nuit-là que nous nous étions échappés.

Veuve avec deux enfants à trente-trois ans, j'étais convaincue que, pour préserver nos vies, il fallait s'entendre avec les chefs du narcotrafic. Ils auraient forcément pitié de nous. L'amour pour mes enfants me portait. J'étais comme une lionne prête à défendre ses petits.

Arrivés à Cali, nous sommes entrés en contact avec eux. Nous avons quitté le sud de la ville par la route de Jamundí, et très vite nous avons roulé à travers les prairies jusqu'à une belle *finca*[1], dans le secteur de Cascajal.

Ma robe de deuil jurait avec les murs blancs. Miguel Rodríguez nous a reçus et nous a demandé d'attendre. Nous étions non loin d'un salon où des hommes, beaucoup d'hommes, ont commencé à arriver. Paniquée, j'ai silencieusement prié Dieu de ne pas m'abandonner.

Quelques minutes plus tard, un homme armé nous a fait entrer dans ce salon où se trouvaient assises une quarantaine de personnes : les principaux capos du trafic de drogue de Colombie. Ils m'ont ordonné de m'asseoir sur la chaise vide au centre de la pièce, à gauche de Miguel Rodríguez. J'étais effrayée. Gilberto Rodríguez me regardait avec mépris et fureur. J'ai également reconnu José « Chepe » Santacruz, Hélmer « Pacho » Herrera, Carlos Castaño et bien d'autres ennemis de mon mari. Plusieurs tueurs à gages étaient présents ; une façon de me transmettre le message : en cas de besoin, ils sauraient me reconnaître dans la rue. Alfredo Astado s'est assis. Les quatre heures suivantes n'ont été qu'une longue agonie. Tous se réjouissaient d'avoir éliminé Pablo. Ils voulaient son argent pour se le partager. Les murmures ont brusquement cessé lorsque Gilberto Rodríguez a pris la parole.

1. *Finca* signifie « ferme » (ou domaine) en espagnol.

– Eh bien, messieurs, voici la veuve de Pablo... Nous sommes là pour que chacun puisse formuler ses demandes. Nous savons tous les dégâts commis par ce fils de pute. Nous sommes ici pour écouter sa veuve. Qu'avez-vous à dire, madame ?

Le chef était visiblement en colère.

– Écoutez, messieurs, c'est l'un des moments les plus douloureux de ma vie.

Je les ai regardés un à un, sans mépris, puis j'ai poursuivi :

– Je suis prête à faire le nécessaire pour sortir du conflit. Je souhaite que nous retrouvions la paix.

Sans commenter mes propos, Gilberto a repris :

– Que chacun se prononce.

Miguel Rodríguez a ouvert les débats. Il s'en est pris violemment à Pablo et a assuré que la guerre avait coûté à chacun plus de 10 millions de dollars, qu'ils espéraient bien récupérer. Puis il a expliqué que l'autre but de cette réunion était de parvenir à la paix. Il a ajouté :

– Madame, ne demandez rien pour les frères de votre mari, ce fils de pute, ni pour sa mère ni pour Roberto, Alba Marina, Argemiro, Gloria, Luz María. Nous avons écouté les enregistrements et tous exigeaient sans cesse plus de violence contre nous.

– Vous avez peut-être raison, Don Miguel, mais je ne négocierai rien si la famille de Pablo n'est pas incluse, parce qu'il les aimait beaucoup.

Après un long silence, les autres participants ont dit tout le mal qu'ils pensaient de Pablo.

– Ce fils de pute a tué deux de mes frères, s'est emporté l'un d'eux. Ça coûte combien ? En plus de l'argent que j'ai investi pour le tuer ?

– Il m'a kidnappé et j'ai dû verser plus de 2 millions de dollars, a clamé un autre.

– Votre mari, madame, a brûlé une de mes fermes et a également essayé de me kidnapper, mais je me suis enfui et j'ai dû quitter le pays pendant plusieurs années, a crié un troisième.

La liste de leurs revendications était interminable. La suivante m'a abasourdie. Elle est venue d'un capo de Medellín, dont la fureur n'était pas feinte.

– Je veux que vous me répondiez : si nos femmes étaient assises ici avec ce fils de pute votre mari, que leur ferait-il ? Répondez !

– Je ne peux même pas l'imaginer, messieurs, je n'ai pas la réponse, dis-je d'une voix brisée.

Ils me scrutaient. J'aurais voulu m'enfoncer dans le sol, disparaître !

Carlos Castaño est intervenu en dernier.

– Madame, j'en ai rencontré des méchants sur terre, mais aucun comme votre mari. C'était un fils de pute et je veux que vous sachiez que vous et votre fille Manuela, nous vous avons cherché partout parce que nous voulions vous hacher menu. Vous étiez les seules à compter à ses yeux.

Le supplice que j'endurais en entendant tant d'offenses, tant de menaces, mais aussi en découvrant tout le mal qu'avait fait mon mari, était indéfinissable. Mais le tourment n'était pas fini. Gilberto Rodríguez s'en est pris à ce que j'aime le plus au monde, mes enfants.

– Madame, nous pouvons faire la paix avec tout le monde, sauf avec votre fils.

Je n'ai pas pu retenir mes larmes.

– Don Gilberto, la paix sans mon fils n'est pas possible. Je vous garantis que je ne le laisserai pas prendre un mauvais chemin. Si vous voulez, nous quittons la Colombie pour toujours, mais je vous garantis qu'il ne sortira pas du droit chemin.

– Madame, comprenez que nous craignions qu'il commence à se battre. Il a déjà menacé de venger la mort de son père. Nous disons que seules les femmes resteront en vie. Et il y aura la paix, mais votre fils doit être tué.

Cette sentence de mort m'a coupé le souffle. En une fraction de seconde, j'ai songé à mourir pour arrêter cette souffrance.

Comment continuer à vivre si mon fils était tué ?

La tension est descendue quand Miguel Rodríguez s'est exprimé.

– Vous êtes assise là parce que nous savons que vous avez toujours cherché à résoudre les choses. Vous avez plusieurs fois supplié votre mari de faire la paix avec nous. Mais pourquoi continuez-vous à le soutenir ? Comment avez-vous pu écrire des lettres d'amour à ce fils de pute infidèle ? Nous devrions même faire écouter à nos propres épouses ce que vous lui disiez, afin qu'elles apprennent comment une femme doit soutenir son homme et prendre soin de lui malgré ses infidélités.

Les autres capos ont opiné du chef. Miguel Rodríguez a dans la foulée clôturé la réunion par une sentence pareille à celle d'un juge :

– Madame, vous devez parler à Roberto Escobar et aux tueurs à gages incarcérés pour qu'ils paient. Vous nous devez, à nous tous, quelque 120 millions de dollars. Nous les voulons en cash. Nous attendons une réponse dans les dix jours.

Malgré toute la dureté, j'ai senti que Miguel Rodríguez me regardait avec compassion, presque avec solidarité.

– Eh bien, messieurs, faisons confiance à la sagesse de tous pour la paix et la tranquillité dans nos familles. Je reviendrai dans dix jours avec une proposition.

Je me sentais impuissante car, au milieu de tant de haine, il était clair que Juan Pablo n'avait aucune chance de survivre. J'ai pleuré pendant la plus grande partie du retour à Bogotá. Je n'ai pas pu dire à mon fils que sa vie n'était pas comprise dans les accords avec les *caleños*.

Je devais maintenant reconstituer le puzzle des propriétés de Pablo. J'ai appelé l'avocat Francisco Fernández, le même qui m'avait conseillé des années plus tôt, lorsque j'étais déterminée à me séparer de Pablo. Il a accepté de me défendre et s'est rendu auprès du procureur Gustavo de Greiff pour faire le point sur ma situation.

« De Greiff dit que les hommes de Cali veulent une rétribution directe parce qu'ils ont dépensé plusieurs millions de dollars dans leur guerre, a résumé l'avocat. Si la famille ne paie pas, ils tueront tous les lieutenants de Pablo. Il a ajouté que les Pepes avaient beaucoup de pouvoir et que le gouvernement ne pouvait pas se permettre de laisser massacrer des hommes qui avaient prêté la main à la campagne terroriste de Pablo. »

Il n'y avait donc pas d'autre issue que de négocier avec les Rodríguez.

Le temps pressait. Nous avons commencé à dresser la liste des propriétés de Pablo, ainsi que des quelques œuvres d'art miraculeusement sauvées. Avec Juan Pablo, sept avocats du cabinet de Me Fernández et quelques comptables, nous avons passé des heures à collecter les données. En même temps, je rendais visite aux prisonniers, car nous ne savions en réalité pas grand-chose des biens que Pablo avait acquis. La tâche était d'autant plus complexe que mon mari avait aménagé plus d'une centaine de cachettes. Nous avons malgré tout réussi à mener ce recensement à bien, et chaque capo a pu faire son choix. Nous ne pouvions pas mentir ou cacher quoi que ce soit, les Pepes savaient déjà tout.

Quelques jours plus tard, j'ai appris que ma belle-sœur, Marina Escobar, était allée, elle aussi, à Cali rencontrer les capos. Elle voulait savoir ce qu'ils avaient convenu avec moi. Elle leur a aussi apporté le testament de Pablo, avec l'idée de les pousser à intervenir pour que soient inclus dans la répartition à venir les immeubles Ovni, Dallas et Monaco, que mon mari léguait à nos deux enfants.

Quelques semaines après la première rencontre, je suis retournée à Cali, avec mon frère Fernando et notre avocat, Francisco Fernández. J'étais déterminée à tout leur donner pourvu qu'ils nous laissent en vie. Nous avons été accueillis par les mêmes narcos. Ils étaient prêts à revenir sur l'une de leurs exigences : être réglés en liquide. Ils étaient bien placés pour savoir que mon mari avait tout dépensé pour mener sa guerre. La réunion a été fastidieuse : ils ont choisi un par un parmi les soixante-deux biens de ma liste.

Contrairement à ce qui avait été stipulé lors de notre première réunion, ils ont accepté de recevoir cinquante pour cent de la dette en actifs saisis, le reste sous forme de propriétés prêtes à être commercialisées… sans la moindre contrainte judiciaire. Leurs relations dans les hautes sphères de l'État devaient leur permettre de « blanchir » les avoirs de Pablo, y compris ceux confisqués, tout en laissant sur la touche ses héritiers.

Lors de cette rencontre cruciale, j'ai cédé un terrain de 9 hectares qu'Alex ou le Fantasma (le surnom de Carlos Castaño) exigeait au nom de Fidel Castaño. J'ai lâché au moins une douzaine de lots dans le centre-ville de Medellín, où des années plus tard des centres commerciaux luxueux ont été construits, ainsi que plusieurs immeubles, acquis par Pablo dans les années 1980 sur la commune d'El Poblado.

Dans la liste, il y avait aussi une *finca* de 100 000 hectares dont je n'avais jamais entendu parler et qui intéressait énormément les ennemis de mon mari parce qu'elle disposait d'une piste d'atterrissage. Il y avait aussi des avions, des hélicoptères, des dizaines de véhicules, dont plusieurs Jaguar, des BMW et des Mercedes Benz, des motos, des bateaux et des jet-skis. Tout compris, nous étions cependant loin des 120 millions de dollars que les capos revendiquaient.

Soudain, Carlos Castaño a lancé : « Madame, j'ai entre les mains votre Dalí, *Rock and Roll*, qui vaut plus de 3 millions de dollars. Je vous le rends. » Je me suis alors souvenue que son frère Fidel m'avait promis de me rendre l'œuvre. Les capos guettaient ma réponse. En quelques fractions de seconde, une phrase de Pablo m'est revenue à l'esprit : « Le jour où je mourrai, donne-leur tout ce qu'il te reste pour préserver ta vie et celle de nos enfants. »

« Carlos, remercie Fidel, mais ma décision est prise : vous restez propriétaires de cette œuvre. Je vous enverrai les certificats. »

Tous ont été surpris, et Castaño m'a remerciée.

Encore une fois, en rentrant de Cali, j'ai beaucoup pleuré. Notre dette à l'égard des principaux seigneurs de la drogue était réglée, mais la vie de mon fils, Juan Pablo, restait en suspens. À mi-chemin, j'ai reçu un appel inattendu de Miguel Rodríguez. « La veuve de Pablo n'est pas idiote, m'a-t-il glissé. Elle a marqué un but. Avec l'histoire du tableau de Dalí, elle a mis dans sa poche Carlos Castaño, l'un des hommes les plus sanguinaires du pays. »

La négociation avançait. Les propos du seigneur du cartel de Cali m'indiquaient que j'étais sur la bonne voie. J'ai poursuivi mes discussions avec Carlos Castaño, qui suivait pas à pas la livraison des biens de Pablo. Un jour, il m'a vivement incitée à trouver un accord avec l'un des principaux dirigeants des Pepes, qui commençait à avoir un véritable pouvoir à Medellín. En arrivant dans son imposante *finca*, dans le secteur d'El Poblado, mes jambes tremblaient.

– Madame, vous avez vécu tant d'années auprès de ce monstre que vous devez lui ressembler.

Ce personnage terrifiant était très en colère contre Pablo. Mais je ne pouvais plus me taire.

– Je vous demande de ne pas me traiter comme ça ! criais-je, blessée.

– Vous ne me donnez pas envie de négocier avec vous, madame, cet homme a fait tellement de dégâts.

De l'autre côté de la baie vitrée, une vingtaine d'hommes marchaient lentement autour de la piscine, armés de fusils.

– Les guerres sont impitoyables, monsieur. Ils ont tué mon frère Carlos, un innocent qui n'avait jamais mis les mains dans le trafic de drogue.

– Madame, c'était une erreur. Votre mari est responsable de tout. Si je pouvais, je sortirais ce fils de pute de sa tombe pour le tuer à nouveau.

– Ce qui s'est passé est une folie totale.

La conversation tournait en rond, jusqu'au moment où Carlos Castaño est intervenu.

– Écoutez, nous sommes ici pour mettre fin à ces problèmes une fois pour toutes, mais on dirait que vous voulez continuer cette guerre. Allons, madame Victoria, trouvons une solution. Résolvons cela.

Le moment était plus que délicat.

– Écoutez monsieur, je reconnais que vous avez gagné la guerre et je suis venue vous demander de pardonner à mes enfants, à la famille de Pablo, à la mienne, aux travailleurs, aux avocats et à moi-même, ai-je dit d'une voix brisée. Je suis ici aussi pour compenser ces dommages.

D'un geste, Castaño m'a fait comprendre que la réunion était terminée.

Sur le chemin du retour, il était irrité :

– Quel mauvais quart d'heure, dit-il alors que je sanglotais, inconsolable.

– Tu l'as entendu ? Il m'a traitée comme une moins que rien.

– Le problème, c'est que c'est lui qui commande.

L'homme était si fâché que j'ai dû lui proposer de choisir un bien sur la liste. Il s'est calmé. Mais ce n'était pas terminé. Il y avait aussi le *comandante* Chaparro, un autre homme de pouvoir. Il résidait entre les régions Caldas et Antioquia.

Nous y sommes allés en hélicoptère. Depuis le hublot, j'ai vu une quarantaine d'hommes armés. L'appareil s'est posé au milieu d'eux et le *comandante* Chaparro s'est approché.

Castaño a parlé le premier :

– *Comandante*, elle est prête à régler tous les problèmes avec vous et à signer la paix. Donnez un prix à tous vos dommages.

– Carlos, quelle valeur donner à la mort de mon fils ? À tous les attentats commis par Pablo ? À tous les disparus ?

– Je comprends, *comandante*, mais je suis là pour que ce cauchemar s'arrête. Madame y met aussi tout son cœur. Elle ne cherche que la paix.

Alors j'ai osé intervenir.

– *Comandante* Chaparro, je peux vous offrir deux *fincas*, l'une avec une piste d'atterrissage et l'autre au bord du fleuve, ainsi que quelques machines de l'hacienda Nápoles.

Chaparro me regardait en silence. J'ai poursuivi :

– *Comandante*, beaucoup de gens veulent une partie de ce que Pablo a laissé et je dois satisfaire tout le monde. Je vous en supplie. Vous devez comprendre que ce que je vous donne a une valeur importante.

Le *comandante* Chaparro a accepté. Nous nous sommes serré la main et avons conclu un pacte. Je me sentais en confiance, alors j'ai saisi l'occasion pour leur demander où se trouvaient la nounou de Manuela, Nubia Jiménez, et notre professeure, Alba Lía Londoño, kidnappées par les Pepes en novembre 1993.

– Madame, regardez ces vastes terres, elles sont remplies de disparus ; il est impossible de vous rendre les corps, il n'y a aucun moyen de les retrouver.

Ces mots terribles de Chaparro m'ont ramenée à ma triste réalité. Quelle réponse donnerais-je aux enfants quand ils me demanderaient où se trouvent la professeure et la nounou ? Comment leur dire que leurs corps ne réapparaîtraient jamais ? J'ai mis longtemps à leur avouer la dure réalité.

J'ai poursuivi mon périple. Les frères de Pablo voulaient modifier son testament, passer outre sa volonté de laisser des biens à Manuela et à Juan Pablo. J'ai eu une conversation animée à ce sujet avec Miguel Rodríguez. Je ne voulais même pas les voir.

– Madame, j'ai tout fait pour vous accompagner dans ce processus, mais maintenant vous devez m'écouter, a insisté Don Miguel.

– D'accord, Don Miguel, je le fais pour vous.

Dix jours plus tard, j'étais à nouveau à la table des négociations. Il y avait moins de capos, plusieurs d'entre eux considéraient que la dette était payée. Cette nouvelle rencontre avait un ordre du jour plus crucial : la vie de mon fils. Gilberto Rodríguez a clairement posé les termes du débat dès le début de la réunion :

– Madame, après tout cela nous ferons la paix, mais nous tuerons votre fils.

J'ai encaissé le coup, mais contrairement aux fois précédentes j'ai senti que je pouvais les convaincre que mon fils n'avait pas l'intention de prolonger la guerre, et que j'en serais la garante.

– Messieurs, écoutez-moi. Je ne comprends pas pourquoi vous êtes si déterminés à lui ôter la vie. Ce n'est qu'un adolescent. Je suis la seule qui assume et met de l'argent sur la table pour conclure un accord de paix. Je vous supplie de laisser une seconde chance à mon fils.

Silence total. Les capos présents ont chuchoté, certains se sont isolés pour discuter. Une demi-heure plus tard, enfin, la bonne nouvelle est tombée :

« Madame, nous vous attendons dans dix jours avec votre fils pour décider s'il peut rester en vie », a précisé Gilberto Rodríguez.

Nous devions honorer le rendez-vous à Cali et il fallait se préparer au pire. Le compte à rebours avait commencé. J'ai prié mes chers morts, en leur demandant protection et aide pour attendrir le cœur de nos ennemis. C'est une vieille habitude. Cela a dû marcher parce que nous sommes toujours en vie.

Les jours passaient et l'atmosphère dans l'appartement du quartier de Santa Ana devenait de plus en plus tendue. J'observais l'impuissance de Juan Pablo, qui sentait sa mort proche. À dix-sept ans, mon fils a rédigé son testament. Cependant, je conservais l'espoir qu'en se présentant volontairement devant les ennemis de Pablo ils lui donneraient une seconde chance.

Nous sommes partis, de nuit, avec mon frère Fernando, et nous nous sommes installés dans un hôtel appartenant à l'un des seigneurs du cartel de Cali. Nous avons suivi leurs instructions à la lettre et avons évité de nous enregistrer à l'accueil. Méfiants, nous chuchotions parce que nous pensions être sur écoute. Nous n'avons pas dîné au restaurant par peur d'être empoisonnés. Nous avons bu de l'eau, c'est tout.

Alors que les heures avançaient et que la rencontre approchait, Juan Pablo sentait l'anxiété l'envahir. Vers 11 heures du soir, il s'est agenouillé, a prié, le chapelet entre les mains, et il a pleuré. Une habitude qu'il a conservée, tout comme la foi, puisque chaque jour il s'agenouille devant Dieu pour le remercier de lui avoir offert la vie et de se battre pour un avenir meilleur.

Le lendemain, nous sommes allés à Palmira pour saluer ma tante Lilia et d'autres membres de notre famille. Nous guettions l'appel de l'un des *caleños* ; au lieu de cela, Hélmer « Pacho » Herrera nous a invités à déjeuner pour parler à bâtons rompus de l'héritage et de la répartition des biens.

« Don Pacho, ne vous inquiétez pas, nous allons résoudre ce problème en famille, Pablo a laissé un testament, ai-je répondu sèchement. Nous sommes ici à l'initiative de Don Miguel Rodríguez, pour parler de paix et de Juan Pablo, venu régler sa situation. »

Le capo a seulement réussi à dire que nous nous reverrions le lendemain. En vérité, nous n'avons pas jugé approprié, à ce stade, de nous asseoir autour d'une table avec ceux qui avaient mis fin à la vie de mon mari. Nous nous sommes présentés à 2 heures de l'après-midi devant les *caleños*. Juan Pablo était tétanisé par la peur.

Quelle a été notre surprise lorsque nous avons découvert la présence sur place de ma belle-mère, Hermilda, de ma belle-sœur Luz María et de son mari, Leonardo, de mon beau-frère Argemiro et de Nicolás, fils de mon beau-frère Roberto ! La gêne était palpable. Heureusement, Me Fernández, notre avocat, est arrivé. Il avait avec lui la liste des propriétés et le testament de Pablo. Miguel Rodríguez, Hélmer « Pacho » Herrera et José Santacruz Londoño nous ont rejoints. Gilberto Rodríguez, lui, n'est pas venu.

Miguel Rodríguez a ouvert les débats.

– Nous allons discuter de l'héritage de Pablo. Sa mère et ses frères se plaignent. Ils veulent que dans la répartition soient inclus les biens que Pablo a transmis de son vivant à ses enfants.

– C'est exact, Don Miguel, a dit ma belle-mère. Nous parlons des bâtiments Monaco, Dallas et Ovni. Pablo les a mis au nom de Manuela et Juan Pablo pour les protéger des autorités, mais ils étaient à lui et non à ses enfants. C'est pourquoi nous exigeons qu'ils entrent dans l'héritage.

J'ai pris la parole :

– Doña Hermilda, lorsque Pablo a construit ces bâtiments, il était clair qu'ils seraient dédiés à ses enfants. Il a laissé beaucoup d'autres choses à sa famille. Vous le savez pertinemment. Avec tout le respect que je vous dois, vous mentez.

Cette rencontre a rapidement laissé apparaître deux camps : « Pacho » Herrera était en faveur de ma belle-mère et de mes beaux-frères, tandis que Miguel Rodríguez était de notre côté.

Ce dernier a conclu :

– Écoutez, j'ai des sociétés au nom de mes enfants et j'ai décidé de mon vivant qu'elles leur appartenaient. C'est exactement la même chose pour Pablo. Ainsi, les biens qu'il destinait à ses enfants resteront à ses enfants. Répartissez-vous ce qui reste, comme le stipule le testament.

Personne n'a renchéri. Ils ont pâli, n'imaginant pas que Miguel Rodríguez nous comprendrait et qu'il prendrait notre défense.

Le pire n'était pas encore arrivé. Nicolás avait une objection :

– Tata, qu'est-ce qu'on va faire des 10 millions de dollars que mon oncle Pablo devait à mon père ? Parce que, ici, nous savons tous que mon père aidait Pablo.

Juan Pablo, contrarié par l'intervention de son cousin, a lâché :

– Regardez-le, personne ne croit cette histoire ! Allez, arrête !

Miguel Rodríguez, « Pacho » Herrera et « Chepe » Santacruz ont souri, se sont levés et n'ont pas dit au revoir aux Escobar.

J'ai bondi de mon fauteuil. Je leur ai demandé cinq minutes pour m'entretenir avec Juan Pablo. L'heure était venue. Ils se sont retirés et nous ont regardés comme s'ils nous disaient : « Parlez maintenant, ou taisez-vous à jamais. » À leur retour, Juan Pablo s'est lancé :

– Messieurs, je suis venu ici pour vous dire que je n'ai pas l'intention de venger la mort de mon père. Je veux quitter le pays pour étudier. Ma place n'est pas en Colombie. Je ne veux déranger personne. Je sais que pour continuer à vivre je dois partir.

L'ambiance commençait à se déglacer lorsque le capo José Santacruz Londoño est intervenu :

– Sachez que vous ne devrez jamais chercher la bagarre. Je comprends ce que vous ressentez, mais nous en sommes tous convaincus, un taureau du modèle de votre père n'existera plus jamais.

– Ne vous en faites pas, monsieur. J'ai pris une leçon de vie et je pense que le trafic de drogue est une malédiction.

– Un instant, jeune homme, répondit Miguel Rodríguez, en haussant brusquement le ton. Comment pouvez-vous dire que le trafic de drogue est une malédiction ? Regardez, j'ai une belle vie, ma famille est à l'aise, j'ai une grande maison, un cours de tennis, je me promène tous les jours…

– Comprenez-moi, Don Miguel. La vie m'a appris autre chose. À cause du trafic de drogue, j'ai perdu mon père, ma famille, mes amis, ma liberté, ma tranquillité d'esprit et tous nos biens. Je suis désolé si je vous ai offensé. Je veux saisir cette occasion pour vous dire que la violence ne viendra pas de moi. La vengeance ne me rendra pas mon père. J'insiste : aidez-nous à quitter le pays. Je veux partir, mais aucune compagnie ne souhaite nous vendre des billets d'avion.

– Madame, nous décidons de laisser une chance à votre fils. Il n'est encore qu'un enfant. C'est vous qui répondrez désormais de ses actions. Promettez-nous de ne pas le laisser s'égarer et sortir du droit chemin. Nous allons vous aider à récupérer les immeubles. Pour cela, nous devrons contribuer au financement des campagnes présidentielles. Celui qui l'emportera vous sera redevable parce qu'il saura que vous l'avez aidé.

« Pacho » Herrera, silencieux jusque-là, est intervenu :

– Tant que vous ne vous lancez pas dans le trafic de drogue, rien ne vous arrivera. Vous n'avez rien à craindre. La seule chose que nous ne voulons pas, c'est que vous conserviez trop d'argent, cela pourrait vous monter à la tête.

Au bout de vingt minutes, Miguel Rodríguez a clôturé la rencontre :

– Ne vous en faites plus. Vous pouvez même rester vivre ici à Cali. Personne ne vous fera de mal.

Je l'ai remercié, mais je savais que notre vie était ailleurs. Au terme de ce combat mené pour la vie de mon fils, j'ai pris la décision de ne manquer aucun moment où nous pourrions être ensemble et célébrer la vie.

Fin août 1994, après huit mois épuisants, nous avions rendu aux cartels et à la famille Escobar tous les biens de Pablo, à l'exception des immeubles Dallas, Monaco et Ovni, que l'État n'allait pas tarder à confisquer. Nous devions maintenant nous concentrer sur notre avenir, et quitter le pays. Mais pour aller où ?

4

Pablo, les femmes et moi

Parler des infidélités de mon mari est particulièrement difficile, car cela touche à mon statut de femme et à ma dignité. Dans certaines sociétés, l'infidélité du mari n'est pas un drame. On sait et on se tait. C'est un secret de polichinelle qui concerne des milliers de familles. En tant que femmes, nous avons été élevées pour ne pas regarder la vérité en face, nous taire, rester là, en silence, et remplir notre devoir de femme et de mère. Résignées, nous n'avions pas le droit de protester.

Je me devais de parler dans ce livre des nombreux adultères dont j'ai été victime.

C'est douloureux car, au fil des ans, j'ai découvert que mon mari avait eu plus d'aventures que je l'imaginais. On me les a racontées lorsque je suis retournée à Medellín pour m'entretenir, dans le cadre de ce livre, avec de nombreuses personnes qui avaient gardé le secret.

Mon premier souvenir de Pablo remonte à 1972. Jeune homme, il circulait dans le quartier de La Paz sur une Vespa blanc et rouge. Son succès auprès des femmes se mesurait au nombre d'entre elles qui demandaient à faire un tour à moto.

Pablo avait un complexe, sa petite taille, 1,67 mètre. C'était néanmoins un tombeur dont les filles parlaient sans cesse. Le « garçon à la moto » ne m'intéressait pas du tout, mais je savais qui il était. Pablo Emilio Escobar Gaviria avait vingt-trois ans, il était passé par le lycée et semblait avoir déjà vécu pas mal de choses. Sa vie contrastait avec la mienne. J'avais à peine douze ans et devais demander la permission pour sortir.

Ma famille était l'une des plus riches du quartier où nous étions arrivés en 1961, en provenance de Palmira, une petite ville prospère du département de Valle del Cauca, dans le sud-ouest de la Colombie. Mes parents avaient décidé de prendre racine sur ces terres parce qu'ils étaient fatigués de voyager. Fruit de ces pérégrinations, une bonne partie de leurs huit enfants sont nés dans différentes villes du pays. Ma mère, Leonor, surnommée Nora, avait installé un petit magasin à la maison, où elle vendait un peu de tout : vêtements, tissus, papeterie, appareils électroménagers et parfums. Mon père, Carlos, distribuait des sandwichs pour une entreprise connue sous le nom de La Piñata. Dans le quartier, on nous appelait les *piñatos*. Grâce au travail acharné de mes parents, leurs enfants – trois garçons et cinq filles – ont grandi dans un certain confort et étudié dans des écoles privées. J'ai suivi des cours de natation et de guitare et porté des vêtements rapportés par ma tante de New York.

La situation de la famille Escobar Gaviria était différente. Arrivés dans le quartier en 1964, ils avaient souffert et rencontré des problèmes d'argent.

Hermilda, la mère, était institutrice. Abel, le père, était fermier. Ils avaient quatre filles et trois garçons, Pablo était le troisième. Doña Hermilda a été embauchée comme enseignante dans la nouvelle école du quartier. Mais les revenus étaient insuffisants. Don Abel a été obligé de travailler comme gardien. À force de croiser Pablo, j'ai commencé à remarquer qu'il s'intéressait à moi. Ce fut d'abord un regard puis un clin d'œil, ensuite un court salut. Mais il a dû comprendre que je ne serais pas facile à approcher et il lui vint à l'esprit de demander de l'aide à Yolanda, une copine du quartier dont la famille était proche des Escobar Gaviria. Yolanda a joué les entremetteuses. Elle lui avait quand même dit que onze ans de différence, cela faisait beaucoup. Il avait répondu que cela n'avait aucune importance. « Nous ne serons pas le premier ni le dernier couple ainsi. Elle sera mon épouse et la mère de mes enfants, nous en aurons cinq. »

Yolanda a pensé que Pablo exagérait, car on n'avait pas échangé un mot. Mais il parlait sérieusement.

Un jour, alors que je venais d'avoir treize ans, il s'est approché de moi :

– Tatica, montez, on va faire un petit tour.

– Pas question, Pablo ! Mes parents ne m'autorisent pas à monter sur la moto de quiconque.

Mais il s'entêtait et souvent, le soir, quand je me promenais dans le quartier pour aller chercher le lait, il apparaissait en me demandant s'il pouvait m'accompagner. J'acceptais et nous changions de chemin pour éviter d'être vus. Pendant le trajet, il me disait que j'étais jolie, que j'avais un sourire sensuel, qu'il aimait mes jambes. J'étais mince, résultat de longues heures de patinage et de natation.

Les semaines suivantes, les compliments continuaient. Il m'offrait des chewing-gums. Et commençait à me plaire. Mais il n'était pas question de le ramener à la maison parce qu'à mon âge je n'étais pas censée avoir un amoureux. Au fil des semaines, je sentais que quelque chose allait se passer entre nous. Yolanda avait gagné la confiance de ma mère, qui me laissait sortir avec elle le samedi, de 7 heures à 9 heures du soir. Une fois dans la rue, Yolanda m'accompagnait en cachette jusqu'à Pablo. Nous allions manger des glaces. Nos conversations étaient agréables. J'étais captivée par les histoires qu'il me racontait.

Il voulait me séduire. Il a commencé à m'offrir des cadeaux. D'abord sa montre. Puis un disque de chansons d'amour. Ses infidélités étaient de notoriété publique. Il regardait et séduisait les filles du quartier et j'étais jalouse. Je me souviens que le jour des amoureux, j'étais fâchée avec lui et nous ne nous parlions plus. Yolanda m'a apporté une bague en perles.

« C'est de la part de Pablo, Tata, il m'a dit de te la donner pour que tu ne penses pas qu'il ne voulait pas t'offrir de cadeau. »

La bague était magnifique. Pablo avait raconté à Yolanda qu'il l'avait achetée dans une bijouterie de Medellín pour 1 700 pesos (77 dollars à l'époque). Au cours de ces mois de séduction, j'ai découvert un homme romantique, aux allures de poète, aux gestes tendres, doté d'un sourire sensuel, qui m'envoyait souvent des cadeaux et des fleurs. J'étais éblouie et de plus en plus amoureuse. La différence d'âge m'attirait. Ce n'était pas un adolescent, mais un homme mûr ; ce ne serait pas une aventure sans lendemain.

Mais comme les mensonges ne durent pas éternellement, des amis de ma sœur Luz Marina m'ont surprise plusieurs fois avec lui et ont fini par parler. Mes parents l'ont appris et ma mère m'a interdit d'aller chercher le lait, ma seule chance de voir Pablo. J'étais triste et je ne comprenais pas son attitude. Un étrange sentiment de rébellion m'a assaillie et, pour la première fois, j'ai senti que je n'étais pas prête à supporter que mes parents, et surtout ma mère, interfèrent dans ma relation avec lui.

Nous ne pouvions pas nous voir aussi souvent, car je n'avais plus le droit de sortir seule. Pablo envoyait des messages par le biais de Yolanda : il était en voyage d'affaires. Elle ne donnait aucun détail et j'étais évidemment loin d'imaginer que mon galant homme s'aventurait déjà dans le monde sombre du crime.

Au cours des premiers mois de 1973, Pablo a sauté le pas et commencé à formaliser notre amour. Je l'ai su un soir, quand mon frère Mario est rentré dans ma chambre pour me parler.

« Tata, tu sais que j'apprécie Pablo, mais c'est mon devoir en tant que frère de t'avertir qu'il ne te convient pas. Nous sortons tout le temps avec des femmes. Oublie-le ! »

Je l'ai écouté en silence. Il était apparemment embêté que son ami fasse la cour à sa sœur, mais son ton restait conciliant. Je savais que Mario n'avait pas complètement tort, ayant notamment appris que Pablo avait eu une liaison avec la directrice du lycée de La Paz, où j'étudiais. Mais je justifiais ses actes en les attribuant au fait que nous n'étions pas officiellement en couple. Pablo savait très bien que s'il voulait sortir avec moi, il devait obtenir l'aval de ma famille. Il a donc profité de sa proximité avec mon frère Mario pour ouvrir la voie, bien qu'il le sût en désaccord. Il l'a invité à boire du whisky et ils ont parlé pendant deux heures. À son retour, Mario a plaidé sa cause :

– Maman, j'ai parlé avec Pablo et il dit qu'il veut sortir avec Tatica. Je tiens à te dire que ce type ne met pas sa tête sur l'oreiller, cet homme est un coureur de jupons.

– Oh mon Dieu. Qu'est-ce qui nous attend ? Et que lui as-tu dit ?

– Je lui ai demandé pourquoi il ne s'intéressait pas à mes autres sœurs, qui sont grandes, il a répondu qu'il aimait Tatica. Maintenant, c'est à toi de décider, mais vous devez la surveiller comme le lait sur le feu. Maman, Pablo est sérieux : il veut lui rendre visite à la maison.

C'est ainsi que tout a commencé. Le mardi 1er mai 1973, jour férié, Pablo m'a demandé d'être sa fiancée et a conclu son engagement avec un cadeau : une chanson d'amour de la chanteuse colombienne Claudia.

Ensuite, il m'a dit :

« Mon amour, tu seras mienne pour la vie. »

Émue et naïve, j'ai répondu que je serais son amour pour la vie. Nous étions heureux et avons scellé nos fiançailles par un long baiser et une étreinte. Mon sort était jeté. Enfin, nous étions fiancés. Les doutes de ma famille et de mes amis n'avaient plus lieu d'être. Ils n'y voyaient pourtant que des inconvénients : j'avais onze ans de moins que lui, il s'habillait mal, il était petit et utilisait du gel pour lisser ses cheveux. La liste était longue, mais cela m'était bien égal.

Les sévères restrictions que ma mère m'a imposées pour voir Pablo nous ont montré que rien n'était acquis. Nous ne pouvions nous rencontrer que le samedi de 7 heures à 9 heures du soir. Un cauchemar ! Mon homme était séduisant, mais je devais rentrer à la maison pile à l'heure de l'ouverture des discothèques.

Quel miracle de l'avoir comme fiancé ; les filles du quartier faisaient la queue pour sortir avec lui. Quand l'heure approchait, le samedi, mes sœurs ricanaient. Je commençais à me préparer tôt : je déposais les vêtements sur le lit, en combinant les couleurs. Évidemment, je changeais d'idée sans cesse, obsédée par la recherche de l'harmonie de la tenue. Je voulais être séduisante et sensuelle. Je pense que j'y arrivais parce que mon prétendant était heureux quand il me voyait.

En ces jours de bonheur, un personnage particulier est apparu dans ma vie. C'était Marquitos[1], un jeune homme qu'on avait l'habitude de voir errer dans le quartier prenant des photos. Il faisait partie du paysage, mais depuis mes fiançailles avec Pablo j'avais remarqué qu'il prenait des photos partout où je me rendais. Au début, je me sentais mal à l'aise et cela me semblait étrange. Je me suis détendue quand j'ai découvert que Pablo l'avait embauché. Quelque temps plus tard, Marquitos est tombé amoureux de moi et a dû affronter Pablo. Il est allé jusqu'à casser des bouteilles de vin devant ma maison.

Pablo se promenait dans le quartier sur sa nouvelle moto. Je le voyais discuter avec des filles. J'ai commencé à lui faire des scènes. J'étais jalouse. Il avait l'air d'aimer

1. Marquitos vit toujours. Je l'ai retrouvé un jour à Medellín, pour ce livre. Il se souvenait de moi avec nostalgie et m'a dit qu'au milieu de la guerre Pablo lui avait envoyé un message lui demandant de détruire toutes les photos qu'il avait prises à ce moment-là. Ce qu'il avait fait.

ressembler à un coureur de jupons. Machiste, il n'aimait pas que je danse, même avec mes frères. Et quand il se fâchait, il devenait muet comme une carpe.

Un jour, alors qu'il était en voyage, j'ai fini par me rendre à une fête de l'école où j'ai dansé avec un autre garçon. Innocente, parce que je n'avais rien fait de mal, je lui ai envoyé une lettre en le lui racontant. En réponse, j'ai reçu une enveloppe contenant les morceaux d'une photo d'identité que je lui avais donnée et un message qui disait : « C'est ce que tu vaux pour moi, Tata. » J'ai attendu plusieurs longues semaines avant qu'il ne revienne.

C'était la première séparation due à sa jalousie. Au bout de quelque temps, il m'a apporté en cadeau un beau vélo.

– Regarde Tatica ce que je t'ai acheté. Il vient d'Équateur.

– Pablo, penses-tu que ce vélo va effacer ma douleur ? Garde-le !

– Tatica, écoute-moi, s'il te plaît… C'est toi que j'aime et tu es ce qu'il y a de plus important dans ma vie.

Après des excuses mutuelles, nous avons décidé de rester ensemble et je suis allée à la maison avec mon vélo pour montrer mon cadeau. Dans les semaines qui ont suivi, nous avons vécu des moments heureux. J'étais la princesse d'un conte de fées, et il était mon prince. Yolanda réussissait à convaincre ma mère de me laisser sortir avec Pablo pendant quelques heures. Ce qui nous a permis plusieurs échappées en discothèque. Elle disait que nous nous promenions, mais en réalité nous allions danser. Pablo commandait une demi-bouteille d'eau de vie et moi de l'eau gazeuse. Nous arrivions à 5 heures de l'après-midi et j'étais de retour à 8 heures à la maison.

Mais comme rien n'est parfait dans la vie, l'intransigeance de ma mère et de mon père envers mon amoureux ne diminuait pas. Ma mère était particulièrement hostile, parce qu'elle n'aimait pas son allure. Pablo se moquait complètement de son apparence. Ses manches retroussées et sa chemise hors du pantalon énervaient ma mère.

Mes parents ne cessaient de le critiquer.

« Ma fille, n'essaye pas de te faire belle, il ressemble à un chauffeur », disait ma mère.

Pablo était l'opposé de ce que mes parents désiraient pour moi, mais je me sentais heureuse à ses côtés et cela me suffisait... jusqu'au moment où il a encore tout gâché, en 1974, quand il a subitement disparu du quartier. J'étais déconcertée. Personne ne savait où il se trouvait, pas même Yolanda.

Elle savait seulement qu'il était parti avec Rodrigo, un de ses amis. Cette première absence m'a blessée, j'ai beaucoup pleuré et englouti de grandes quantités de *manjar* (« confiture de lait »). Des années plus tard, Yolanda a avoué qu'elle m'avait menti cette fois-là et à bien d'autres occasions lorsque je lui demandais si elle savait où était Pablo.

Comme ni Yolanda ni ses amis les plus proches n'avaient la moindre idée de l'endroit où il se trouvait, j'ai dû aller chercher des nouvelles chez ses parents, mais ils n'avaient officiellement aucune information à me donner. Chez lui, personne ne m'appréciait, même pas Teresita, l'employée de maison, laquelle avait pratiquement élevé Pablo. Il était évident qu'ils n'étaient pas favorables à notre relation.

J'ai eu une explication plusieurs semaines après lorsqu'un de ses amis de bar est venu voir ma mère.

« Doña Nora, j'apporte cette lettre pour Tata. »
La lettre disait ceci :

« Victoria Eugenia. Du fond de ma solitude et de ma nostalgie, accablé de tristesse et sans espoir, je me tourne vers ton cœur que j'ai connu rempli de tendresse et de noblesse, pour trouver en lui l'espoir de rendre un sens à ma vie. Si tu m'oubliais maintenant, je penserais que ton amour n'était pas sincère. Mais moi, je ne t'oublie pas parce que je n'y arrive pas. Si tu ne m'oublies pas maintenant, je promets de ramasser toute la noblesse de la terre pour te l'apporter. Et, si un jour mon amour devait être une source de malheur pour toi, je partirais sans un mot en emportant avec moi ces beaux et agréables souvenirs de toi. Pablo qui t'aime. »

Le message était très beau et semblait montrer que notre amour restait vif, rien de plus. Mais l'incertitude n'a pris fin que des semaines plus tard, lorsque Pablo est revenu dans le quartier où je l'ai reçu à bras ouverts, sans lui poser de questions. Il me suffisait de le voir et de le sentir. J'ai remarqué qu'il avait l'air pâle, silencieux, inquiet et il n'a consenti que quelques mots :

« Mon amour, je cherchais du travail… Tu sais que je dois aller de l'avant pour que nous puissions nous marier. »

J'ai caressé ses cheveux et son visage, comme pour l'inviter à se reposer dans mes bras, à croire en ce qu'il faisait et à notre bonheur futur. Ne sachant toujours pas pourquoi Pablo avait disparu deux mois sans prévenir, je n'ai pas compris la portée d'un commentaire que ma mère a fait quelques jours plus tard. Elle semblait bouleversée lorsqu'elle m'a posé une question que je n'oublierais jamais :

– Ma fille, es-tu prête à apporter à Pablo de la nourriture en prison ?

– Oui, maman, je suis prête à ça.

Il était évident qu'elle connaissait la raison de l'absence de Pablo, mais elle ne m'a rien dit.

J'ai eu le fin mot de l'histoire peu après. La police l'avait attrapé alors qu'il conduisait une voiture volée. Il a été détenu, puis libéré faute de preuves. Les mots de ma mère, aujourd'hui décédée, résonnent encore dans mon esprit. Comment ai-je pu lui répondre que j'étais prête à aller le voir en prison ? J'étais aveugle, sourde. Comment ai-je ignoré les conseils de ma mère ? Comment n'ai-je pas vu la tragédie arriver ?

À cause de mon jeune âge, je n'avais pas la capacité d'imaginer ce qui allait survenir. J'ai accepté de vivre aux côtés d'un homme coureur de jupons, en silence. C'est ce silence qui a régi ma vie. Je me souviens encore des mots que Pablo prononçait souvent.

– Tata, ne pose pas de questions parce que tu ne comprends rien.

Cette phrase m'a marquée à tout jamais, même si je ne me taisais pas et répondais :

– Je ne sais rien ni ne comprends rien, selon toi Pablo. La seule chose que je comprenne c'est que nous devons vivre cachés sous terre. Cela, je le comprends, parce que le prix à payer pour être à tes côtés est inhumain.

Ma relation avec Pablo n'était pas exactement une roseraie, comme beaucoup de gens le croient, mais le chemin était bien parsemé d'épines. Mes parents nous empêchaient d'être ensemble. Nous voir, nous regarder de loin était – plus qu'un défi – un supplice. Les jours sans lui duraient une éternité. Je me demandais où était l'amour de ma vie. Serions-nous ensemble un jour ? Fonderions-nous une famille ?

Un jour du mois de mars 1976, Pablo m'a fait savoir par Yolanda qu'il partait en voyage pour deux mois et qu'il m'attendait au glacier El Paso pour m'embrasser. J'ai demandé à ma mère la permission de sortir une demi-heure, elle a répondu sèchement que j'avais des devoirs et que je me levais tôt le lendemain.

J'ai commencé à faire la vaisselle en sanglotant et en réfléchissant à la façon de m'échapper. Soudain, une impulsion étrange m'a saisie. J'ai enlevé mon tablier et suis partie en courant.

Pablo avait l'air bouleversé.

– Tata, que se passe-t-il ? Pourquoi ne pouvons-nous pas nous voir ?

– Ma mère ne veut pas.

– Quel est le problème de Doña Nora avec moi ?

– Partons d'ici, mon amour, je veux t'épouser.

Je ne suis pas rentrée à la maison. Je me suis enfuie avec lui. Nous avons passé la nuit chez Gustavo Gaviria et sa femme, qui ont promis de garder le secret.

Pablo et Gustavo ont su très tôt le lendemain que ma mère pleurait, inconsolable, et qu'ils nous cherchaient partout. Dans le quartier de La Paz, la plupart des voisins accusaient Pablo d'avoir mal agi. Mon frère Mario cherchait Pablo pour le frapper parce qu'il avait emmené la « petite ».

Nous sommes alors partis en direction de Medellín, pour prendre un vol vers Cali.

– Pablo, qu'allons-nous faire ? Mes parents vont me punir, c'est une folie. Je devrais rentrer.

– Non mon amour, je vais t'épouser, ne t'inquiète pas, je ne vais pas te décevoir, je te le promets, a répondu Pablo en m'embrassant.

J'avais quinze ans. Ses câlins m'ont apporté la sécurité nécessaire pour supporter le mal-être que je ressentais en m'opposant à mes parents et aux valeurs qu'ils m'avaient inculquées.

Comme mes parents et mes frères, désespérés, me cherchaient partout, Gustavo a fini par informer ma mère :

« Doña Nora, je ne veux pas d'histoires avec vous. Je viens vous dire que Pablo s'est réveillé chez moi avec Tata et qu'ils sont partis à Cali. »

Pablo avait l'air heureux et inquiet. De mon côté, j'étais en proie à un mélange d'incertitude, d'anxiété et de peur. J'étais en train de perdre ma bonne réputation dans mon quartier. Je ne me sentais pas sereine, je ne savais pas si j'allais continuer à étudier, revoir ma famille et mes copines du lycée. Le désir d'être auprès de Pablo m'avait ôté toute raison. J'avais simplement écouté mon cœur. Je l'aimais et je voulais être avec lui. Rien de plus. Nous étions en train de rejoindre la salle d'attente du terminal de l'aéroport de Cali lorsque je suis tombée sur ma grand-mère Lola et mes tantes Lilia et Fanny. Ma grand-mère m'a attrapée par le bras et s'adressant à nous deux :

– Viens ici, ma petite fille, et vous, Pablo, qu'est-ce qui vous a pris ? Pourquoi avez-vous commis cette folie ?

Pablo a répondu à ma grand-mère avec calme :

– Doña Lola, la situation était intenable. Doña Nora est sévère et elle nous empêche de nous voir. Elle a même refusé qu'on se dise au revoir, alors que je dois partir pour deux mois. C'est pour ça que nous sommes ici, parce que je veux être avec elle pour le restant de mes jours.

Compréhensive, ma grand-mère a proposé à Pablo de faire son voyage et de parler de tout cela à son retour. Il a refusé.

– Non, Doña Lola. Je ne bougerai pas tant que tout ne sera pas résolu. Je veux épouser votre petite-fille.

J'écoutais en silence, effrayée.

Ma tante Lilia me fusillait du regard. Je me sentais mal. Mon avenir était décidé par des adultes, sans que je puisse intervenir. Cependant, Pablo s'est montré suffisamment convaincant. Ma grand-mère nous a proposé de venir chez elle pour convaincre l'évêque de nous marier.

Le ciel s'éclaircissait.

Dès le lendemain, l'évêque, un peu troublé quand il sut que j'avais à peine quinze ans, me demanda :

– Victoria Eugenia, souhaites-tu vraiment te marier ?

– Oui, mon père.

Quelques semaines plus tard, le temps de recevoir tous les documents officiels, nous étions prêts.

Le mariage a eu lieu le lundi 29 mars 1976, en l'église de la Santísima Trinidad de Palmira. Ni mes parents ni mes frères n'y ont assisté. Aucun représentant de la famille de Pablo non plus. Moi, la fiancée en cavale, je portais les mêmes vêtements que le jour de mon départ, un pantalon vert kaki et un pull orange. Lui portait une chemise bleu ciel aux manches longues retroussées.

Comme nous étions bien mariés, ma grand-mère m'a prêté une chambre chez elle, un peu à l'écart. Sous une lune merveilleuse, entre baisers et câlins, nous avons traversé le jardin fleuri et romantique de la maison. Cette nuit d'amour inoubliable est restée tatouée sur ma peau comme l'un des moments les plus heureux de ma vie. Pablo a décalé son voyage et nous sommes rentrés à Medellín, hébergés chez Alba Marina, l'une des sœurs de Pablo. Ma mère, qui ne cachait toujours pas sa désapprobation, nous a quand même prêté un lit matrimonial fabriqué par mon père. Nous avions peu d'espace, mais ce mariage était la plus belle chose de mon existence. Mon amour pour Pablo était immense, j'aimais son rire et son humour. Je voulais être une vraie femme, mais la réalité me rappelait que je n'étais qu'une jeune fille. J'avais peur de faire face à ma nouvelle vie qui s'annonçait compliquée. Ma famille me reprochait mon comportement. Il m'était également difficile de retourner au collège parce qu'on me jugeait. Tout le poids de la société conservatrice et catholique s'abattait sur moi. J'avais quitté la maison pour épouser un homme bien plus vieux que moi.

Ma vie d'épouse se partageait entre l'école, la maison pour faire mes devoirs, la cuisine, le linge de Pablo, le ménage de notre chambre.

Rien d'excitant, mais je restais fascinée par mon nouveau rôle. Ce qui m'a rapidement secouée, car je n'y étais pas préparée, c'étaient les absences de Pablo. Il disait « travailler ». Mais dans quoi ? Je ne savais rien.

Et puis les ragots sur ses aventures allaient bon train. Je ne peux le nier, j'en ai souffert. Son infidélité me blessait, mais je n'avais pas le courage de le quitter.

Je me répétais : tous les hommes sont comme ça. J'avais pris la décision de ne pas le suivre, de ne pas fouiller ni scruter sa chemise à la recherche de traces de rouge à lèvres. Celui qui cherche trouve, dit le dicton, j'ai préféré ne pas trouver. Ce sentiment d'impuissance dû au comportement de mon mari m'a cependant amenée à demander conseil à celle qui allait devenir ma confidente. Je l'ai connue à l'âge de huit ans et depuis je l'appelle tante Inés. Elle a toujours été là aux pires moments. Elle m'a dit que je devais supporter et qu'il fallait que je garde mon mari à tout prix.

« Dans le mariage, il y a de la souffrance, a-t-elle ajouté. Je suis triste de te voir comme ça. »

Je l'ai écoutée. J'ai fait de mon mieux en tant que femme, en tant qu'amante, en tant qu'épouse, en tant que mère, pour que Pablo reste à mes côtés. Elle m'a même aidée à rédiger des lettres d'amour pour le séduire. Des femmes, il y en avait, et beaucoup. Pourtant, il n'a jamais parlé de divorce pour partir avec une autre. Et dans les derniers moments de sa vie, c'est de nous, sa famille, qu'il s'est rapproché.

Séduire les femmes, pour Pablo, était une sorte de défi avec lui-même. Un soir, nous assistions à une fête à l'hôtel Intercontinental de Medellín. J'ai commencé à danser avec mon beau-frère et un de mes frères. Pablo s'est fâché et ne m'a plus adressé la parole de la soirée.

Alors, j'ai décidé de partir seule. Pablo en a profité pour danser avec Mónica, une jolie jeune blonde, et l'a même embrassée.

Le lendemain, ma sœur me l'a raconté. J'étais furieuse. Je suis allée dire au mari trompé que sa femme avait embrassé Pablo et qu'ils avaient probablement dormi à l'hôtel. L'homme est rentré chez lui et a battu sa femme si fort qu'il l'a envoyée à l'hôpital. Je ne cesserai jamais de me reprocher d'avoir tout raconté. Cela aurait pu se terminer par une tragédie. C'est pourquoi je ne l'ai plus jamais fait.

Après avoir vécu deux mois chez sa sœur, nous avons déménagé dans une maison que Pablo avait achetée à crédit. Il rentrait souvent à l'aube. Parfois, il ne rentrait pas du tout. Je ne me sentais pas à l'aise. J'avais peur de vivre dans cette maison si grande entourée de terrains vagues. J'ai alors demandé à ma mère de laisser ma petite sœur de treize ans venir vivre avec moi. Quelques jours plus tard, une surprise est arrivée chez nous. Un camion a livré de magnifiques meubles de style Louis XV. Nous avions des meubles luxueux, alors que nous n'avions même pas de réfrigérateur ! Quelle démesure !

Ma vie suivait son cours, normale en apparence. Ma sœur et ma tante Inés vivaient près de moi. Le lycée était une oasis.

Cependant, le lundi 7 juin 1976, au milieu de l'année scolaire, un événement a bouleversé notre vie pour toujours. Très tôt ce matin-là, Pablo reçut un appel téléphonique et, sans aucune explication, il partit à bord de sa Jeep. À 1 heure de l'après-midi, nous sommes allés chez notre mère. Elle était anxieuse.

– Que s'est-il passé ?

Après une profonde inspiration, elle souffla :

– Ma fille, ils ont arrêté Pablo, Mario, Gustavo et trois autres personnes.

– Comment ça ? Que s'est-il passé, maman ?

– Ils les ont pris avec 26 kilos de pâte de coca.

Pâte de coca ? Qu'est-ce que c'est ? C'était la première fois que j'en entendais parler. Impressionnée par l'arrestation soudaine de mon mari, et sans prendre la mesure de ce qui s'était produit, je suis rentrée à la maison avec ma sœur et, avant de nous coucher, nous avons allumé plusieurs bougies et prié.

Les jours suivants ont été extrêmement difficiles. Je n'avais pas d'autre option que de baisser la tête et de retourner chez mes parents. Le crédit n'avait pas été payé. Peu de temps après, j'ai été obligée de rendre la maison. Ma mère m'a bien accueillie, mais elle gardait ses distances avec son gendre détenu.

– Victoria, fais attention à ne pas avoir d'enfant avec cet homme.

– Sois tranquille, maman, je ne suis pas enceinte, répondis-je, sûre de moi.

Cependant, elle se méfiait. Elle m'a donné une boîte de pilules et, tous les soirs, je devais la prendre devant elle.

Pablo et les autres détenus ont été envoyés à la prison de Bellavista, au sud de Medellín. Une prison très dangereuse, nous a-t-on dit.

Avec ma mère, nous lui avons rendu visite. Quand je l'ai vu, mon sentiment était partagé. Je le sentais avancer sur le chemin de l'illégalité et, en même temps, j'étais heureuse de le voir.

Pablo m'a affirmé qu'il était innocent.

« Tata, des amis de Pasto m'ont appelé pour les aider à sortir d'une embrouille, mais je n'ai rien fait et ils m'ont attrapé. Regarde dans quel pétrin je suis, tout ça pour avoir aidé un ami. »

Puis il a changé de sujet. Quelques jours plus tard, nous sommes retournées les voir, accompagnées de Nohemí, la femme de Gustavo, et de ma belle-sœur Alba Marina Escobar. Je me souviens qu'au fur et à mesure que nous faisions la queue, je commençais à vomir à cause des mauvaises odeurs. Je ne comprenais pas ce qui m'arrivait, mais les jours suivants j'ai découvert, terrifiée, que j'étais enceinte.

Loin de me réjouir, j'ai eu une crise de panique. Je n'ai rien dit à personne et, la semaine suivante, j'ai annoncé la bonne nouvelle à Pablo en l'avertissant : « Pablo, c'est notre secret parce que, si ma maman le sait, elle me tue. »

Il était heureux, mais incapable de garder un secret. Et malgré ma peur, il l'a immédiatement répété à sa mère et à mon frère, avec lequel il partageait sa cellule. J'étais furieuse parce que je voulais le dire à ma mère lorsque ça commencerait à se voir.

Doña Hermilda m'a trouvée si inquiète qu'elle a voulu annoncer elle-même la nouvelle à ma mère pour éviter sa fureur.

– Doña Nora, imaginez un peu… a commencé Doña Hermilda, mais ma mère l'a interrompue aussitôt.

– J'imagine bien, Doña Hermilda, que cette jeune fille est déjà enceinte. L'intuition de ma mère était impressionnante.

– Oui, Nora.

– Allez, on s'en va ma fille, a dit ma mère, qui est partie sans un geste d'adieu.

En chemin, j'étais pétrifiée.

– Tu as dépassé les bornes, Tata… tu es une irresponsable. Je ne sais pas quand tu vas apprendre à écouter. Combien de souffrance vas-tu encore me faire endurer si tu continues de vivre avec cet homme ?

Je pleurais, inconsolable. J'avais honte. J'ai repris les cours au lycée, mais cette fois j'avais deux raisons d'être mal à l'aise auprès de mes camarades de classe et mes professeurs : j'étais enceinte et mon mari était en prison.

Après un transfert dans une prison plus ouverte, Pablo n'a pas pu se tenir tranquille. Il s'est échappé.

Le ciel m'est tombé sur la tête quand j'ai appris que Pablo s'était évadé pour aller se réfugier dans les bras de Noemí, la veuve d'un ami décédé récemment. Je n'en revenais pas. Elle avait trente ans, il en avait vingt-six. Je me sentais impuissante. Je lui avais donné tout mon amour et il me trompait avec une femme qui avait le double de mon âge ! Partir ? Rester ? J'étais indignée par son manque de respect. Je ne pouvais compter que sur mes parents et mes frères. Mais, au fond de moi, je ne voulais pas le quitter.

Plus de douze heures plus tard, Pablo est réapparu en prison, comme si de rien n'était. Il s'est rendu, convaincu par sa mère, Doña Hermilda, qu'il devait cesser de me faire souffrir et qu'il devait m'appeler. Il a suivi son conseil. Je lui ai demandé de revenir au nom du bébé qui était en route. De toute façon, cette évasion avait entraîné leur transfert à la prison d'Itagüí, plus grande et plus sûre.

Enfin, en novembre 1976, cinq mois plus tard, Pablo a été libéré de prison, selon lui acquitté de toutes les charges. « Maintenant, nous allons commencer une nouvelle vie, mon amour, je serai le meilleur mari et un père exemplaire, je te le promets », m'a-t-il déclaré en arrivant dans le quartier de La Paz.

Le médecin m'a ordonné de ne plus bouger. J'étais très faible et le bébé ne survivrait pas s'il devait naître aussi tôt.

Nous avons alors décidé d'emménager chez mes parents. J'ai passé un mois et demi alitée. Ma mère prenait soin de moi. Elle ne cachait pas son malaise avec Pablo. Un jour, elle m'a même demandé s'il ne m'avait pas menacée. Elle ne comprenait pas pourquoi je ne le quittais pas. « Mère, je suis avec lui parce que je l'aime. » Cependant,

Pablo n'avait pas choisi de vivre avec ses beaux-parents. Il était gêné.

L'affaire a été réglée deux mois plus tard, en janvier 1977, lorsqu'il a loué un tout petit appartement. Il a fallu se serrer pour faire rentrer le mobilier Louis XV. Ce n'était pas le seul paradoxe de cette histoire : dans le garage de cet appartement de location stationnait une Porsche dernier modèle, couleur bordeaux, intérieur en cuir beige. Comment avait-il eu une voiture aussi chère ? Était-elle à lui ?

Le 24 février 1977, je suis allée en cours comme tous les matins. En classe d'anglais, j'ai annoncé à mon professeur, la voix entrecoupée par les contractions :

– Je dois partir, j'ai perdu les eaux.

– Ce n'est pas le moment, Victoria, a-t-il répondu.

Mes camarades ont protesté. Ils ont montré la flaque d'eau sous mon bureau. Finalement, entre deux douleurs intenses, j'ai marché jusqu'à la maison de ma mère. Je m'arrêtais toutes les dix secondes lors des contractions. Ma grand-mère m'attendait pour aller à la clinique, mais j'ai voulu passer chercher Pablo à l'appartement.

Une demi-heure après mon arrivée à la clinique, mon fils est né. Et en début d'après-midi, j'appelais mes camarades de classe pour leur annoncer la nouvelle.

Pablo est resté tout le temps à mes côtés. Il était tellement heureux d'avoir un fils ! Le lendemain, un employé municipal est venu enregistrer le nom et, comme mon mari n'était pas présent à ce moment-là, j'en ai profité pour l'appeler Juan Pablo. J'ai ainsi réalisé mon rêve, donner à mon premier enfant le prénom du personnage principal de la *telenovela* « Esmeralda », que j'adorais. Quand

Pablo l'a découvert, il n'était pas content ; il aurait voulu l'appeler Pablo, comme lui.

Dès la sortie de la maternité, j'étais déterminée à mener à bien mes études secondaires. Il me restait deux ans. Ma mère s'est occupée du bébé, Pablo parfois aussi. Il l'emmenait faire des tours en décapotable.

Notre situation financière s'améliorait. À tel point qu'au début de 1978 il a acheté pour 3 millions de pesos (76 000 dollars à cette époque) une grande maison avec piscine. Hélas, rien n'est jamais parfait dans la vie. Pablo disparaissait souvent. Il travaillait. Or ce « travail » consistait aussi à passer du temps avec d'autres femmes.

Pablo commençait à recevoir des gens pour ses « affaires ». Je ne savais pas de quoi il s'agissait, mais à partir de 1978, et durant les dix années qui ont suivi, Pablo est devenu extrêmement riche. Il a développé des œuvres de bienfaisance pour aider les plus pauvres, construit des dizaines de terrains de football, créé l'empire de l'hacienda Nápoles.

Les affaires de Pablo prospéraient. Je ne savais pas d'où venait l'argent. J'étais une adolescente naïve, à une époque où le rôle des femmes se cantonnait à s'occuper du foyer, sans commenter les activités de l'homme de la maison. J'en ai profité pour m'instruire, voyager en Colombie et à l'étranger, assister aux plus grands salons de décoration d'intérieur et de mode en Italie et en France. Je rêvais d'être une professionnelle reconnue et respectée. Mais je n'y suis pas arrivée.

Au début, je croyais que Pablo se livrait à la contrebande et je ne considérais pas ça comme un mal. Ses activités n'étaient pas un sujet de conversation. On ne parlait jamais de drogue ni de cocaïne, encore moins du cartel de Medellín.

Comme je l'ai dit, 1978 a marqué l'ascension économique de Pablo, qui a explosé à la vue de tous, comme dans une sorte d'effet Alka Seltzer. La première chose que Pablo et Gustavo ont faite a été de s'intéresser aux compétitions de motocross et de participer à plusieurs courses sur une piste connue sous le nom de Furesa, dans les environs de Sofasa, l'usine française de montage de véhicules Renault située à Envigado. Pendant quelques mois, il a bien profité de sa puissante moto de 200 centimètres cubes, mais il allait bientôt découvrir une autre aventure encore plus excitante : la course automobile. Le jouet du nouveau millionnaire deviendrait une passion qui durera environ deux ans. À cette époque, des compétitions informelles se développaient autour de Medellín, telles que la montée vers Santa Helena, où les pilotes allaient chercher les meilleurs records, notamment dans les courses contre la montre. Pablo était aux commandes de sa puissante Porsche, et il était évident que les vitesses extrêmes lui plaisaient.

Pablo et Gustavo adoraient la course automobile. La coupe Renault, qui se tenait à Bogotá, et parfois à Cali et Medellín, autorisait la participation de non-professionnels. Ils ont alors acheté une flotte de véhicules Renault 4 et ont loué pour l'année 1979 le dernier étage de l'hôtel Hilton, à Bogotá. Ils arrivaient par hélicoptère le samedi, s'installaient au Hilton, participaient aux courses le dimanche et rentraient à Medellín le lundi matin.

Jusque-là, tout allait bien, mais c'était sans compter l'ingrédient habituel : les femmes. Il se tenait, au Hilton, des fêtes interminables.

Au début des années 1980, mon mari, était déjà extrêmement riche et commençait aussi à devenir puissant.

Presque imperceptiblement, ce mélange d'argent et de pouvoir nous a plongés dans un tourbillon. C'est en préparant ce livre que j'ai découvert la plupart de ses infidélités.

J'ai aussi compris que tante Inés et les hommes de Pablo avaient l'obligation de se taire. Je me souviens également avec amertume du rôle joué par Alba Marina, sa sœur, chargée d'organiser ses fêtes, de s'occuper de ses maîtresses et de leur acheter des cadeaux.

Puis il a acquis l'hacienda Nápoles, la propriété qui serait le cœur de la nouvelle vie de Pablo. Une double vie, l'une avec sa famille, l'autre avec ses amis et ses conquêtes, sans oublier son entreprise, dont il me tenait toujours à l'écart. Nous, sa famille, avions notre territoire à Nápoles, mais ses femmes occupaient un espace important et néanmoins clandestin.

Pour retrouver leurs maîtresses, Pablo et Gustavo ont eu le culot de construire un appartement camouflé à l'arrière de l'hacienda. Ils ont aussi bâti des cabanons dans des endroits reculés, où ils se cachaient même lorsque nous étions sur place. Comment nier que Pablo m'en a fait voir de toutes les couleurs à Nápoles ? Comme ce week-end où Héctor Roldán est arrivé à bord de son avion avec une douzaine de superbes femmes. Ils ne s'attendaient pas à ce que je sois là à ce moment-là. J'ai hurlé :

– Je ne veux pas rester une seconde de plus ici, Pablo.

Mais comme toujours, il trouvait une excuse :

– Mon amour, Héctor a amené ces filles pour divertir les jeunes. Je n'ai rien à voir avec ça. Ce sont des femmes pour mes amis et je ne peux pas m'y opposer.

Évidemment, il mentait.

L'argent a plongé Pablo dans un rythme effréné de plaisir, de fêtes et de femmes. Sa fortune augmentant, il s'est mis à embaucher des gardes du corps, des dizaines d'hommes, prêts à donner leur vie pour lui. C'est là que Ferney est apparu dans le décor. Cet homme mystérieux est devenu une sorte de secrétaire particulier de Pablo. Il arrangeait tout, y compris les affaires amoureuses de mon mari. Il achetait à ses maîtresses des présents apportés de l'étranger, leur envoyait des fleurs, les accompagnait chez le coiffeur, leur donnait de l'argent et les divertissait avant l'arrivée de son patron. Autour de mon mari, j'ai aussi remarqué la présence discrète de Jerónimo, un beau jeune homme de dix-sept ans. J'ai appris qu'il était chargé de lui trouver des femmes. Les *rumbas*[1] devenaient quotidiennes et, dans les endroits qu'il fréquentait, Pablo était traité comme un roi. Il était devenu le client le plus populaire des boîtes de nuit à la mode, le Génesis et l'Acuarius. Il s'asseyait à une table où il pouvait tout voir. Il commandait des bouteilles, invitait les filles. Ensuite, il roulait à toute vitesse à bord de sa puissante Renault. Les *mariachis*[2] débarquaient. Dans son nouveau penthouse, les fêtes s'éternisaient jusqu'à l'aube.

Pablo se rendait de temps en temps à Guayaquil, l'un des secteurs les plus populaires et les plus dangereux du centre-ville de Medellín. Il était presque toujours accompagné de Gustavo Gaviria, son cousin. Ils rentraient dans n'importe quelle cantine pour boire et écouter de

1. « Fêtes ».

2. Groupes de chanteurs mexicains habillés en costume folklorique et qui se produisent dans les fêtes populaires ou dans la rue.

la musique, principalement des tangos. Ils adoraient les tangos. Ils pensaient à leur enfance de misérables.

Pablo multipliait les aventures de quelques semaines, mais cela n'allait jamais plus loin. Du moins jusqu'à cette nuit de 1981, où il a rencontré Wendy Chavarriaga Gil. J'ai appris cette histoire de la bouche de Jerónimo, des années plus tard. Un homme très riche, joueur de cartes compulsif et connu à Medellín sous le nom d'el Tío (« l'oncle »), avait demandé à Pablo de recevoir une fille qui débarquait des États-Unis avec une bonne connaissance du business. Pablo ne s'attendait pas à voir débarquer une brune aux yeux verts, âgée de vingt-huit ans, au corps spectaculaire, d'1,85 mètre. La réunion n'a duré que vingt-cinq minutes. Sans voix devant tant de beauté, Pablo a cherché à la revoir. Leur relation a duré plusieurs années et s'est terminée en tragédie.

Wendy était différente des autres femmes. En général, elles étaient issues de la classe moyenne populaire et rêvaient d'améliorer leur situation. Mais cette nouvelle conquête était riche, et vivait dans un appartement luxueux. Il en parlait à Jerónimo en disant : « Je suis un champion. Je n'ai rien à lui donner, ni voiture, ni logement, ni argent. » Le béguin de Pablo pour Wendy était si fort qu'il allait la voir presque tous les jours. Cette routine ennuyait ses gardes du corps qui attendaient son départ, à l'aube.

Juan Pablo avait quatre ans. Pablo arrivait à la maison tous les soirs à 19 heures et dînait en famille. Ensuite, il jouait avec son fils avec des hélicoptères ou des petites voitures de course. Puis Pablo interrompait brusquement ces moments familiaux en prétextant une réunion importante.

J'étais malheureuse de ne pas pouvoir partager une nuit avec mon mari, de ne jamais regarder un film avec lui, parler devenait même difficile.

L'entourage de Pablo m'empêchait d'en savoir plus, mais malgré ses ruses pour me cacher sa double vie j'ai fini par la découvrir. Mon sixième sens m'a poussée à le constater par moi-même, lors d'une visite impromptue à son bureau, dans une maison louée sur une colline. J'ai senti la présence d'une femme. C'était décoré avec goût. Je ne me trompais pas, mais, comme d'habitude, cela me sera confirmé longtemps après.

À cette époque, mon mari misait sérieusement sur une carrière politique. Aspiré par la campagne électorale, il se voyait déjà membre du Congrès. On lui avait conseillé d'avoir son propre journal télévisé. Il a alors monté l'émission quotidienne « Antioquia al día », diffusée le midi par la chaîne de télévision TeleMedellín. Intriguée, j'ai commencé à chercher qui avait conçu les décors. Les gens me répondaient évasivement. Le nom de Wendy Chavarriaga apparaissait, mais sans plus. Puis, lors des rassemblements publics d'Alternative populaire – le mouvement qui soutenait Pablo dans sa candidature –, on a commencé à le voir en compagnie d'une belle et grande femme brune aux yeux verts… Un samedi après-midi, Pablo et Jairo Ortega prononçaient un discours depuis le balcon d'une maison. J'étais là, mais je devais être distraite. Ma sœur a remarqué que derrière Pablo se trouvaient Wendy et sa sœur, qui applaudissaient avec enthousiasme. À voix basse, mais furieuse, elle a dit : « Cet endroit appartient à ma sœur, toi, si tu ne descends pas immédiatement, je te balance depuis le balcon. » Sans un mot, Wendy s'est éloignée. Ma sœur ne lui aurait pas fait de mal, mais elle était scandalisée par le culot de cette femme.

Je souffrais des infidélités de Pablo. Lui me répondait toujours la même chose :

« Non, mon amour, tu te trompes. N'écoute pas les commérages. Je ne te quitterai jamais. Beaucoup de gens veulent notre séparation, mais ils n'y arriveront pas. »

Je ne le croyais pas et je ne lui ai plus parlé durant plusieurs jours.

Pendant ce temps, la campagne au Congrès allait bon train et les élections régionales étaient imminentes. Pablo montrait des signes de fatigue en raison d'un agenda quotidien chargé : visites dans les quartiers, discours, discussions avec la population...

Il nous a proposé un voyage de quelques jours à Miami. Cela me semblait amusant et plutôt agréable... jusqu'à ce que Pablo annonce un voyage à New York pour discuter business avec des Portoricains. Il est revenu avec un beau poudrier, serti de saphirs et gravé à mon prénom. Je l'ai toujours. Il a survécu aux bombes, aux persécutions, à la guerre. Des mois plus tard, j'ai découvert que Pablo m'avait encore menti et qu'il était avec Wendy. Elle avait d'ailleurs choisi le poudrier.

Pablo n'avait aucune limite. Il représentait le machisme à l'état pur, associé au pouvoir de l'argent. Ses amis et lui ont profité des lieux et des spectacles les plus célèbres du début des années 1980. J'ai su par exemple que cinq danseuses du Crazy Horse avaient été engagées par Pablo pour passer plusieurs jours à Medellín. Il a récidivé avec trois jeunes femmes des Folies Bergères, sans compter les dizaines de Brésiliennes célèbres venues à l'hacienda Nápoles pour l'un de ses anniversaires.

Il envoyait son fidèle Quijada aux États-Unis acheter des cadeaux luxueux pour ses maîtresses, bijoux aux prix exorbitants, entre 25 000 et 250 000 dollars, vêtements, parfums, baskets, vestes, bonnets de ski, que son homme de confiance envoyait par valises en Colombie.

La vie souriait à mon mari. Le 14 mars 1982, il a été élu suppléant à la Chambre des représentants de Colombie, sous les couleurs du parti libéral colombien. À partir de là, Pablo devait être médiatisé.

Pour mon malheur et celui de ma famille, c'est ainsi que Virginia Vallejo est apparue. Écrire son nom provoque chez moi un mélange de douleur et d'indignation. J'ai particulièrement souffert de son histoire avec mon mari. Y compris après sa mort. Elle s'est autoproclamée « biographe de Pablo », mais elle a raconté n'importe quoi. Elle a écrit que nous avions changé d'identité, mes enfants et moi, parce que nous avions honte du nom d'Escobar, mais pas honte de vivre avec les millions de mon mari en Argentine. Cette phrase pleine de haine montre bien qu'elle n'a jamais voulu connaître la vérité.

Virginia et Pablo ont été au centre de l'attention des médias, qui ne se lassaient pas de publier des photos et des vidéos où ils apparaissaient ensemble. Certes, ils ont eu une relation intense, mais il est également vrai qu'à cette époque (le début des années 1980) il y en avait d'autres : Wendy Chavarriaga, Alcira, « reine du café », Luz Ángela, « reine de Medellín », et aussi une joueuse de volley-ball. Puis Elsy Sofía, « reine du bétail ». Toutes en même temps. Et il y avait moi.

J'ai fait la connaissance de Virginia en septembre 1982 à l'hôtel Hilton de Bogotá, lors d'une réunion de Pablo avec des membres du Congrès, Jairo Ortega et Alberto Santofimio Botero. Mon mari avait écouté Santofimio, qui lui avait parlé de Virginia et de son influence dans les milieux politiques, sociaux et journalistiques de la capitale. Virginia, Santofimio, Ortega, Pablo et moi étions assis et j'écoutais sans donner d'avis. C'était logique, car à mon jeune âge, vingt et un ans, je ne connaissais rien de la politique. Virginia serait le sésame qui lui permettrait de pénétrer les milieux fermés de l'élite de Bogotá. Elle a rempli son rôle. L'image de Pablo a changé. Au cours d'une longue interview avec elle, il a expliqué son projet de « Medellín sans bidonvilles » : sortir des milliers d'habitants de ce quartier pauvre de la ville et leur offrir une maison dans un nouveau quartier.

Il se passait quelque chose entre eux. Elle était constamment à ses côtés. Un jour, après un déjeuner, ils sont même partis ensemble sous mon nez.

Au début de l'année 1983, mon mari, déjà représentant à la Chambre et bénéficiant de l'immunité parlementaire, a durci sa position contre l'extradition de citoyens colombiens vers les États-Unis. Au cours de la campagne, il avait déjà évoqué l'abrogation du traité signé en 1979 entre Bogotá et Washington, et il était désormais déterminé à mener une lutte frontale. C'est dans la discothèque Kevins que Pablo a organisé le premier forum national contre l'extradition. Plus de trois cents personnes y ont assisté. Les médias l'ont relayé largement. Je n'y participais pas, mais de nombreuses personnes m'ont raconté que Pablo et Virginia flirtaient. J'étais déçue, car j'avais de la considération pour elle. J'ai eu confirmation de leur idylle lorsque Pablo, du jour au lendemain, a annulé une promenade à l'hacienda Nápoles. La raison ? Une « tournée politique ». Pablo a été pris la main dans le sac par l'une de mes sœurs et quelques épouses trompées. Arrivées à l'hacienda, elles sont tombées sur une scène pathétique. Autour de la piscine se trouvaient les amis de Pablo avec plusieurs femmes en minuscules bikinis ; mon mari était avec Virginia au deuxième étage de la maison, c'est-à-dire dans notre chambre. Notre chambre ! Pablo est descendu, entendant le remue-ménage, Virginia est restée à l'étage sur la terrasse. Il s'est dirigé vers ma sœur, embarrassé :

– Mange tranquillement.

– Ne me demande pas ça, Pablo. Tata sera au courant. Tuez-nous si vous voulez, mais elle le saura.

J'ai été horrifiée lorsque ma sœur m'a appelée depuis le téléphone de l'hacienda, mais la communication a été brusquement coupée parce que Pablo a raccroché. Quoi qu'il en soit, elle a réussi à me dire ce que je devais savoir. Je ne pouvais pas croire que Pablo était allé jusque-là, avoir violé notre intimité dans l'hacienda. Au milieu du tumulte de cette nuit, les hommes ont commencé à partir, y compris Pablo, qui a disparu avec Virginia. Les femmes les ont retrouvés : ils dansaient ! Deux jours plus tard, Pablo est rentré à la maison. J'étais blessée. Il disait vouloir un autre enfant. Et encore une fois, j'ai passé l'éponge sur cette infidélité.

Je suis tombée enceinte après avoir suivi plusieurs traitements. Pablo était sage. Il faisait des efforts, mais j'ai appris qu'il continuait à voir Virginia. Quand je l'interrogeais, il répondait invariablement que les gens racontaient des commérages. Un jour, j'ai choisi de me rebeller, de le punir d'une manière ou d'une autre. Il y avait une importante exposition d'art à Bogotá, à laquelle devaient participer Fernando Botero, Edgar Negret et Alejandro Obregón, entre autres artistes célèbres. Sans réfléchir, j'ai enfreint les règles de sécurité édictées par Pablo, échappé aux gardes du corps et pris le premier vol pour Bogotá, accompagnée de mon coiffeur et d'un ami. Comme prévu, mon absence a été remarquée quelques heures plus tard et Pablo a appelé ses gardes du corps pour les réprimander, car ils ne devaient jamais me laisser seule. Ses hommes ont remué Medellín pour me retrouver. Le lendemain, j'ai appelé ma mère. Elle m'a dit que Pablo me cherchait partout comme un fou.

Sa fureur m'inquiétait, mais je me sentais soulagée parce que cela lui montrait que sa femme avait aussi d'autres horizons. Je me suis échappée à d'autres occasions. J'ai assisté à des expositions et à des rencontres liées à l'art où j'ai connu des personnes qui sont toujours là aujourd'hui et qui, malgré les années sombres, ont compté pour ma survie.

J'ai fini par rentrer chez nous. Pablo ne s'est pas montré. Il a préféré m'envoyer une lettre disant qu'il était furieux, qu'il ne voulait plus rien savoir de moi, que je pouvais rester avec la haute société, l'oligarchie comme il l'appelait. Il me demandait de l'oublier pour toujours. J'étais à la fois contente de ce que j'avais fait, mais en même temps j'avais peur de le perdre. Plusieurs semaines se sont écoulées sans qu'il veuille me voir.

Puis il a été victime d'un accident d'hélicoptère en compagnie de l'une de ses maîtresses. J'ai aussitôt cherché à le joindre. Quand on a enfin pu se parler, on avait même oublié que nous étions fâchés.

Au fil des jours, le calme est revenu à la maison, même si le fantôme de ses infidélités rôdait. Et l'espoir est réapparu.

Pour mon bonheur et celui de Pablo, en septembre 1983, je suis tombée enceinte. J'avais fait quatre fausses couches. Mais cette fois, par la grâce de Dieu, Manuela viendrait au monde, certes au milieu de grandes difficultés. Notre vie, celle de la famille, celle des maîtresses de Pablo et celle du pays lui-même allaient cependant basculer brusquement et pour toujours dans la nuit du 30 avril 1984. Cette nuit-là, le ministre de la Justice, Rodrigo Lara Bonilla, a été assassiné à Bogotá. Je tiens à préciser où nous étions lorsque l'assassinat a eu lieu. Virginia était en Italie. Selon le récit de Malévolo, un employé de Pablo, sa maîtresse Elsy Sofía et sa mère se promenaient avec mon mari dans l'hacienda Nápoles lorsque le journal télévisé a annoncé le crime. Wendy, je ne sais pas. Quant à moi, j'étais avec Juan Pablo chez ma mère à Medellín. Cet événement a marqué le début de la guerre. J'aimerais évoquer ici la triste fin de Wendy Chavarriaga Gil. Lors d'un voyage à Medellín, j'ai rencontré par hasard Yeison, l'un des hommes de la garde rapprochée de Pablo. J'avais appris que Wendy avait subi un avortement forcé. J'ai mis le sujet sur la table.

– Patronne, les années ont passé, cela n'a aucun sens.

– Je veux savoir.

– C'est une histoire horrible…

Malgré les avertissements de Pablo, Wendy était tombée enceinte. Elle avait prévu de s'échapper aux États-Unis pour garder son bébé. Pablo l'a découvert et, une nuit, il l'a convoquée à l'appartement. Plusieurs de ses hommes l'ont immobilisée le temps qu'une infirmière lui fasse une injection pour l'endormir. Lorsque Wendy s'est réveillée, elle a compris ce qui s'était passé. Prise de panique, elle a essayé de sauter dans le vide, rattrapée de justesse par les gardes du corps. Plus tard, elle a eu une relation avec Popeye[1]. Alors qu'ils se planquaient au Venezuela, Pablo et ses hommes ont surpris Wendy en train de mener de curieuses recherches. Elle avait une attitude bizarre. Après l'avoir mise sur écoute, Pablo s'est rendu compte qu'elle travaillait avec les autorités pour retrouver mon mari. Ce qui s'est passé ensuite, Popeye l'a raconté à plusieurs reprises. Ce fut la triste fin d'une belle femme qui a fait le mauvais choix. Elle ne méritait pas ce qui lui est arrivé[2].

Il y avait un autre groupe de femmes, moins nombreuses, avec lesquelles Pablo a vécu des histoires plus brèves, mais qui lui étaient utiles pour sa protection. Ces femmes occupaient des postes importants au sein des institutions d'État chargées de le localiser. D'après Ferney, Pablo a été l'amant de l'une des secrétaires du ministre de la Défense, le général Miguel Vega Uribe, qui a occupé ce poste entre 1985 et 1986, dans le gouvernement de Belisario Betancur. Un colonel de l'armée qui travaillait pour Pablo a emmené la belle jeune femme à l'hacienda Nápoles. Bien sûr, il a rapidement disposé de données précises sur le jour et l'heure des opérations militaires

1. De son vrai nom John Jairo Velásquez Vásquez, il a été le bras armé de Pablo Escobar [NDT].

2. Pablo Escobar a demandé à son bras droit d'éliminer sa maîtresse, accusée d'avoir transmis des informations sur le cartel à la police.

planifiées contre lui. Grâce à cela, et pendant des années, Pablo a échappé aux perquisitions.

Dans les filets de Pablo, il y a aussi eu une femme haut fonctionnaire au ministère de la Justice. Elle lui a transmis des informations vitales. Par exemple, un vendredi, elle est allée le voir dans une *finca* de Doradal pour le prévenir qu'une opération allait être menée contre plusieurs laboratoires de transformation de la cocas situés près du domaine de Nápoles. Ces informations étaient justes. Les hommes de Pablo ont tout déménagé et ont ainsi évité une grosse perte financière. Tout au long de mon enquête, j'ai eu la confirmation que mon mari disposait d'informatrices dans de nombreux endroits, tels que le F-2, le service de renseignement de la police (qui deviendrait plus tard le Dijin), la police internationale, Interpol ou le Département administratif de la sécurité (DAS).

La clandestinité, les planques, les cavales, les poursuites, les perquisitions, le danger de mort imminente ont été notre quotidien à partir de 1984. Rester aux côtés de mon mari était devenu de plus en plus difficile, et il est arrivé que s'écoulent deux semaines, un mois, deux mois, sans que je le voie parce qu'il vivait caché quelque part. Parfois, il envoyait des lettres dans lesquelles il expliquait que c'était très compliqué, puis il disait que quelqu'un viendrait nous chercher. Lorsque l'un de ses hommes venait, j'étais terrorisée mais prête à franchir obstacles et dangers, y compris avec Manuela et Juan Pablo, qui étaient encore petits. Souvent, nous ne restions pas plus de trente minutes, parce qu'il fallait repartir, par sécurité. Quelle frustration ! Alors nous rentrions tristement à Medellín.

Le danger était réel. C'est pourquoi Pablo était contraint de changer souvent de planque. Même dans ces pires circonstances, il n'a jamais fait l'impasse sur la compagnie féminine, une tentation irrépressible.

Pendant huit ans, Pablo s'est caché dans d'innombrables maisons, appartements et fermes, dans lesquels il restait le temps que lui indiquaient ses services de sécurité. Mais il se mettait régulièrement en danger pour des femmes. Comme cela s'est produit dans une ferme de San Pedro de los Milagros, sur la route de Santafé de Antioquia, où il est resté pendant cinq mois. Durant cette période, nous sommes allés le voir trois ou quatre fois, mais il passait le reste du temps avec des femmes embauchées à Medellín. Elles acceptaient d'être enfermées. Elles partaient les yeux bandés pour ne pas savoir où elles allaient, en échange d'une importante somme d'argent. Sur le chemin du retour, plusieurs jours plus tard, elles avaient de nouveau les yeux bandés. Fin 1989, Pablo a failli tomber lors d'une vaste opération policière dans ce bel endroit situé sur les rives de la rivière Cocorná. Il a réussi à se sauver en traversant une plantation en courant. En revanche, mon frère Mario, lui, a été abattu par des balles tirées depuis un hélicoptère.

Quelques mois plus tard, en juillet 1990, Juan Pablo, Manuela, deux gardes du corps et moi avons dû fuir en Suisse. Nous avons été hébergés dans une maison à Lausanne, loin des ennemis de Pablo et de la persécution des autorités.

Pablo est resté à Medellín, dans un appartement spacieux situé à quelques pâtés de maisons du commandement de la police métropolitaine. Mais il ne s'ennuyait pas : Sandra, une belle jeune femme, était avec lui jusqu'au mois de décembre. Précisément jusqu'au jour où nous sommes rentrés subitement d'Europe après avoir découvert que plusieurs hommes nous suivaient.

À partir de ce moment-là, nous sommes restés auprès de Pablo, qui passait le plus clair de son temps à négocier sa reddition à la justice. Mon mari a réussi peu à peu à imposer ses conditions, et le 19 juin 1991, quelques heures après la suppression de toute notion d'extradition dans la nouvelle Constitution, il s'est « livré » à sa manière, en s'enfermant dans une prison construite sur un terrain qui lui appartenait : La Catedral.

Sept années après avoir tant couru, j'ai été envahie par une agréable sensation de tranquillité, parce que j'imaginais récupérer ma féminité, mon rôle d'épouse, de mère, d'amante. Je pensais qu'il purgerait de nombreuses années de prison et qu'il paierait sa dette à la société.

Au début, nous avons respecté la règle selon laquelle je pouvais rendre visite à mon mari le dimanche, avec Manuela et Juan Pablo. Nous étions à l'époque passionnément amoureux. Nous avons transformé sa grande chambre en un cocon idéal pour l'amour : une cheminée très romantique, de grandes bougies de toutes les couleurs et de tous les parfums, un lit double qui aurait bientôt un matelas d'eau, plusieurs tableaux de peintres connus, d'excellentes couvertures et oreillers, un réfrigérateur bien garni. Et du champagne, beaucoup de champagne. Et comble du bonheur : la vue sur Medellín. Un spectacle nocturne de lumières qui nous permettait d'admirer, côte à côte, notre belle ville. Cela a duré trois semaines au cours desquelles j'ai eu l'illusion que ma vie à ses côtés redevenait normale.

Confiante, j'allais plusieurs fois par semaine à La Catedral. Quand Pablo avait rendez-vous avec quelqu'un ou jouait au football, j'en profitais pour organiser son quotidien. J'ai aussi jeté un œil dans les nombreuses lettres qui commençaient à arriver. Ces lettres venaient du monde entier, beaucoup d'entre elles contenaient des photographies de leurs auteures dans des poses suggestives, beaucoup dénudées. Elles s'offraient en échange d'argent. Ma surprise a été plus grande lorsque j'ai lu des lettres de femmes qui se souvenaient en détail de récentes rencontres intimes et l'invitaient à recommencer autant qu'il le désirait. D'autres écrivaient des textes fleuris dans lesquels elles disaient rêver d'une autre nuit de passion à La Catedral.

C'était effrayant. Je me souviens l'avoir attendu, puis lui avoir fait une scène dans laquelle je lui reprochais de me manquer de respect et de ne pas reconnaître mon dévouement et mon sacrifice, moi qui étais toujours restée à ses côtés.

Sa réponse a été la même que d'habitude.

– Tata, je ne peux pas empêcher les femmes de venir rendre visite aux garçons qui prennent soin de moi et me protègent.

– Tu es un menteur, Pablo, je ne te crois pas, laisse-moi tranquille, je veux rentrer à Medellín, je ne veux pas rester avec toi.

Je suis partie. Il m'a suivie et ne cessait de vouloir parlementer, mais je ne l'ai pas écouté. Au fond de moi, je savais qu'au fil des jours La Catedral se transformerait en un temple de la perdition.

Le lendemain, comme d'habitude, il envoyait un bouquet de fleurs jaunes avec une carte qui disait : « Je ne te changerai pour rien ni personne. » C'était son hymne de repentance. Je n'ai jamais cessé d'aller à La Catedral parce que Manuela et Juan Pablo me demandaient de les emmener voir leur père. Quand nous y arrivions, je notais la malice sur les visages des lieutenants de mon mari.

Que faire ? Encore une fois, j'étais dans une situation sans issue. Je me suis alors souvenue des conseils d'une amie. J'ai décidé de reconquérir mon mari. Au lieu de lui faire des histoires sur ses infidélités, j'ai opté pour la séduction. J'ai choisi d'être plus romantique que les femmes qui lui couraient après pour son argent. Grâce à mon professeur particulier de philosophie, bon écrivain et excellent poète, j'ai commencé à envoyer à Pablo jusqu'à six messages par jour.

C'étaient de magnifiques lettres qui venaient du cœur, pleines d'amour, destinées à me placer au-dessus de n'importe quelle reine de beauté qui se rendrait à La Catedral. En mon for intérieur, je me disais que si je le perdais, ce ne serait pas par manque de romantisme, d'attentions et de soins. À trente ans, je me comportais comme une adolescente. Je suis même allée jusqu'à consulter un sexologue parce que je voulais être la meilleure. Ma seule motivation était de sauver notre couple.

Ma stratégie a fonctionné un temps. Pablo s'appliquait à répondre à chacun de mes messages et, à sa façon, il entreprenait avec moi un jeu de séduction qui agissait à merveille. Comme tout allait bien pour lui à cette époque, Mugre, un de ses hommes de confiance, a construit un pigeonnier dans l'enceinte de La Catedral. Il a acquis de nombreux pigeons voyageurs. Pablo écrivait de petits messages d'amour que les oiseaux apportaient sans se perdre jusqu'à l'immeuble Altos de San Michel, où nous vivions.

Un jour, en pleine crise d'angoisse face au comportement sexuel débridé de Pablo, j'ai échangé avec l'un de ses avocats, qui s'était rendu à La Catedral. Pendant que nous buvions un café, il m'a secrètement dit qu'il avait parlé avec Pablo de l'infidélité chez les hommes. En quelques mots, il a résumé la pensée de mon mari : « Nous sommes tous infidèles, mais il ne faut jamais enlever ses vêtements du placard. À la fin, les seuls qui comptent sont l'épouse et les enfants. Le reste, c'est de l'argent. Et avec de l'argent, on achète n'importe quoi. »

C'est ce que Pablo pensait. Mais il faisait le contraire. À La Catedral, il est revenu à son ancien penchant pour les reines de beauté, qui, au cours l'année où il y a séjourné, arrivaient de plus en plus nombreuses.

Jerónimo est resté avec lui pendant une longue période et a été témoin des hordes de beautés qui allaient satisfaire les plus bas instincts de mon mari et de ses codétenus.

Une fois, m'a raconté Jérónimo, le camion à double fond ne contenait pas moins de douze belles femmes. Le véhicule s'est arrêté au deuxième poste de contrôle, le dernier avant d'atteindre la prison. Là, l'officier de l'armée relevait la plaque d'immatriculation, le nom du conducteur et le type de cargaison qu'il transportait.

Curieusement, les militaires ont fait plusieurs fois le tour du camion, puis l'un d'entre eux a lancé : « Vous me ferez la faveur la prochaine fois de mettre moins de parfum, bon sang ! » Inutile de dire qu'il a brodé à l'heure de remplir sa fiche d'information.

Ce qui commence mal finit mal. L'aventure de La Catedral a duré une année, puis mon mari a décidé de griller l'opportunité qui lui était offerte de se rattraper devant la société et de payer ses fautes. Les excès l'ont poussé vers la seule solution envisageable : la fuite. Pour le gouvernement, la coupe était pleine, et son transfert dans une base militaire était imminent. Pablo s'est échappé le 22 juillet 1992 et n'a sûrement jamais imaginé qu'il signait son arrêt de mort. Ce jour-là, le compte à rebours a commencé, l'obligeant notamment à laisser de côté les femmes. Les circonstances défavorables auxquelles il a dû faire face l'ont conduit à manquer d'argent, à se retrouver sans hommes et coincé. En d'autres termes, Pablo a été contraint par ses ennemis à devenir fidèle. Les seuls qui restaient à ses côtés et qui ne l'ont jamais abandonné, c'était nous, sa femme et ses deux enfants.

La grande question que beaucoup continuent de poser est : pourquoi suis-je restée après avoir appris tout cela ? D'abord, pour l'amour que j'avais pour mon mari. Pablo était vraiment l'homme de ma vie. Deuxièmement, pour l'amour inconditionnel que je voue à mes enfants. Et troisièmement, parce que je ne suis pas sûre d'être « restée ». Combien de temps ai-je réellement passé avec Pablo ? Combien de temps ai-je passé à fuir et à me cacher ? Mon mari était très occupé à faire une guerre qui exigeait beaucoup d'efforts physiques, économiques et psychologiques. Il me tenait toujours à l'écart. Et le temps qu'il lui restait était consacré aux innombrables histoires que je viens de raconter. Quel était donc l'espace dédié à notre couple ?

Toutes les femmes qui sont entrées dans sa vie ont laissé une trace dans notre histoire. Ce qui aurait pu faire figure de tragédie a pris, avec le temps et la solitude de mon exil, des airs de comédie. Souvent, je sens que je devrais aujourd'hui remercier toutes ces femmes de l'avoir diverti et de lui avoir donné le plaisir nécessaire pour endurer la vie tortueuse qu'il menait. Cela m'a donné la liberté de me concentrer sur mon rôle de mère, de prendre soin de nos enfants et de les éduquer et, le plus important de tout, de leur sauver la vie.

5

Prépare-toi à devenir la première dame

Dans la nuit du mercredi 26 octobre 1983, la Chambre des représentants a levé l'immunité parlementaire de mon mari et ainsi mis fin à sa carrière politique, qui avait duré quinze mois et six jours.

J'ai appris la nouvelle au journal télévisé et cela m'a rendue triste pour lui. Il avait candidement cru qu'il pouvait avoir un avenir politique national, voire gouverner le pays. Maintenant, plus rien de tout cela n'était possible. J'ai essayé de dormir un peu, car je supposais qu'il arriverait tard, comme à son habitude. Effectivement, vers minuit, il a ouvert la porte de chez nous, dans le quartier El Diamante de Medellín, et il semblait particulièrement fâché. Jusque-là, il était le roi. Qui avait donc eu l'audace de l'attaquer ? Il marchait sans arrêt, soufflait et mâchait des bouts de papier, signe qu'il était hors de lui.

– Pablo, à quoi penses-tu ?

– Ne t'en fais pas mon amour, mes efforts ne vont pas être vains… ou je ne m'appelle pas Pablo Escobar.

Sa réponse m'a d'autant plus inquiétée qu'il a répété dans la foulée sa phrase de bataille :

– Dans des lieux plus obscurs, j'ai dû affronter la nuit.

Perdre l'immunité parlementaire, ne plus faire partie du Congrès et redevenir un justiciable comme les autres, cette mauvaise nouvelle s'ajoutait à d'autres, reçues ces deux dernières semaines. Tout d'abord, on l'avait publiquement démasqué en tant que trafiquant de drogue, ensuite, les États-Unis lui avaient retiré son visa lui permettant d'entrer dans leur pays, enfin, un juge avait rouvert un ancien dossier judiciaire dans lequel son nom apparaissait, sur l'assassinat de deux détectives du Département administratif de la sécurité (DAS).

Être obligé de se retirer du Congrès était un coup dur pour mon mari et pour moi. Je n'évoluais certes pas dans le même monde que le sien, mais le mien pouvait lui aussi s'écrouler du jour au lendemain. Je ne savais pas comment expliquer à mes amis l'inexplicable. Qu'allait-il se passer avec l'école de mon fils ? Comment faire comprendre à Juan Pablo, sept ans seulement, les moments difficiles que nous étions en train de traverser ?

Au milieu de cette incertitude, 1983 touchait à sa fin, et nous nous sommes retrouvés pour Noël et le jour de l'An à l'hacienda Nápoles. Depuis deux mois, Pablo n'était plus au Congrès, mais il faisait comme si rien ne s'était passé. La preuve : un énorme camion a débarqué avec à son bord un container chargé de jeux pyrotechniques importés de Chine. Brûler de la poudre, lancer des ballons, faire éclater des feux d'artifice jusqu'au petit matin ont été les amusements préférés de mon mari pendant notre séjour à Nápoles. À minuit, le 31 décembre, il a trinqué pour une année 1984 heureuse et nous a dit de ne pas nous inquiéter, car tout allait s'arranger.

Les mots de Pablo étaient remplis d'espoir et m'ont apaisée. N'avait-il pas jusque-là résolu tous ses problèmes ?

J'étais d'autant plus sensible que les quatre premiers mois de grossesse avaient été difficiles. Confusément, je sentais que la situation allait se compliquer. Cependant, pour ne pas gâcher la soirée, j'ai trinqué avec toutes les personnes présentes et, en silence, j'ai demandé à Dieu de nous aider et d'éclairer Pablo pour qu'il revienne dans le droit chemin.

Cette fin d'année était différente des précédentes. Pablo était silencieux, il faisait, seul, de longues promenades autour de la maison principale de Nápoles, qu'on appelait La Mayoria.

La deuxième semaine de janvier, nous sommes rentrés de vacances et Pablo s'est entretenu avec Neruda, son homme de confiance, qui l'aidait à préparer ses discours et à écrire ses messages. Au bout de quelques heures, ils ont achevé une lettre destinée à être publiée le 20 janvier. Il renonçait à la politique, à sa vie publique, à cette parcelle de pouvoir qu'il avait gagnée en devenant un « père de la République », comme on appelle en Colombie les parlementaires. Son court message mettait en évidence combien il était difficile pour lui d'abandonner tout cela :

> « Je continuerai à me battre franchement contre les oligarchies et les injustices et contre les conciliabules des partis, responsables des moqueries faites au peuple, l'éternel drame, et plus encore contre les politiciens, par essence indolents face à la douleur du peuple, et contre les arrivistes de toujours, lorsqu'il s'agit de partage bureaucratique. »

Finir aussi brutalement sa carrière politique a été très dur pour mon mari, dévoré par une grande ambition. Depuis sa jeunesse, j'en suis témoin, il œuvrait beaucoup pour aider les plus pauvres et collaborait à des causes sociales. Cette sensibilité peut provenir d'un épisode de sa vie qu'il m'a raconté plusieurs fois et qui l'a beaucoup marqué. Étant donné les pénuries économiques que subissait sa famille, pour aller à l'école, ils devaient, avec son frère Roberto, marcher près de 7 kilomètres, souvent sous la pluie, sans chaussures et mal nourris. Un de leur voisin d'El Tablazo, dans la municipalité de Rionegro, où vivait la famille Escobar, avait deux fils qui étudiaient dans le même collège qu'eux et qu'il emmenait tous les matins dans sa camionnette, sans jamais proposer à Pablo et à Roberto de les déposer. Il lui en a toujours voulu, à tel point qu'il a un jour ordonné à deux de ses gardes du corps :

« Je veux que cette famille marche le restant de sa vie. Ne les tuez pas, ne leur faites pas de mal. La seule chose que je veux c'est que vous mettiez le feu à leur voiture. S'ils en achètent une autre, vous la brûlez à nouveau ; et si l'assurance leur en donne une autre, vous la brûlez. Je veux qu'ils marchent plus que moi. »

Lorsque j'ai commencé à entendre parler de Pablo Escobar dans le quartier La Paz, c'était non seulement pour sa capacité à conquérir les filles, mais aussi pour son leadership. Il discutait avec tout le monde et demandait aux gens comment ils allaient et comment on pouvait améliorer les choses dans leur quartier… Sa chambre donnait sur la rue, et ceux qui avaient besoin d'une aide urgente venaient le voir. « Pablo, ma mère est en train de mourir » ; « Pablo, mon frère a eu un accident », il écoutait et partait tout de suite chercher de l'aide. Il a aussi incité les autres jeunes du quartier à planter des arbres afin d'avoir de l'ombre et ainsi rafraîchir les maisons aux toits de zinc qui diffusaient une chaleur infernale.

Je suis retournée dans le quartier La Paz en 2017, pour ce livre, et j'ai retrouvé plusieurs témoins de cette époque, un demi-siècle plus tard. J'ai longuement parlé avec M. William Uribe, président de l'association de quartier, qui veillait sur la sécurité de chacun avec quatre voisins. Il donnait tous les soirs un Thermos de café à Don Abel, le père de Pablo, qui faisait office de gardien. Don William s'est souvenu que Pablo, tout juste âgé de seize ans, avait une telle influence sur les gens qu'il l'a convaincu de travailler pour l'association.

J'ai aussi parlé de cette période avec Martha Paz, qui a été son amie pendant quelques années. Elle m'a raconté qu'une nuit, chez le glacier La Evástica, à Envigado, alors que Pablo était avec des copains et ses frères Mario et Rodrigo, les gens parlaient des conséquences de la grève de la fabrique de textile Coltejer. Sur ce, Pablo est intervenu pour dire :

– Comment ces gens-là peuvent-ils supporter la faim ? Ils doivent souffrir énormément. Un jour, j'aurai beaucoup d'argent et je leur paierai ce qu'ils perdent lorsqu'ils se mettent en grève.

Les mots de Pablo ont fait rire tout le monde et l'un des jeunes lui a répondu :

– Rêve Pablo, ça c'est gratuit.

Il a insisté :

– Vous voyez les maisons de notre quartier ? Eh bien, l'argent va ruisseler ici comme l'eau dans les fleuves.

Je ne sais pas si, à ce moment-là, il était conscient de sa position de leader naturel, mais, ce qui est certain, c'est qu'en 1979 il a été élu conseiller municipal d'Envigado sur une liste du parti libéral, à la tête de laquelle il y avait William Vélez. Tante Inés, mentor politique de Pablo, l'a félicité. Quant aux communautés les plus marginalisées, elles ont remercié l'engagement de mon mari et de son oncle Hernando Gaviria, à l'origine du mouvement Civismo en marcha (« Civisme en marche »), afin de développer des œuvres sociales et écologiques dans la vallée d'Aburrá.

Martha Paz se remémorait parfaitement les interventions de Pablo au conseil municipal. Il plaidait souvent pour la construction de stades bien éclairés et accessibles à tous. Mais un jour Pablo décida de céder sa place à son suppléant et n'a plus jamais siégé au conseil municipal : il visait déjà le Congrès de la République.

La vie politique de Pablo a pris son envol en février 1982, lors d'un repas chez ma mère. À midi pile, la tante Inés et le maire d'Envigado, Jorge Mesa, ont débarqué, suivis de Pablo et de son ami et associé Carlos Lehder[1].

À table, la conversation a tout de suite tourné autour de l'agenda politique très agité, puisqu'en mars se profilaient des élections parlementaires et en mai l'élection du président de la République. Tante Inés et Mesa en connaissaient un rayon sur les campagnes électorales. En tant que femme politique, Inés avait déjà laissé son empreinte dans sa communauté en obtenant des maisons pour des milliers de personnes et en améliorant les conditions de santé, de travail et d'études des plus nécessiteux. Lui descendait d'une famille de politiciens de la région.

Les commentaires fusaient, j'écoutais en silence. Tout à coup, Mesa a regardé Pablo et lui a annoncé de but en blanc :

1. Cofondateur du cartel de Medellín, il sera arrêté le 4 février 1987, extradé aux États-Unis et condamné à cent trente-cinq ans de prison [NDT].

– Pablo, je crois que c'est le moment pour toi de te lancer. Tu as l'opportunité de viser le Congrès et d'entrer en politique... Tu vas faire un carton grâce à ton engagement auprès des plus défavorisés de la ville...

Mon mari a souri et baissé les yeux, une attitude courante chez lui, qui montrait sa timidité. Puis, rapidement, il a demandé avec une certaine malice :

– C'est ainsi que vous le voyez, docteur Mesa ?

– Oui, c'est ainsi que je le vois. C'est une décision difficile, mais si tu veux un conseil, c'est le moment d'y aller sans réfléchir.

Ma mère, qui ne pouvait tenir sa langue lorsqu'il s'agissait de son gendre, s'est levée et avec le regard grave qui accompagnait ses sentences les plus dures a lancé :

– Pablo, vous avez oublié qui vous êtes et ce que vous faites ? Si vous entrez en politique, vous ne trouverez pas une seule tanière où vous cacher. On devra tous prendre les jambes à notre cou et vous allez nous pourrir la vie ; pensez à votre enfant, à votre famille.

Nous nous sommes tous regardés en silence. Pablo s'est levé, a commencé à marcher autour de la salle à manger avant de répondre :

– Belle-maman, soyez tranquille. Je fais les choses comme il faut ; en politique, je n'ai pas de casseroles.

Carlos Lehder est resté impassible, alors que Mesa a insisté sur le fait que mon mari avait beaucoup de bulletins assurés parce que les gens le félicitaient d'avoir financé la construction de terrains de football, de basket et de volley et d'avoir aussi planté des milliers d'arbres dans des lieux dépréciés de Medellín, à Envigado et dans d'autres municipalités de la vallée d'Aburrá.

Sur ce dernier point, je savais qu'il avait raison, car j'accompagnais Pablo à chaque inauguration de terrain sportifs. Et malgré son côté paradoxal, j'étais heureuse parce que ces projets éloignaient les jeunes du vice et des mauvaises compagnies. C'était bon de sentir l'émotion de ces compatriotes qui criaient et entonnaient en chœur le nom de mon mari ; de plus, ma présence et celle de notre fils, Juan Pablo, lui donnaient une certaine assurance. De temps en temps, il me demandait à voix basse ce que je pensais de tout cela et je lui adressais un clin d'œil. J'étais flattée lorsque les gens des quartiers dépliaient une banderole : « Pour des œuvres qui perdurent, la jeunesse sportive félicite Pablo Escobar ».

À la fin du repas, alors que ma mère servait un délicieux dessert, Pablo a de nouveau sollicité l'avis de tante Inés.

– Je suis heureuse mon fils… je sais que tu iras très loin, a-t-elle tranché.

Lehder a levé sa tasse de café et trinqué en disant :

– Pablo, commandant, quel homme ! Je sais à quel point tu vas être important !

Jorge Mesa lui a serré la main et lui a annoncé que, pour les législatives, il le mettrait en deuxième position sur la liste de Jairo Ortega, candidat du Movimiento de Renovación Liberal, MRL (« Mouvement de renouvellement libéral »). Le parti s'était aussi rapproché du Nuevo Liberalismo (« Nouveau Libéralisme »), un mouvement qui défendait les idées de Luis Carlos Galán, candidat à la présidence de la République. Pablo était satisfait, il m'avait déjà parlé de son admiration pour les capacités oratoires de Galán et pour son engagement libéral.

C'était acté : Pablo se lançait à la conquête d'un siège au Parlement. Au fond de moi, j'avais cependant une inquiétude, car il mettait les pieds dans un monde qu'il ne connaissait pas, un monde qui n'était pas le sien.

Après le départ des invités, je suis restée auprès de ma mère, qui semblait soucieuse.

« Ma fille, qu'arrivera-t-il maintenant ? »

Les craintes de ma mère étaient contagieuses, nous savions qu'elle sentait souvent bien l'avenir, et je ne suis pas rentrée tranquille à la maison. En même temps, avec mes vingt et un ans, j'étais séduite à l'idée que mon mari devienne un homme politique.

Pablo a pris très au sérieux sa candidature et, trois jours après ce repas, il a organisé une première manifestation publique au parc principal du quartier La Paz. Là, monté sur le capot d'une Mercedes, il a prononcé un discours devant cinq cents personnes, parmi lesquelles nombre de ses amis d'enfance et de fiesta. Moi qui voulais faire bonne figure à ses côtés, j'ai invité mes camarades de classe et mes voisines. Lors de son allocution, Pablo a fait référence au quartier qui l'avait vu grandir adolescent et a promis un avenir meilleur aux pauvres d'Envigado et d'Antioquia. Sa dernière phrase m'a beaucoup émue : « Je me sens orgueilleux d'appartenir à Envigado parce qu'il m'a donné le meilleur : ma femme. »

Puis, les manifestations se sont multipliées. À l'occasion de l'une d'entre elles, j'ai fait la connaissance de Jairo Ortega[1], qui m'a semblé très conservateur, prudent, circonspect et trop silencieux à mon goût.

Alors qu'il ne restait plus que cinq semaines avant les élections, mon mari a accéléré la plantation d'arbres et l'inauguration de terrains sportifs. Il a peu à peu pris de

1. Dissident du parti libéral d'Antioquia, qui perdra sa place à la Chambre en 1982.

l'assurance. Je me souviens qu'un samedi après-midi je l'ai accompagné pour un meeting à Caldas, Antioquia ; en plein discours, il s'est lancé dans une diatribe contre le traité d'extradition (avec les États-Unis), exhortant le gouvernement de Julio César Turbay à l'abroger. Cela faisait plus d'un an que Pablo était obsédé par ce sujet. Il avait imprimé des centaines d'autocollants proclamant « Non à l'extradition », qu'il faisait coller sur les voitures. J'en avais un, mais je ne comprenais pas vraiment ce que ça signifiait.

– Pablo, ça veut dire quoi « extradition » ? Je ne comprends pas pourquoi tu te bats contre ça et ce que cela a à voir avec toi.

Après une pause, il m'a répondu sur un ton professoral :

– Mon amour… l'extradition, c'est comme si tu donnais ton enfant à un autre père pour qu'il l'éduque. C'est impossible et c'est pourtant ce que le gouvernement de Colombie est en train de faire en remettant ses concitoyens aux États-Unis, qui les enferment sous terre pour qu'ils meurent comme des rats.

J'ai compris.

Sur le sujet de l'extradition, Pablo et Carlos Lehder étaient d'accord. Mon mari s'est mis à en parler dans tous ses discours, condamnant l'envoi de nationaux aux États-Unis : « La grandeur d'une nation ne naît pas de la farce et de l'hypocrisie de l'oligarchie colombienne… Ce n'est pas juste que les personnes qui ont commis un délit ici soient jugées dans un autre pays et condamnées à des peines qui n'existent même pas en Colombie. »

Lehder se battait pour sa part contre l'extradition depuis Armenia, sa ville natale, dans laquelle il avait fondé en 1981 son propre parti politique, le Movimiento Latino Nacional

(« Mouvement latino national »), de tendance nationaliste. Pour Pablo, Lehder improvisait facilement, mais ses discours, qui pouvaient durer trois heures, étaient trop longs et ennuyeux. Il avait aussi un journal, *Quindío Libre*, dans lequel il publiait chaque semaine une dizaine d'articles contre l'extradition. Il s'est même offert une page entière de publicité contre l'extradition dans les principaux journaux du pays.

La campagne électorale de Pablo avançait. De plus en plus de gens des quartiers le soutenaient jusqu'à ce qu'un soir Luis Carlos Galán[1], lors d'un rassemblement dans le parc Berrío, à Medellín, décida de condamner le MRL et demanda qu'on ferme le siège de la campagne et qu'on détruise toute banderole et publicité sur lesquelles apparaissaient Pablo et Jairo Ortega soutenant sa candidature présidentielle. « Les listes soutenues au parlement par le Dr Jairo Ortega ne représentent pas ma candidature parce que ce groupe n'a pas respecté nos engagements en matière de renouvellement politique ni de restauration morale, et ce sont des points sur lesquels nous ne pouvons en aucun cas transiger, insiste Galán ce jour-là. Nous préférons perdre ces votes, plutôt que de perdre notre autorité morale pour défendre la restauration de la démocratie dans notre pays. »

Le lendemain, le candidat à la présidentielle a justifié sa décision dans une lettre adressée à Ortega : « Nous ne pouvons accepter d'être liés à des personnes qui ont des activités

1. Journaliste de formation, Luis Carlos Galán fonde en 1979 son parti politique, le Nuevo Liberalismo, auquel Pablo Escobar se rattache. Se déclarant ensuite l'ennemi des cartels de la drogue, il se présente deux fois à la présidence colombienne, en 1982 et 1990, avant d'être assassiné en août 1989 lors d'un meeting par des tueurs à gages.

qui vont à l'encontre de nos thèses de restauration morale et politique du pays. Si vous n'acceptez pas ces conditions, je ne peux permettre que la liste de votre mouvement ait un quelconque rapport avec ma candidature présidentielle. »

Galán faisait clairement référence à Pablo, qui n'a pas dissimulé son indignation en arrivant à la maison. Il était très en colère. Comment pouvait-il accepter que le chef d'un parti l'expulse de son mouvement ? Habitué à faire ce qu'il voulait, à acheter les gens, à défier tout ce qui pouvait l'empêcher d'atteindre son objectif, il venait de prendre un coup pour son ego.

Ortega, vieux renard de la politique, ne s'est pas laissé impressionner et, deux jours plus tard, il a convoqué Pablo pour lui présenter le politicien Alberto Santofimio Botero, dont le mouvement Alternativa Popular (« Alternative populaire ») présentait des candidats au Sénat et à la Chambre des députés. Après un entretien d'une heure, ils sont tombés d'accord : Pablo et Ortega feraient partie de la liste des candidats à la Chambre des représentants sous l'étiquette Alternative populaire. La nouvelle alliance a été scellée lors d'une manifestation publique à Medellín. Santofimio et Ortega sont montés sur l'estrade en costume et cravate, œillet rouge à la boutonnière. Pablo était à leurs côtés, chemise à manches courtes ornée elle aussi d'un œillet rouge.

Pablo n'a pas caché son admiration pour l'habileté politique d'Ortega, artiste en retournement de situation. Cette alliance avec Santofimio lui offrait de surcroît de nouvelles possibilités.

Le lendemain, Alternative populaire a publié une publicité dans les journaux locaux : « Nous soutenons la candidature de Pablo Escobar à la Chambre, car sa jeunesse, son intelligence et son amour pour les plus défavorisés font de lui le bouc émissaire des politiciens en col blanc. Tous les libéraux et conservateurs du Magdalena Medio le soutiennent, dans la mesure où il fait figure de messie de cette région. »

J'ai presque tout de suite noué un lien amical avec Santofimio, qui s'est montré gentleman avec moi et m'a permis de trouver ma place en tant qu'épouse de Pablo. Même si je lui semblais très jeune pour évoluer dans ce milieu, il me regardait avec respect et prudence. J'ai su apprécier chez ce grand orateur l'intelligence, la culture générale et l'habileté à captiver les masses. Mon mari était détrôné, mais emballé :

– Mon amour, cet homme est incroyable... Avec lui, nous irons loin parce que nous partageons les mêmes idéaux. Je suis enthousiaste... Mon petit doigt me dit qu'à un moment les portes de la Casa de Nariño[1] s'ouvriront à nous.

– Tu crois Pablo ? Qu'est-ce qui te fait penser ça ? Voilà des années que Santofimio arpente le terrain et construit sa carrière politique, tout cela ne se fait pas du jour au lendemain.

– Je le sais, mon amour, mais on mobilise des communautés entières et tu verras, personne ne pourra nous arrêter. On m'a raconté que Santofimio a été détenu parce qu'il a eu quelques problèmes avec la justice, mais il est ressorti blanchi et ça me suffit.

Le rapprochement entre Pablo et Santofimio s'est intensifié. Lorsqu'ils intervenaient en public, ils étaient à l'aise et parlaient affectueusement avec tout le monde. Parallèlement, l'aura de Jairo Ortega diminuait parce qu'il était plus distant.

Pablo travaillait beaucoup ses discours. Il arrivait à la maison avec ses textes écrits, presque toujours par Neruda,

1. La résidence présidentielle.

se mettait face au miroir, les lisait plusieurs fois jusqu'à les connaître par cœur et ensuite les répétait à haute voix en gesticulant comme s'il jouait au théâtre. Et cela fonctionnait. Il devenait même très convaincant.

Le mouvement a ouvert son quartier général en plein centre d'Envigado, au troisième étage d'un édifice situé en face d'un supermarché. Je me souviens que j'allais régulièrement écouter Pablo avec mes camarades du lycée. J'aimais être présente parce qu'une fois son allocution terminée il sollicitait mon opinion.

« C'était comment mon amour ? Qu'aurais-je dû dire de plus ? »

On enchaînait avec un délicieux buffet arrosé de rhum-Coca. En même temps, avec mes amies, on surveillait d'un œil mon mari, volontiers enclin à suivre l'une ou l'autre de ses sympathisantes. On en blaguait entre nous, mais la consigne était bien de l'entourer pour qu'aucune fille ne l'approche de trop près.

Pablo n'oubliait pas, en revanche, que Luis Carlos Galán l'avait déclaré indésirable, et il a commencé à exprimer publiquement sa rancœur dans ses discours. « Je veux vous dire que l'aristocratie et le "galanisme" trembleront, tonnait-il. Il y a des gens qui prêchent faussement la morale. Je veux vous dire qu'avec votre soutien nous écraserons les marionnettes politiques et les poupées de chiffon que fabrique l'oligarchie colombienne. »

Les relations entre mon mari et Santofimio se sont renforcées, et notre nouvel ami a commencé à voyager à bord des avions de Pablo. Les promenades à l'hacienda Nápoles, après les tournées politiques, sont devenues une routine ; Santofimio appréciait les beaux paysages du Magdalena Medio et adorait le *sancocho* (« ragoût ») à la poule cuit au feu de bois. J'aimais le voir sourire. Il semblait toujours de bonne humeur, prêt à aborder n'importe quel sujet. De nombreuses photos de cette époque montrent Pablo et Santofimio en train de se promener sur le Río Claro à bord d'un hydroglisseur. Ils se rendaient aussi à Charco Azul, un endroit paradisiaque de Nápoles, où mon mari emmenait ses meilleurs amis, mais aussi des présentatrices de la télévision et des reines de beauté. Je les ai accompagnés une fois – la seule fois où je me suis rendue à Charco Azul. Nous avons profité d'un bel après-midi ensoleillé avec un bon repas, arrosé de plusieurs bouteilles de champagne et de whisky.

Au bout d'un moment, Pablo a cependant décidé de ne plus autoriser Santofimio à emprunter ses avions entre Medellín et Bogotá. Il a demandé à l'un de ses pilotes de faire en sorte qu'il voyage désormais comme tout le monde. Le pilote du Learjet m'a avoué par la suite qu'il avait fait en sorte que Santofimio ne veuille plus jamais monter dans un avion de Pablo, simulant une urgence en plein vol.

À l'approche des élections régionales, Pablo a intensifié ses déplacements dans Medellín, parmi lesquels une visite à la décharge du secteur très pauvre de Moravia, à deux pas du centre-ville. Le soir, il est arrivé consterné et m'a raconté qu'au moins soixante-dix maisons de carton et de bois avaient brûlé lors des incendies provoqués par les gaz toxiques qui émanaient de la montagne de détritus. Il avait parcouru les rues poussiéreuses de Moravia et la situation dramatique de dizaines de familles lui avait sauté aux yeux. Il en a été tellement touché, qu'il a ordonné à ses hommes d'aller leur acheter des couvertures, des matelas et des articles de première nécessité. Il est allé jusqu'à proposer d'offrir une maison, non seulement aux habitants de Moravia, mais à tous les démunis de Medellín.

« Mon amour, peu m'importe de tout dépenser, l'essentiel est de sortir ces pauvres gens de la misère. »

Je suis persuadée qu'il parlait sérieusement parce que je l'ai vu profondément touché et, même si cette histoire de maison semblait un peu folle, la promesse n'était pas impossible à tenir tant il avait d'argent.

C'est ainsi qu'est né « Medellín sans bidonvilles », un projet qui a vite pris forme par l'achat d'un terrain dans le secteur de Buenos Aires, dans la partie haute de Medellín, vers l'aéroport de Rionegro, avec l'intention de financer la construction de cinq cents logements pour commencer et l'ambition d'arriver à cinq mille dans les deux ans suivants.

Un jour, à la maison, Pablo a évoqué un rapport du Secrétariat de santé d'Antioquia révélant que beaucoup d'enfants naissaient avec un bec de lièvre, un défaut qui les marquait à vie. Il a annoncé qu'il allait les aider parce qu'il lui semblait injuste que l'on puisse vivre ainsi. Il a donc fait appel à un grand et renommé chirurgien esthétique de Medellín pour diriger une équipe de spécialistes qui se pencheraient sur la question. L'idée a germé et, très vite, quatre chirurgiens sont arrivés du Brésil et d'Espagne pour opérer des dizaines d'enfants qui souffraient de cette malformation. Hormis cela, beaucoup de gens venaient nous voir lorsqu'ils étaient atteints de maladies graves. Et plusieurs fois Pablo a payé des traitements ou des interventions chirurgicales.

Le directeur régional du Téléthon, contrarié à l'idée que les fonds collectés soient intégralement envoyés à Bogotá, où l'on décidait de leur ventilation, a accepté la proposition d'un animateur qui se faisait fort d'obtenir de l'argent de « toutes températures » (brûlant, chaud, tiède, froid). « Peu importe la température pourvu qu'on ait l'argent », a-t-il répondu en silence. C'est ainsi que mon mari leur a fait un don exceptionnel.

Alors que se concrétisait le programme « Medellín sans bidonvilles », la campagne a été clôturée le vendredi 5 mars 1982 par une grande manifestation face au QG, dans le quartier d'Envigado. Des bus, payés par le mouvement, ont conduit sur place des électeurs des municipalités de Barbosa, Girardota, Copacabana, Bello, Itagüí, Sabaneta, La Estrella et Caldas. Ce soir-là, outre Pablo, Jairo Ortega, Orlón Atehortúa, Raúl Ossaba, María Alzate de Escobar et Fernando Avendaño (le célèbre animalier chargé du zoo de Pablo) ont pris la parole. Pablo, dans un discours assez bref, a centré son propos sur le besoin de changer les habitudes politiques. « C'est le soir du renouvellement... Nous n'allons pas permettre que nos listes se remplissent de caciques et d'éléments incompétents et caducs. L'idéologie principale de notre mouvement, c'est le civisme, le nationalisme, les programmes sociaux, écologiques et sportifs. Nous souhaitons entrer dans le cœur des femmes au foyer pour leur demander de ne pas acheter des produits étrangers, pour qu'elles soutiennent notre industrie nationale, qui génère emplois et progrès. »

Vers 16 heures, le 14 mars, une fois les bureaux de vote fermés, j'ai accompagné Pablo au QG d'Alternative populaire, à Envigado. Il s'est réuni avec Jairo Ortega et Alberto Santofimio pour suivre le scrutin. Mais les résultats ne tombaient qu'au compte-gouttes, et l'attente était si longue que j'ai dit que je rentrais à la maison. Peu après 20 heures, l'annonce officielle est tombée : le candidat Pablo Escobar avait obtenu un siège à la Chambre des représentants.

Quelle belle surprise ! Malgré mon jeune âge, vingt et un ans, et même si je méconnaissais la mécanique politicienne, ce que j'avais vu jusque-là m'enthousiasmait. Ingénue, ma première réaction a été d'imaginer comment je serais habillée le 20 juillet, jour où les nouveaux représentants entreraient en fonction au Congrès. J'avais des doutes sur l'attitude que je devais avoir ; que devais-je répondre si on m'interrogeait sur l'actualité du pays ? Cette nuit-là, j'ai attendu impatiemment le retour de Pablo. Il est arrivé après minuit. Il semblait épanoui. Après avoir mangé un bout, il s'est assis sur le rebord du lit et m'a dit :

« Mon amour, prépare-toi à être la première dame de la nation. »

Cela faisait longtemps que je ne l'avais pas vu ainsi. Il était tellement content qu'il n'a cessé de parler des projets qu'il allait impulser au Congrès, notamment le financement par l'État de cent pour cent des études universitaires publiques et la construction d'hôpitaux gratuits pour les plus pauvres.

Une fois au lit, il m'a embrassée avec une force inhabituelle, puis il m'a chuchoté à l'oreille :

« Tata, le jour de ma prise de fonction, je ne m'habillerai pas en costume-cravate, je vais entrer au Congrès en bras de chemise. »

Je n'ai rien dit, mais je pensais que ce moment était tellement solennel qu'il devait y aller en costume.

Quelques semaines plus tard, le Conseil national électoral a certifié les résultats de l'élection, et le ministre du gouvernement, Jorge Mario Eastman, a envoyé les accréditations aux nouveaux représentants, dont mon mari. À partir de ce moment-là, Pablo Escobar jouissait de l'immunité parlementaire.

Début avril, il m'a proposé de partir en voyage au Brésil pour fêter sa victoire et nous reposer une dizaine de jours avant d'aborder la nouvelle phase, l'élection présidentielle en mai, son entrée au Congrès dans la foulée, puis, en août, le changement de gouvernement. Il est évident qu'à ce moment-là la politique était ce qui l'intéressait le plus, restreignant la place, dans son agenda privé, de ses maîtresses occasionnelles. Son cousin Gustavo Gaviria gardait un œil avisé sur ses affaires, toujours aussi prospères.

Pablo, fidèle à sa culture *paisa*[1] consistant à privilégier la famille, nous a fait prendre, le 12 avril, un vol commercial pour Rio de Janeiro, via Sao Paulo. Il a voulu emmener le chat, sa mère, ses frères avec leurs épouses et leurs fils, ma mère, mes sœurs, mes beaux-frères et leurs enfants. Gustavo Gaviria, sa femme, ses enfants et ses parents étant aussi du voyage, nous étions plus de vingt ! Ce n'était pas commode, ni pour les déplacements ni pour trouver une place dans un restaurant.

Mais le pire de ce voyage a été l'humiliation que m'a fait vivre Pablo en s'échappant la nuit avec ses amis pour aller voir des danseuses et des prostituées dans les meilleures boîtes de Rio. À la suite de ces fêtes incessantes, presque tous les couples ont fini par se disputer et nous, les femmes, avons décidé de rentrer en Colombie en passant par Sao Paulo, où nous avons dormi une nuit. J'étais blessée, je me sentais méprisée en tant que femme, et je me suis demandé pourquoi il m'avait invitée s'il voulait en réalité s'amuser avec ses amis.

1. Culture spécifique aux régions d'Antioquia et du Quindío [NDT].

Pablo me faisait croire que j'étais importante pour lui, mais, son attitude était égoïste, comme je le lui ai écrit dans une lettre postée depuis l'hôtel Maksoud Plaza, à Sao Paulo : « Je voudrais que la vie me donne peu de choses, mais, parmi celles-ci, l'être que j'adore, et qu'elle lui apprenne à me conserver. » Je n'ai jamais su si Pablo avait lu cette lettre parce qu'il nous a rejoints au petit matin, lorsque nous devions partir pour l'aéroport.

De retour à Medellín, en tant que représentant de la Chambre, Pablo passait la plupart de son temps dans son bureau, où il se consacrait à la politique. Lorsqu'il rentrait à la maison, il ne parlait que de son intérêt (et de celui de Gustavo) pour l'élection présidentielle, prévue le 30 mai. Les principaux candidats étaient le libéral Alfonso López Michelsen ; le conservateur Belisario Betancur Cuartas, Luis Carlos Galán sous les couleurs du Nouveau Libéralisme, et Gerardo Molina représentant du parti de gauche Front démocratique. Quant à moi, je me concentrais sur la prise de fonction de Pablo, programmée pour le 20 juillet, et sur les affaires familiales qui me prenaient beaucoup de temps.

Rapidement, les principaux médias ont commencé à raconter que la campagne libérale avait reçu des fonds de provenance douteuse. Plusieurs fois, j'ai tenté d'en savoir plus, mais Pablo me répondait invariablement de ne pas m'en faire, qu'il m'expliquerait tout plus tard, en temps voulu.

Comme le scandale grandissait, j'ai mené mon enquête auprès de ceux qui avaient travaillé pour la campagne de Pablo et j'ai été abasourdie d'apprendre qu'avec Gustavo ils avaient décidé de « collaborer » financièrement aux campagnes de López et Betancur afin d'obtenir l'assurance qu'ils seraient de leur côté au moment de plaider le sujet qui les préoccupait le plus : celui de l'extradition.

Pablo s'était chargé des libéraux. La première chose qu'il avait faite avait été d'organiser une rencontre avec le candidat et avec le directeur national de la campagne, Ernesto Samper Pizano. Celle-ci avait eu lieu dans une suite de l'hôtel International de Medellín grâce à l'intervention de Santiago Londoño White, coordonnateur des libéraux dans la zone d'Antioquia, que mon mari connaissait bien. On m'a aussi dit que, ce soir-là, Pablo a présenté ses associés (Carlos Lehder, Rafael Cardona, Alberto Prieto, Pablo Correa, les Mocanda, les Galeano, Santiago Ocampo, les frères Ochoa et Héctor Roldán) comme des entrepreneurs prospères prêts à financer la campagne. Un des assistants m'a raconté que le candidat Lopez est resté dix minutes avant de laisser Samper, son adjoint, le représenter. Ce dernier était favorable à la légalisation du cannabis. Après la rencontre, les généreux donateurs ont acheté pour 60 millions de pesos de tickets de loterie, dont le gros lot était une voiture. Une collecte de fonds géante !

Tandis que mon mari s'occupait des libéraux, Gustavo Gaviria se chargeait des conservateurs, à travers Diego Londoño White, leur trésorier régional. Le Mexicain (son surnom) a fait peindre en bleu (la couleur du parti) un avion bimoteur Piper Cheyenne II et l'a prêté au candidat le dernier jour de sa campagne. Le soir du dimanche 30 mai, Belisario Betancur est arrivé en tête avec quatre cent mille votes d'avance sur Alfonso López à cause, ont dit les analystes, de Carlos Galán, qui lui avait pris beaucoup d'électeurs.

Le lundi 19 juillet, la veille de la prise de fonctions de Pablo en tant que membre du Congrès, c'était l'effervescence à la maison et dans le quartier El Diamante ! Alors que je faisais les valises pour Bogotá, des voisins, des inconnus et des membres de la famille entraient et sortaient. Tout le monde donnait son opinion sur la façon dont nous devions nous habiller. Avec une de mes sœurs, nous avons insisté auprès de Pablo pour qu'il mette une cravate, mais il n'a rien voulu savoir. Je lui avais acheté, lors de mon dernier voyage en Italie, deux belles cravates et je m'étais offert une belle robe rouge et noir en velours du créateur italien Valentino.

« Pablo, tu te prends pour qui ? Tu penses qu'on va changer les règles du protocole pour toi ? » ai-je insisté, sans qu'il me prenne au sérieux.

Comme à notre habitude, nous sommes descendus à l'hôtel Hilton de Bogotá. Mon mari était heureux, et le mardi nous sommes arrivés au Capitole à bord d'une somptueuse limousine Mercedes, de couleur vert militaire, prêtée par notre ami Carlos Lehder. Évidemment, le nouvel élu n'a pas pu faire ce qu'il voulait : un garde s'est opposé à ce qu'il pénètre dans le bâtiment sans cravate. Il a crié, piqué sa crise, refusant les règles du jeu, mais il n'a pas eu gain de cause. Il a fallu qu'il cède et emprunte la cravate du portier pour pouvoir entrer au Congrès. Elle était couleur moutarde avec des tons bleu ciel et rouge. Horrible. Je ne pouvais dissimuler ma colère, aussi bien contre mon mari que contre mon manque de prévoyance, car j'aurais dû emporter une de ses cravates dans mon sac.

Me retrouver dans cet hémicycle n'en a pas moins été un moment incroyable. J'étais submergée par l'émotion, surtout lorsque je me suis aperçue que j'étais la seule femme à avoir accompagné son mari. Je me suis sentie importante, et Pablo semblait fier de me présenter. C'est à ce moment-là que, j'ai cru que Pablo avait vraiment une carrière politique devant lui. Si bien que, le lendemain, dès mon retour à Medellín, j'ai cherché des coachs en matière de protocole et d'image publique ; j'ai commencé à prendre des cours d'anglais et de français, parce que je me voyais déjà en train de voyager de par le monde en tant qu'épouse de Pablo Escobar, membre de la Chambre des représentants.

De cette prise de mandat il ne reste qu'une photo où Pablo fait un V de la victoire, alors que ses collègues jurent en levant la main droite avec les doigts tendus, mais collés.

Trois mois plus tard, en octobre, le Congrès a désigné une délégation de sénateurs et de députés pour assister aux élections espagnoles. Le Sénat a choisi Santofimio, Raimundo Emiliani Román et Víctor Cárdenas. La Chambre des représentants a délégué mon mari et Jairo Ortega. Nous pouvions y voir un signe, Pablo commençait à avoir de l'influence sur le Congrès colombien. Il était si enthousiaste à l'idée de ce voyage en Espagne qu'il a accepté que je glisse dans sa valise un costume sombre, des chemises à manches longues, une gabardine et une cravate. Ce fut un événement parce que, jusque-là, il n'avait rien voulu entendre du protocole et se fichait du qu'en-dira-t-on.

Néanmoins, pour voyager, il n'a rien voulu savoir. Il est parti en jean et baskets, avec une chemise à fleurs et une grosse montre à deux cadrans pour avoir à la fois l'heure colombienne et l'heure espagnole. On a ajouté dans sa valise une paire de chaussures rapportées de New York, dotées de talons qui le grandissaient de cinq centimètres. Bien après, j'ai su qu'elles lui avaient en fait été offertes par la présentatrice Virginia Vallejo.

Santofimio, Ortega et mon mari ont pris le même avion pour Madrid le 25 octobre 1982, en première classe. Trois jours plus tard, ils ont été témoins de la victoire écrasante de Felipe González (parti socialiste espagnol), et se sont rendus le soir même à l'hôtel Palace, dans le centre de la capitale, pour saluer l'heureux gagnant. Pablo m'a raconté au téléphone qu'ils avaient eu facilement accès à lui parce que Santofimio le connaissait et qu'il l'avait même accompagné lorsque l'Espagnol avait effectué un déplacement officiel en Colombie. Ils ont ensuite assisté à une fête organisée par le toréador Pepe Dominguín et, au petit matin, ont rencontré deux journalistes colombiens : Enrique Santos et Antonio Caballero.

De retour d'Espagne, Pablo m'a dit qu'il voulait se faire remarquer au Congrès et, qu'à cette fin, il allait suivre les conseils que lui donnait Virginia Vallejo pour fortifier son image publique et s'ouvrir des espaces dans la classe politique de Bogotá, très fermée.

Pablo savait que les journalistes allaient lui demander son avis sur différents sujets, aussi a-t-il consulté Neruda, qui lui a suggéré d'apprendre quelques notions de base en économie et de lire une biographie de Gabriel García Márquez[1], qui venait de recevoir le prix Nobel de littérature. Mon mari a obtempéré et embauché quelqu'un pour enregistrer les informations de la radio et des télévisions et lui en faire un résumé, désireux de se tenir au courant de tout ce qui se passait en Colombie et dans le monde.

La vie semblait lui sourire, et il était de plus en plus convaincu que son destin le conduirait à occuper un poste important dans la vie politique de son pays. Ce qui me plaisait dans ce rêve, c'est que j'en faisais partie. Il avait pris l'habitude de me répéter : « Prépare-toi à devenir la première dame de la nation. » Mais son ego ne cessait d'enfler et il me demandait de plus en plus souvent :

1. Célèbre romancier colombien [NDT].

« Tata, qu'est-ce qu'ils ont dit du président Reagan, du pape, et de moi ? »

Début 1983, Pablo a concentré ses efforts sur « Medellín sans bidonvilles ». Avec l'aide de Virginia Vallejo qui enregistrait son émission de télévision, baptisée « Al Ataque » (« à l'attaque »), il a expliqué comment il comptait offrir des maisons aux habitants de la décharge de Moravia. Le dimanche 13 mars, il a organisé une corrida dans les arènes de La Macarena. Il y avait un monde fou. J'y ai assisté avec Juan Pablo et mon beau-père, Abel. C'était émouvant de voir comment chaque toréador à cheval s'approchait des gradins pour offrir sa prestation à Pablo. Lui était ravi, mais pas très à l'aise, car il n'était pas fan de ce genre de reconnaissance publique, même si en privé il aimait être applaudi. Dans l'arène, les meilleurs toréadors à cheval du moment, Alberto Uribe Sierra, Andrés Vélez, Dayro Chica et Fabio Ochoa, flanqués des matadors César Rincón et Pepe Cáceres, ont fait face à huit taureaux de qualité.

Malgré le succès des événements qu'organisait mon mari pour promouvoir ses œuvres sociales, il est devenu la cible du sénateur Rodrigo Lara Bonilla, bras droit de Luis Carlos Galán, et du journal *El Espectador*. Le sénateur évoquait avec véhémence ce qu'il appelait l'argent « chaud » (sale) dans lequel baignaient le monde politique et celui du football. Le journal de Bogotá critiquait pour sa part l'irruption de personnages douteux dans le monde politique et économique du pays, principalement dans la région d'Antioquia. On ne mentionnait pas encore le nom de Pablo, mais il se sentait visé, si bien que, lors d'un meeting, il s'en est pris au journal de la famille Cano : « Cette entreprise journalistique qui manipule l'info, injecte du venin macabre et dangereux et attaque les personnes… Je ne voulais pas être si dur avec le journal *El Espectador*, a-t-il ajouté, prenant le public à témoin, mais vous avez vu les attaques et les calomnies qu'il a dernièrement lancées contre nos programmes ? »

Faisant confiance à son influence, sûr de sa puissance, Pablo a insisté plus que jamais sur son combat contre l'extradition. Début avril 1983, il a organisé un sommet d'« entrepreneurs » de tout le pays dans la nouvelle discothèque de Medellín, Kevins, qui appartenait à l'un de ses amis, José Antonio Ocampo, plus connu sous le nom de Pelusa. Pas moins de trois cents personnes ont participé à ce Premier Forum national, ouvert par ces mots par Virginia Vallejo : « Je veux vous demander à tous, au nom des citoyens, de la souveraineté et des droits de l'homme, de l'aide pour combattre le traité d'extradition. »

Ce débat a duré plus de trois heures, et la plupart des intervenants ont appuyé la thèse selon laquelle les Colombiens devaient être jugés dans leur pays et non par des cours étrangères. Quelqu'un a même pris la parole pour que le Forum demande au gouvernement d'intervenir en faveur de Carlos Arango, accusé par la cour de Floride d'homicide et de trafic de cocaïne, afin qu'il ne soit pas exécuté sur la chaise électrique.

Le mardi suivant, 19 avril, Pablo est arrivé à la maison ravi, avec un exemplaire du numéro 50 de la revue *Semana* qui publiait un article au titre élogieux : « Un Robin Hood paisa » (« Un Robin des Bois colombien »). Il était fier parce que, pour la première fois, un journal national parlait de lui. Le journaliste avait assisté au forum sur l'extradition et l'avait interviewé.

« Mon amour, tu vois les mythes que les médias construisent ? Si seulement je pouvais être Robin des Bois et venir en aide aux plus pauvres ! »

Le papier a été cité par plusieurs radios, et un journaliste lui a demandé s'il se voyait vraiment en Robin des Bois. « Absolument pas, mais j'aime assez cette idée, a-t-il répondu... Ceux qui connaissent l'histoire de Robin des Bois savent parfaitement qu'il luttait et se battait pour les classes populaires. »

La reconnaissance publique de mon mari ne cessait de croître, et il a profité de sa popularité pour continuer à inaugurer des terrains de sport, qu'il finançait avec son propre argent. Je me souviens de l'avoir accompagné à un match de football le 15 mai de cette même année, dans le quartier Tejelo, à Medellín. Devant douze mille spectateurs, il a donné le coup d'envoi de ce match d'inauguration. Trois semaines plus tard, il a répété le cérémonial pour lancer un match entre l'équipe du Club Atletico Nacional et les joueurs du quartier de Moravia, dans un stade modernisé et désormais éclairé.

La chance a tourné le 8 août 1983, lorsque le président Belisario Betancur a remanié son gouvernement en changeant huit ministres : l'arrivée de Rodrigo Lara Bonilla à la Justice a fortement déplu à mon mari.

Pablo a été de mauvaise humeur durant plusieurs jours. Dès qu'il voyait le ministre à la télévision, vantant les mesures qu'il allait prendre pour lutter contre l'argent « chaud » dans le monde politique et le football, il se mettait à hurler et éteignait la télévision. Le mieux était de ne pas regarder les informations, parce qu'elles créaient la confusion, m'a-t-il expliqué, alors que je m'étonnais de ce comportement inhabituel chez lui.

Nous étions ensemble à la maison lorsque le journal télévisé du soir a retransmis une conférence de presse du ministre Lara Bonilla. En arrière-plan, on voyait un écran où défilaient des images de mon mari. Pablo, pris de fureur, a failli casser notre appareil. Il a arrêté d'allumer la télévision, où l'on ne parlait que de lui, de ce qu'il faisait, des poursuites, des récompenses.

Préoccupé, Gustavo Gaviria est venu et lui a dit devant moi :

– Pablo, mon frère, allons-nous-en de ce pays. Disparaissons. Rester est trop risqué. Nous avons suffisamment d'argent, nous pouvons nous cacher où bon nous semble. Écoute-moi !

– Non, on ne peut pas faire marche arrière, a tranché Pablo. Nous avons le pouvoir économique et maintenant il nous faut le pouvoir politique. Partir de Colombie ? Jamais.

Les avertissements de son cousin, associé et ami, ne l'ont pas ébranlé. La bataille contre le ministre Lara Bonilla avait commencé. Pablo n'écoutait personne. Il était tellement imbu de lui-même qu'il n'a jamais pris en considération les alertes de son associé. Bien que l'avenir s'obscurcît, il ne s'est pas rendu compte qu'il n'avait pas sa place sur la scène politique nationale.

Comme d'habitude, je n'apprenais les choses qu'au compte-gouttes. Parfois grâce aux médias, d'autres fois par ses hommes qui, lorsqu'ils étaient avec moi, lâchaient des infos alors qu'ils avaient l'interdiction de me raconter quoi que ce soit.

Le 18 août 1983, Ernesto Lucena et Jairo Ortega, membres du même groupe politique que Pablo et Santofimio, ont convoqué le ministre Lara devant le Parlement pour débattre de l'argent « sale ».

Ce soir-là, j'ai regardé la télévision et, selon le journaliste, mon mari n'était pas présent au Parlement. Il y avait en revanche Carlos Lehder en tant que directeur du journal *Quindío Libre* dans la cabine réservée aux journalistes. Il était souriant et provocateur.

J'ai sursauté quand Jairo Ortega s'est adressé à Lara Bonilla en ces termes : « Je souhaite vous poser une question, monsieur le ministre de la Justice. Connaissez-vous Evaristo Porras ? Savez-vous à combien s'élèvent ses dons ? Est-ce que ce n'était pas un chèque d'1 million ? » À l'appui de son propos, il a sorti de sa poche la copie du chèque et l'a exhibée en précisant qu'il lui avait remis ce chèque dans une chambre de l'hôtel Hilton.

Cette révélation a mis Lara en difficulté. Sur le moment, il a répondu ne pas s'en souvenir, mais le lendemain il a convoqué une conférence de presse où il a reconnu les faits. « J'aurais pu dire n'importe quoi pour justifier l'existence de ce chèque, j'aurais pu dire que je l'avais reçu en échange d'honoraires professionnels ou pour une autre affaire, mais en réalité il s'agit d'une banale transaction avec le Dr Roberto Bahamón, avec lequel ma famille était en affaires. »

Ensuite, le ministre a contre-attaqué en affirmant que l'épisode du chèque faisait partie d'une conspiration de la mafia, et il a accusé mon mari d'être à l'origine de cette affaire, le désignant comme un narcotrafiquant, fondateur de plusieurs groupes paramilitaires et faisant l'objet de procédures judiciaires aux États-Unis. Avec véhémence, il a ajouté : « Je sais ce qui m'attend en dénonçant les mafieux, mais cela ne me fait pas peur, et si je dois risquer ma vie, qu'à cela ne tienne ! Les trafiquants de drogue cherchent aujourd'hui à destituer un ministre qui ne leur convient pas, ils attaqueront d'autres personnalités afin de détruire moralement notre pays. »

Les mots du ministre Lara m'ont horrifiée parce qu'ils marquaient un point de non-retour concernant mon mari. Seule, chez moi, je pensais aux moments difficiles qui nous attendaient sans imaginer que tout cela allait bouleverser nos vies à tout jamais.

Pablo n'en est pas resté là. Dès le lendemain, il a convoqué à son tour une conférence de presse au Congrès, puis une autre à Medellín. « Tout le monde connaît mes investissements dans l'agriculture, l'industrie, l'élevage et la construction, a-t-il répliqué. J'ai toujours dit que mon argent n'avait rien à voir avec le trafic de drogue. » Il a brandi son passeport et affirmé que, contrairement à ce que disait Lara, il ne faisait pas l'objet de poursuites judiciaires aux États-Unis, son visa en attestait. Pour finir, il a donné vingt-quatre heures au ministre pour qu'il apporte la preuve de ce qu'il avançait. « Le ministre de la Justice a menti : il a menti au pays quand il a dit qu'il ne connaissait pas M. Evaristo Porras ; il a menti au pays lorsqu'il a dit qu'il n'avait pas reçu un chèque personnel de M. Evaristo Porras ; il a menti au pays lorsqu'il a dit que Pablo Escobar avait été le créateur du MAS[1] ; il a menti au pays lorsqu'il a dit que Pablo Escobar avait des antécédents pénaux aux États-Unis ; il a menti au pays en disant qu'il ne démissionnerait pas. »

Cette bataille a provoqué des tensions jusqu'à la maison, même si Pablo soutenait que tout était sous contrôle. Je me souviens qu'un jour ma mère est venue me rendre visite. Elle a sonné juste au moment où Pablo finissait de lire les journaux et, sans tenir sa langue, elle lui dit :

1. Muerte a Secuestradores (« Mort aux ravisseurs »), premier groupe paramilitaire créé par des trafiquants colombiens [NDT].

– Mon petit, celui qui a une queue en paille ne s'approche pas du feu.

– Ne vous en faites pas, belle-maman, il ne va rien se passer.

– Vous avez une tête en marbre et vous ne pensez pas à votre famille. Vous allez vous souvenir de moi.

Comme d'habitude, ma mère avait raison parce que le 25 août 1983, une semaine après le duel à distance avec le ministre, le journal *El Espectador* a publié une information qui donnait le coup de grâce aux ambitions politiques de mon mari. À la une, le journal rappelait qu'en juin 1976 Pablo et cinq autres personnes avaient été détenus à la suite d'une saisie de pâte de cocaïne.

À partir de là, tout est allé très vite. Le ministre a donné l'ordre d'immobiliser au sol près d'une centaine d'avions et d'hélicoptères soupçonnés de servir au trafic de drogue. Plusieurs appareils appartenant à Pablo étaient concernés. Au même moment, le juge Gustavo Zuluaga, de Medellín, a rouvert l'investigation sur la mort de deux policiers qui avaient arrêté Pablo. Et comme si cela ne suffisait pas, les États-Unis lui ont officiellement retiré son visa.

Dans la deuxième semaine de septembre 1983, Pablo n'a pas accepté de signer la lettre de démission du parti Alternative populaire que lui avait apportée Santofimio, soucieux en tant que chef du mouvement d'éviter un scandale politique majeur. Son collègue est reparti après s'être entendu dire par un Pablo excédé qu'il avait pour habitude d'écrire lui-même ses lettres et qu'il n'avait besoin de l'aide de personne. La signer aurait signifié l'arrêt immédiat de sa carrière politique.

Ces jours-là ont été horribles. Sa crédibilité perdue, clairement accusé d'être un narcotrafiquant, Pablo savait que sa liberté était en jeu. L'idée qu'il puisse être extradé l'angoissait, comme il me le dit un soir :

« Tata, trois condamnations à perpétuité ? Vingt mètres sous terre ? Mort vivant ? Ça, ils ne le verront jamais, je te le jure. »

J'ai eu peur en le voyant ainsi hors de lui. Mon Dieu, qu'allait-il encore se passer ?

Le destin, sur lequel on n'a pas de prise, m'a confirmé en ces jours de septembre 1983 que j'étais enceinte. Cela faisait six ans qu'on essayait d'avoir un autre enfant. J'avais subi quatre fausses couches et une grossesse extra-utérine, mais il semblait maintenant que mon deuxième bébé était en chemin. Ça ne serait pas facile, mais j'étais prête à faire attention à moi pour mener à bien cette grossesse. Quand Pablo l'a su, il a sauté de joie. Il était persuadé qu'il pouvait contrôler la situation. J'étais si inconsciente que cela m'a rassurée.

La situation n'a en réalité fait qu'empirer au fil des semaines et des mois, puisque le 26 octobre l'ensemble de la Chambre des représentants a voté majoritairement pour la levée de l'immunité parlementaire de Pablo.

La puissance de l'État lui était tombée dessus et il a commis l'erreur de croire qu'il pouvait la vaincre. Se voir ainsi exclu du monde politique a été pour lui un coup dur, qui l'a isolé. Il n'avait jamais imaginé que sa force et sa capacité d'intimidation finiraient par le détruire. Son immersion dans le monde politique avait été aussi éphémère que sa vie dans la légalité. Finalement, ma mère avait raison lorsqu'elle lui avait lancé : « Mon petit, celui qui a une queue en paille ne s'approche pas du feu. »

Pablo n'avait pas voulu l'écouter.

6

La face cachée de l'hacienda Nápoles

La première fois que je suis allée voir les terres que Pablo venait d'acheter, ce fut une expérience terrifiante. C'était un matin de février 1979. Dans le petit et fragile hélicoptère, il y avait une de mes sœurs, Gustavo Gaviria et sa femme. Après moins d'une heure de vol, nous avons atterri dans un champ boueux, si meuble que mes bottes se sont enfoncées. Pablo a dû venir m'en dépêtrer. J'étais furieuse, d'autant qu'il m'observait avec son regard malicieux. Nous sommes arrivés dans une maison paysanne perdue dans la jungle, basique, avec des fenêtres rouges, des murs blancs et un sol en ciment. Puisqu'il n'y avait rien à visiter (il n'y avait que la jungle autour), nous sommes restés à l'intérieur pour attendre la tombée de la nuit. Là, difficulté supplémentaire : il n'y avait pas de lumière. Les employés de Pablo ont allumé un feu de bois et ont cuisiné des haricots, du riz, du lard, de la viande, des bananes vertes et des galettes de maïs.

La faible lumière des bougies éclairait, derrière les étroites fenêtres, d'énormes insectes et des serpents, tenus à distance grâce à des boîtes de conserve remplies de diesel dans lesquelles se consumaient des mèches. Malgré cet attirail, j'ai passé une mauvaise nuit parce que l'endroit m'horrifiait. Je me sentais en danger. Un serpent aurait très bien pu me mordre et me tuer. Je poussais des petits cris, incapable de m'endormir à cause de la chaleur suffocante. Pablo était de mauvaise humeur parce que mon comportement lui semblait exagéré et immature. Je priais en silence et suppliais l'aube d'interrompre la pire nuit de ma vie. Le soleil est enfin apparu avant 6 heures du matin et j'ai senti que je respirais à nouveau. Où étais-je ? Pablo nous a expliqué qu'ils venaient d'acheter ce terrain de 850 hectares, avec Gustavo, pour la somme de 35 millions de pesos (820 000 dollars de l'époque). L'histoire qu'il nous a ensuite racontée ressemblait à un conte : une autoroute relierait bientôt Medellín à Bogotá, et cette région, Puerto Triunfo, deviendrait un centre touristique au cœur de la Colombie.

« Ces terres n'auront pas de prix, je t'assure, Tata. Il y a beaucoup d'eau, de montagnes, de jungle… C'est un paradis et tu apprendras à le connaître. »

Pablo semblait avoir réalisé le rêve dont il m'avait souvent parlé, posséder un endroit comme celui-ci. Avec le premier hélicoptère qu'il avait acheté, en 1978, il avait passé nombre de ses week-ends à visiter avec Gustavo différents endroits d'Antioquia, comme Santafé de Antioquia, Caucase et Bolombolo. Mais jamais ils n'avaient trouvé le terrain de leurs rêves. Jusqu'au jour où Astado lui avait montré un avis publié dans le journal *El Colombiano*, dans lequel ils proposaient à la vente une ferme dans la municipalité de Puerto Triunfo, tout près de la future autoroute Medellín-Bogotá. Il lui avait expliqué que cette région du centre du pays était très belle et avait un grand avenir.

Je ne disais rien, mais cela semblait fou. Il ne me serait jamais venu à l'idée d'acheter dans cette jungle chaude et sèche, et je pensais en moi-même que Jorge Tulio Garcés avait eu beaucoup de chance de trouver quelqu'un capable d'investir dans un endroit aussi hostile. C'était beau, je ne peux pas le nier, mais mon mari et son associé devraient dépenser beaucoup d'argent pour transformer cet endroit inhospitalier.

Dans les semaines qui ont suivi, j'ai vu Pablo enthousiaste à l'idée de construire, mais aussi d'acheter davantage de terrains. Au milieu de l'année 1979, ils ont acheté la propriété de Nápoles, voisine de celle de Valledupar, sa première acquisition, et huit autres propriétés, pour une surface globale de 1 920 hectares. Quand je lui ai demandé combien ils avaient payé, il a répondu qu'on leur avait fait un très bon prix. Ils ont eu l'ensemble pour 90 millions de pesos (2,1 millions de dollars).

Pablo a choisi de nommer la ferme Nápoles (« Naples »), en l'honneur d'Al Capone, le gangster américain d'origine italienne. Mon mari l'admirait et je le voyais parfois lire un livre, un magazine ou des articles de journaux consacrés à son héros.

J'ai commencé à me rendre fréquemment dans cette région et j'ai constaté de mes yeux le début de la construction d'un immense pont sur la rivière Magdalena, destiné à accueillir la fameuse autoroute. La façon dont ils installaient les piliers de la future structure nous distrayait à chaque fois que nous traversions la rivière sur des planches.

Toutes sortes d'engins de terrassement ont commencé à affluer sur notre domaine, mais ni Pablo ni Gustavo n'ont révélé à leur femme ce qu'ils avaient l'intention de faire. Ils nous ont totalement marginalisées, mais, au fil des mois, j'ai vu qu'une centaine d'hommes construisaient une maison de deux étages et une piscine. Le résultat ne pouvait pas être pire. Les photographies de la maison principale et de la piscine de Nápoles sont magnifiques, colorées. Ce que l'on ne sait pas, c'est que tout était de mauvais goût.

Commençons par les deux pièces principales, situées au deuxième étage. Notre chambre était une pièce de 5 mètres carrés, flanquée d'une salle de bains, totalement disproportionnée face aux 800 mètres carrés de la surface totale de la maison. La chambre de Gustavo avait la même taille. Comment Pablo et Gustavo avaient-ils pu ordonner la construction de deux pièces si petites, comme s'il s'agissait de loger deux célibataires ? Ils n'ont pas tenu compte des enfants. Il était plus qu'évident qu'ils pensaient davantage à eux qu'à leur famille. L'organisation de l'espace était si mal pensée qu'il a fallu installer des lits superposés devant le nôtre pour que Juan Pablo dorme près de nous et puisse inviter un copain de temps en temps. Je trouvais cela inconfortable et, à chaque fois que je le pouvais, je reprochais à Pablo le manque de bon sens du barbare qui avait dessiné les plans de la maison. Plus tard, nous avons fermé l'un des accès à notre chambre pour créer un petit espace dans lequel caser les lits superposés, mais la salle de bains restait commune à tout le monde. Vue de loin, la maison semblait être bancale, car les colonnes avaient l'air très fines et inclinées. Elle paraissait reposer sur des échasses susceptibles de s'écrouler à tout moment.

Au premier étage ont été aménagées huit chambres identiques pour huit personnes chacune, mais toujours avec une seule salle de bains commune. À l'arrière ont été construits trois garages capables d'abriter cinq véhicules chacun.

Ce que l'on pourrait appeler l'espace de vie était composé d'une salle de télévision pour trente personnes. Il y avait aussi un bar avec dix tables de quatre places, un comptoir orné de grandes bouteilles de whisky et, tout autour, des jeux électroniques de l'époque, comme Pac-Man. La piscine était dangereuse. Un jour, j'ai failli mourir. En son milieu se trouvait une structure en ciment destinée à devenir un bar avec des chaises pour que six personnes puissent s'asseoir autour dans l'eau. Plusieurs accidents se sont produits, parce que les nageurs se cognaient la tête. J'ai été l'une de ces victimes. J'ai failli m'évanouir en m'assommant. Pablo a fini par donner l'ordre de tout détruire et de laisser tomber cette idée.

Je suppose que, dès le début, Pablo pensait que beaucoup de gens viendraient à Nápoles. D'où les deux immenses pièces de stockage de nourriture : elles étaient si grandes qu'elles ressemblaient à des caves. Par ailleurs, trois gigantesques réfrigérateurs ont été installés dans la cuisine. Dans chacun d'eux, huit personnes pouvaient tenir debout.

Parallèlement à la construction de la maison, de la piscine, du bar, de la station-service, de la plus grande piste de motocross d'Amérique latine, de l'héliport, de la piste d'atterrissage et de nombreuses autres excentricités, mon mari a eu une drôle d'idée. Il rêvait de posséder un zoo depuis qu'il avait visité la ferme Veracruz – dans la municipalité de Repelón, département d'Atlántico, au nord de la Colombie – appartenant à ses amis les Ochoa. Il avait adoré la beauté des animaux exotiques qu'il y avait vus. C'était devenu une obsession. Il a demandé à Alfredo Astado de trouver un zoo aux États-Unis où il pourrait acheter zèbres, girafes, éléphants, flamants roses, dromadaires, buffles, hippopotames, kangourous, autruches et oiseaux exotiques. Pour dresser cette liste, Pablo a regardé dans le *National Geographic* quels animaux s'adapteraient le mieux à la jungle de la Magdalena centrale colombienne. Les lions et les tigres ont été exclus, car ils semblaient dangereux et devaient être gardés en captivité.

Par ailleurs, Pablo a eu l'idée de demander aux vendeurs ambulants et aux mendiants qu'il croisait dans la rue d'apporter à son bureau les animaux rares qu'ils trouveraient, il les paierait à bon prix. À partir de là est arrivé tant de monde que Gustavo, furieux, répétait : « La section des animaux se trouve là-bas, à droite. »

Mon mari a dû stopper cette collecte parce que les animaux étaient malades, en sale état et malnutris.

Astado, de son côté, a obtenu un rendez-vous avec les propriétaires d'un zoo de Dallas, au Texas. Nous y sommes allés à vingt-quatre, tous membres de la famille, invités par Pablo. Lorsque nous sommes arrivés à l'aéroport de Fort Worth, huit luxueuses limousines nous attendaient sur la piste, envoyées par les frères Hunt, propriétaires du zoo. L'un des véhicules restait vide, et Juan Pablo a demandé à s'y installer, seul, pour regarder des dessins animés à la télévision. Pablo a été ému par la variété et la beauté des animaux, surtout par les girafes, les kangourous et les éléphants. Il voulait tous les acheter, il se comportait comme dans un magasin de jouets. Quand il a terminé son choix, il a fait les comptes et m'a dit à voix basse :

« Mon amour. Gustavo va se mettre en colère quand il saura que j'ai dépensé 2 millions de dollars pour des animaux. »

Ce fut le voyage le plus merveilleux de ma vie. Au zoo, Pablo allait de surprise en surprise, en admiration devant les animaux. Il m'a étreinte plusieurs fois en pensant à la façon dont ils allaient s'épanouir à Nápoles. Pour lui, le plus important était qu'ils ne soient jamais enfermés. Il était si heureux qu'il a accepté la proposition du formateur de monter sur le dos d'un éléphant, où il est resté environ dix minutes.

Deux semaines après notre retour de Dallas, mon mari a organisé la première expédition. Les animaux sont arrivés par un bateau loué qui a débarqué dans le port de Necoclí, dans la mer des Caraïbes, à 400 kilomètres de Medellín. De là, ils ont été transportés en camion jusqu'à Nápoles. L'opération s'est avérée tellement risquée et complexe que Pablo s'est découragé. Les autres animaux ont alors été acheminés clandestinement par avion, une mission confiée à Fernando Avendaño qui, à partir de ce moment-là, fut considéré comme l'animalier.

Pablo était obsédé par cette affaire. Comme l'animalier me l'a raconté, il a loué plusieurs avions Hercules qui ont atterri à l'aéroport Olaya Herrera de Medellín, peu après 18 heures, lorsque les signaux de la piste d'atterrissage étaient éteints. Avendaño a atteint une telle précision que les avions ont atterri dans l'obscurité. Puis des employés sont sortis des deux hangars adjacents à la piste principale que possédait à l'époque Pablo, avant de descendre avec des grues les caisses d'animaux.

Le zoo dont Pablo avait rêvé était pratiquement prêt, mais il en voulait encore plus. Il a acheté deux perroquets noirs femelles au cours d'un voyage d'affaires, deux oiseaux exotiques qui lui ont coûté 400 000 dollars.

Lors d'une virée avec ses petits copains à Rio de Janeiro, il est tombé sur un perroquet bleu aux yeux jaunes, une espèce protégée au Brésil. Comme il ne pouvait pas le sortir officiellement, il s'est débrouillé pour que le pilote de la compagnie le transporte en Colombie, moyennant 100 000 dollars. Le perroquet a voyagé seul dans l'avion, m'a raconté Pablo sur le ton de quelqu'un qui venait de faire une grosse bêtise.

Les derniers animaux à intégrer le zoo ont été deux dauphins roses venus d'Amazonie. Ils étaient magnifiques, et j'avais pris l'habitude de jouer avec eux dans un lac du domaine, même s'ils dégageaient une odeur désagréable.

Une seule espèce ne s'est jamais habituée à l'environnement naturel : la girafe. Les six que Pablo avait achetées au zoo du Texas (trois femelles et trois mâles) ne se sont jamais accoutumées aux mangeoires construites au sommet des arbres. Aucune girafe n'a survécu.

Tout était quasi prêt pour l'ouverture du zoo, mais il manquait une chose : l'entrée. En un temps record, un portail peint en blanc a été dressé, avec le mot « Nápoles » écrit en lettres bleues sur les colonnes principales. Au sommet, ils ont accroché un avion monomoteur de type Piper, immatriculé HK-617. L'histoire de cet avion, peint en blanc avec deux bandes bleues de chaque côté, est un tissu de mensonges et de semi-vérités. L'une des versions raconte que mon mari aurait transporté sa première cargaison de cocaïne dans cet appareil, mais c'est faux. La vérité est que le petit avion appartenait à un ami de Pablo, qui s'est écrasé lors de son atterrissage à l'aéroport

Olaya Herrera. Les pièces sont restées sur place, jusqu'à ce que Pablo les voie et, sans trop savoir qu'en faire, a demandé qu'on les lui offre. Elles ont été transportées jusqu'à Nápoles, où l'avion a été remonté, sans le moteur.

La voiture pleine d'impacts de balles que les visiteurs voyaient sur le domaine s'est aussi transformée en mythe. L'histoire la plus courante veut que les célèbres voleurs américains Bonnie et Clyde soient morts dans ce véhicule en mai 1934. Rien de tout cela. Cette voiture est le fruit de l'assemblage de deux engins : le châssis d'un camping-car Toyota, la seule partie utilisable après l'accident dans lequel Fernando, le frère cadet de mon mari, est décédé, et la carrosserie d'une voiture Ford de 1936, qui avait été offerte à Alfredo Astado. Un jour, Pablo a demandé à ses hommes de transporter ce véhicule hybride au domaine pour l'exhiber. La semaine suivante, mon mari a ordonné à plusieurs de ses hommes de tirer sur la carrosserie, pour simuler les 167 projectiles reçus par la vraie voiture de Bonnie et Clyde.

Une fois résolu le problème de l'entrée du zoo, Pablo a ouvert les portes au public. Le succès a été immédiat car, outre l'entrée gratuite, les visiteurs pouvaient explorer les lieux en restant dans leurs propres véhicules. En peu de temps, des familles de tout le pays sont venues au domaine pour profiter du zoo exotique que mon mari avait créé au cœur de la Colombie. Pablo avait l'air radieux. Le jour où je lui ai demandé pourquoi il ne faisait pas payer l'entrée, même pour quelques pesos symboliques, il m'a opposé un non catégorique.

« Mon amour, ce zoo appartient au peuple. Tant que je serai en vie, je ne ferai pas payer l'entrée. J'aime que les gens pauvres puissent admirer ce spectacle de la nature.

Le jour de ma mort, tu pourras, si tu veux, faire payer l'entrée. »

Tout n'était cependant pas rose. Après l'ouverture du zoo, la maison principale du domaine de Nápoles s'est transformée en hôtel, les règles en moins. N'importe qui venait et, le week-end, il n'était pas rare de compter jusqu'à trois cents personnes sur place. Dans la cuisine, on voyait de longues files d'attente de personnes tenant à la main une assiette et attendant que des haricots et des crevettes ou des haricots et du poisson soient servis. Les menus des cuisiniers étaient une insulte à la gastronomie.

Très vite, le parking spacieux a été transformé en chambres truffées de lits superposés, toujours avec aussi peu de salles de bains. Autour de la piscine étaient installées de grandes boîtes avec des maillots de bain de toutes les tailles, des nécessaires de toilette, des couches, des bouilloires, du lait en poudre de différentes marques, et, si quelqu'un commandait un verre d'alcool, on lui apportait la bouteille entière.

Dans la piscine, il pouvait y avoir jusqu'à cinquante personnes. Nous ne savions rien d'elles, ni qui elles étaient ni d'où elles venaient. Il se passait la même chose dans la salle à manger, que nous partagions avec des dizaines de personnes, dont de nombreuses jeunes femmes qui adulaient Pablo et le séduisaient même sous mes yeux. J'étais d'autant plus amère qu'après le dîner il s'excusait, prétextant une réunion… qui se terminait en général à 4 heures du matin. Je dois admettre qu'à cette époque nos moments d'intimité étaient limités et qu'au milieu de tant de personnes il m'arrivait de me sentir, moi, la femme de Pablo, soi-disant l'hôte du domaine, comme une invitée de plus.

Cependant, malgré les absences de Pablo, j'essayais de passer du bon temps. Je me réfugiais auprès de mes amis de l'école ou de mes sœurs, avec lesquels nous faisions des compétitions sur la piste de cross, parcourions les routes de Nápoles ou passions des heures avec les animaux du zoo. Pour faire plaisir à mes invités, plus d'une fois je leur ai proposé de se rendre au domaine par hélicoptère, par avion ou en voiture, à l'heure qui les arrangeait. Pour ceux qui devaient travailler à 7 heures du matin, les avions étaient sur la piste à 5 h 30, prêts à décoller pour Medellín.

Le soir, après avoir couché Juan Pablo, je le laissais avec une baby-sitter et nous descendions dans la salle de jeux pour nous divertir, souvent en compagnie des pilotes de Pablo. Nous nous amusions pendant des heures, mais parfois Pablo débarquait et, me voyant heureuse, me faisait sur-le-champ une scène de jalousie. Pas de scandale, pas d'insultes, mais un regard si glacial que cela suffisait à comprendre qu'il était furieux. Alors je le suivais jusqu'à notre chambre et là il râlait :

– Ces hommes ne respectent personne, tu es une dame, Tata, tu n'as rien à faire là-bas.

– Pablo, que veux-tu que je fasse d'autre ? Que je reste enfermée dans une chambre ? C'est ma famille et ce sont mes amis ! S'il y en a un qui me doit le respect, c'est bien toi. Et si tu veux mener une vie de célibataire, fais-le, mais laisse-moi tranquille à Medellín.

Pablo et Gustavo avaient planifié seuls la conception de Nápoles, mais, en septembre 1982, j'ai voulu y mettre mon grain de sel. Je voulais faire construire un kiosque pour mon anniversaire. Pablo a accepté, et j'ai immédiatement embauché un architecte connu qui a imaginé une belle structure en bois avec un toit de chaume, capable d'abriter cent cinquante personnes, avec une piste de danse et deux salles de repos. Trois fois par semaine, je suis venue sur place pour superviser l'avancée des travaux, qui n'ont duré que deux mois.

Une fois le kiosque terminé, je l'ai décoré avec tante Inés et quatre paysagistes, mais j'ai commis l'erreur de rentrer tard le soir, alors que des guérilleros tenaient plusieurs postes de contrôle dans la zone de Monteloro, sur la route de Medellín. Je voulais retrouver Juan Pablo à la maison, c'est pourquoi nous avons pris ce risque, mais des hommes armés ont coupé la circulation, retenant plusieurs véhicules et quelques autobus de la municipalité. Avec mes gardes du corps, nous avions convenu qu'ils nieraient me connaître en cas de problème. Les guérilleros ont fait descendre tout le monde des voitures et des cars. Tante Inés et moi, nous avons réussi à passer inaperçues. J'ai cru que les assaillants allaient nous tuer lorsque je les ai vus mettre le feu aux bus, mais au bout de cinq heures ils nous ont autorisées à repartir. Nous sommes alors retournées au domaine, et à 2 heures du matin j'ai contacté Pablo pour lui raconter ce qui venait de se passer. Il a donné l'ordre de renforcer la sécurité de l'hacienda et m'a dit qu'un hélicoptère viendrait nous chercher à 7 heures du matin. Mon Dieu, je venais d'échapper à un enlèvement !

Après avoir fêté l'anniversaire de Pablo dans le nouveau kiosque, la fin de l'année est arrivée et la fête a duré un mois, de la mi-décembre à la mi-janvier. Je me souviens que Pablo avait engagé le chanteur vénézuélien Pastor López et son orchestre, qui jouaient de 21 heures à 9 heures le lendemain matin. Une nuit, environ trois cents personnes sont venues danser, mais nous n'en connaissions pas beaucoup.

La débauche vécue à Nápoles est indescriptible. La piste d'atterrissage ressemblait à un aéroport et, un week-end normal, on comptait jusqu'à une douzaine d'avions stationnés. Pablo était l'ami de beaucoup de gens à cette époque, et il était libre de toute contrainte judiciaire. Personne n'échappait aux excès, y compris mon frère Mario, qui avait lui aussi son avion et allait et venait comme si de rien n'était.

« Je vais déjeuner à Bogotá et je serai de retour pour le dîner, lançait-il. J'apporterai à Pablo du fromage farci à la goyave, celui qui se vend à l'aéroport. »

Nicolás Escobar, le fils de mon beau-frère Roberto, a un jour réclamé un hamburger, mais comme on n'en trouvait que dans le centre commercial Oviedo, à Medellín, il passa simplement la commande et la reçut par hélicoptère.

Je ne peux manquer de mentionner la dévotion avec laquelle mon mari veillait sur son zoo. Je l'ai vu à plusieurs reprises rendre visite aux animaux pour voir ce dont ils avaient besoin, quel type de nourriture ils aimaient. Il désirait tant que ses animaux soient en bonne santé qu'il est allé jusqu'à donner des crevettes aux flamants roses pendant six mois, ayant remarqué que leur plumage blanchissait. Une autre fois, il a acheté 3 tonnes de carottes pour les éléphants, inquiet de leur manque d'appétit. Mais cela n'a rien changé et, pendant longtemps, les pachydermes ont décliné. Si bien que mon mari a répété l'opération avec de la canne à sucre hachée et toutes sortes de gazon. En vain.

L'hacienda Nápoles est devenue si célèbre que le 31 mai 1983 a eu lieu le tournage d'une publicité d'une minute pour Naranja Postobón, la société de sodas de l'organisation Ardila Lülle. Le tournage a duré deux jours, mobilisant l'avion Twin Otter de Pablo et les véhicules amphibies ; parmi les protagonistes, de nombreux enfants, les éléphants, les autruches, les girafes, les wapitis, les cygnes et les kangourous. Juan Pablo et une de mes sœurs ont également fait de la figuration. Quelques jours plus tard, un imposant bouquet de fleurs, des chocolats et une bouteille d'alcool ont été livrés à Pablo par la société de sodas. À cette époque, de nombreuses célébrités passaient au domaine, comme la diva Amparo Grisales, qui nous a rendu visite accompagnée d'autres comédiens. Pablo la dévorait des yeux. Plus tard, j'ai su qu'ils s'étaient connus lors d'une fête à Medellín, alors que j'étais en voyage en Europe.

Le célèbre auteur-compositeur-interprète argentin Leonardo Favio est venu lui aussi. Avec Pablo, ils ont passé de longues nuits à faire la fête. J'ai beaucoup souffert de son séjour parce que mon mari disparaissait pendant des jours. Il y a eu aussi la célèbre chanteuse Helenita Vargas, qui a organisé plusieurs soirées à Nápoles. Je l'ai déjà dit, mais elle était mon idole, parce que je m'identifiais aux paroles déchirantes de ses chansons. Je me souviens aussi de la star argentine Leo Dan, qui a donné de grandes fêtes à l'hacienda avec les divas les plus connues de l'époque. Et comment ne pas mentionner Virginia Vallejo, que je n'ai jamais croisée au domaine. Elle évoque dans son livre l'histoire d'amour qu'elle a vécue avec mon mari. C'est là-bas qu'ils se sont rencontrés.

Le domaine de Nápoles était tout pour Pablo, qui voulait réaliser beaucoup de choses, presque tout en même temps. Il voulait aussi construire un barrage. L'idée lui était venue alors qu'il survolait la rivière Doradal en hélicoptère. Il s'est convaincu que l'eau de plusieurs rivières de la région pouvait générer de l'énergie pour une partie du pays. Enthousiaste, il a demandé à certaines personnes, qui n'avaient aucune connaissance, de construire cette méga-œuvre. Il a dépensé énormément d'argent, a embauché sept cents ouvriers. Cependant, le projet a échoué. Les experts ont conclu que cette zone n'était pas adaptée à la construction d'un barrage. Pablo, inquiet, n'a eu d'autre choix que d'abandonner.

On a beaucoup parlé des mauvaises choses qui se seraient produites au domaine. Je n'ai jamais été témoin de quoi que ce soit. Pendant de longues périodes, je n'y suis pas allée, mais lorsque j'y étais, Pablo réussissait à faire en sorte que je ne sois au courant de rien.

Vingt-cinq ans après sa mort, le domaine de Nápoles a été transformé en centre touristique. Des milliers de familles gagnent leur vie autour du zoo et des attractions naturelles, profitant du bon climat. L'entrée coûte 85 000 pesos (29 dollars) et jusqu'à douze mille personnes visitent la ferme chaque week-end.

Mon mari a déployé tous ses efforts et utilisé une partie de son argent illégal pour construire ce projet qui perdure. C'est ce qu'il voulait et c'est une réussite. Le seul vœu qui n'ait pas été exaucé, c'est celui qu'il avait formulé d'être enterré dans l'un des plus beaux endroits de l'hacienda, où nous aurions planté une graine de kapokier.

7

Luxe, gloire et prospérité

L'une des nombreuses guerres que j'ai vécues dans ma vie a commencé à l'aube du mardi 13 janvier 1988, alors que je dormais avec Manuela et Juan Pablo dans notre penthouse de l'immeuble Monaco, à Medellín. Nous avons été réveillés par ce qui ressemblait à un tremblement de terre, mais ce n'était en réalité que l'explosion d'une voiture piégée.

Il était 5 h 13 du matin. Le bruit fracassant a fait trembler toute la ville. L'onde a provoqué des dommages à l'édifice. La chapelle, dans laquelle nous allions prier pratiquement tous les dimanches et où nous venions de baptiser ma fille, Manuela, a été endommagée. La voiture piégée a creusé dans la rue un cratère de 10 mètres de diamètre et de 4 mètres de profondeur, tué trois personnes, blessé une dizaine d'autres, fait disparaître cinq maisons et laissé une centaine de sinistrés.

L'onde expansive, qui s'est étendue sur près de 1 kilomètre à la ronde, a en même temps très sérieusement dégradé ma collection d'art. Des œuvres importantes ont disparu, trouées comme de vraies passoires.

En ce funeste instant, je me suis souvenue de ma mère, de sa façon de toujours deviner l'avenir. Elle m'avait appelée peu avant de San Andrés où elle était en vacances et m'avait dit :

– Ma fille, je te demande de me laisser dormir une dernière nuit tranquille... S'il te plaît, va chez moi, j'ai un mauvais pressentiment... Il va vous arriver quelque chose.

– Maman, du calme, il est trop tard pour sortir avec mon bébé de deux ans et mon fils de neuf. Dieu est grand, il ne va rien nous arriver, ne t'en fais pas.

Elle avait raison, mais grâce à Dieu, nous avons été épargnés.

La bombe a cependant durablement impacté ma relation à l'art. Cela faisait onze ans que je m'étais consacrée à la connaissance de ce monde sophistiqué, quête qui m'avait conduite dans les galeries les plus chics de Medellín, de Bogotá et d'ailleurs. J'avais acheté de nombreuses peintures et sculptures qui étaient pratiquement toutes chez moi. Je ne m'étais pas contentée d'acquérir des tableaux et des sculptures, j'avais visité plusieurs ateliers d'artistes et appris à interpréter leurs œuvres, à me connecter avec leur essence même. Cela m'avait permis de fréquenter de fastueuses maisons familiales de la haute bourgeoisie de Medellín, Bogotá, Rome, New York ou Paris, où j'avais découvert d'incroyables pièces de musée. Pour être dans le coup, j'avais également pris plusieurs cours d'histoire de l'art et acheté une bibliothèque spécialisée qui m'avait fourni les livres nécessaires pour pénétrer ce milieu si fermé.

Depuis toute petite, j'étais attirée par la beauté des objets, sans doute parce que j'avais grandi dans une famille créative et soucieuse du détail. Je n'avais évidemment pas de notion d'esthétisme et encore moins d'art, mais je m'étais très jeune intéressée à la peinture, à la lecture et aux langues. L'image que je renvoyais aux autres était clairement celle d'une personne prête à transformer son destin.

Depuis le début de ma relation avec Pablo, ses absences avaient dessiné le cours de ma vie. Il a fallu que je m'habitue à ses mensonges, à ses obligations, à ses arrivées tardives ou simplement à ses disparitions qui pouvaient durer des semaines. Cette réalité, qui me faisait mal et m'indignait, m'a obligée à me créer une vie pour souffrir le moins possible. L'art y a ainsi pris une part importante, et je dois avouer que l'argent de mon mari, et de certains amis, m'a permis de gagner ma place dans ce milieu qui n'était pas le mien.

Au début, lorsqu'il me draguait, Pablo m'avait offert une guitare et ensuite un orgue qui ont éveillé ma sensibilité à la musique. En 1977, après la naissance de Juan Pablo, mon mari a connu l'artiste colombien Pedro Arboleda. Il peignait essentiellement des femmes nues, ou des femmes qui sortaient de la douche, qui se promenaient. Les œuvres figuratives d'Arboleda ont séduit Pablo qui lui a acheté plusieurs tableaux, dont une nature morte que nous avons accrochée dans l'appartement que nous louions dans le quartier de Candelaria. J'ai toujours pensé que ce qui intéressait Pablo n'était pas les œuvres en elles-mêmes, mais le fait de pouvoir approcher les modèles de l'artiste. Malgré cela, j'ai noué une relation d'amitié avec ce peintre, toujours intacte aujourd'hui.

À cette époque-là, le Centre international du meuble commençait à prendre de l'ampleur. Situé dans une immense zone industrielle de la municipalité d'Itagüí, dans la vallée d'Aburrá, il avait été fondé au début des années 1970 et, dès le départ, les propriétaires avaient cédé des espaces à de petites galeries qui exposaient de jeunes artistes. J'ai été attirée par ce lieu et j'ai rapidement acheté des œuvres de peintres connus de la région, comme Pedro Nel Gómez, Débora Arango, Francisco Antonio Cano ou Ricardo Gómez Campuzano. J'ai aussi acheté une huile de la peintre argentine Delia Cugat, qui m'a éblouie par sa façon d'appréhender la lumière. L'œuvre représentait une femme avec des chiens et on voyait au fond une espèce de ruban bleu et blanc avec un soleil brodé au milieu. C'était le drapeau de son pays. Pays dans lequel j'arriverais plus tard, à l'heure de fuir la Colombie.

L'achat de la maison du quartier El Diamante, conçue par l'architecte reconnu Raúl Fajardo, m'a ouvert un espace inespéré sur le monde de l'art. Elle possédait un miroir d'eau d'où s'élançait une belle sculpture en bronze représentant un couple en train de s'embrasser, qui s'appelait *El Beso* (« Le Baiser »), de l'artiste Salvador Arango, originaire d'Antioquia. Le propriétaire de la maison a stipulé que le prix de vente n'incluait pas cette œuvre, mais j'ai dit à Pablo que je ne voulais pas de cette maison sans la sculpture. Si bien que *El Beso* est resté dans la maison et, quelques semaines plus tard, je suis allée rendre visite au sculpteur qui avait son atelier à Las Letras del Coltejer, à l'est de Medellín.

Cette première rencontre avec le maître Salvador Arango reste pour moi inoubliable. À partir de ce jour et pendant des années, il est devenu mon mentor, ami et compagnon de voyage. Ce fut un guide honnête, désintéressé, qui n'a jamais profité de mon ingénuité ni de mon manque d'expérience. Être à ses côtés était enrichissant pour moi et grâce à lui j'ai connu une grande partie du milieu artistique de l'époque.

Un jour, je suis allée chez une amie et j'ai été charmée par le bon goût et l'élégance avec lesquels elle avait décoré sa spacieuse terrasse. Je lui ai demandé qui avait conçu ces espaces et elle m'a parlé de Julia Acosta, une experte en matière de décoration et d'art, originaire de Medellín. Je lui ai téléphoné et le lendemain cette femme aimable et joviale est arrivée. Elle a parcouru la maison lentement, en silence, puis a lancé avec froideur, mais aussi un grand professionnalisme :

– Voyez-vous Victoria, la première des choses, c'est faire venir trois camions.

– Et pourquoi ces camions, Julia ?

– Pour tout débarrasser et tout mettre à la poubelle. Tout est très laid, même cette lampe de Pedrín est de mauvais goût.

Elle faisait référence à un homme connu à Medellín, qui fabriquait des lampes dans un style particulier, très exotique, pourrais-je dire.

– Comment ? Ce n'est pas possible ! Même les meubles de style Louis XV que mon mari m'a offerts ? Inutile de vous dire qu'ils sont intouchables, ai-je répondu, affectée.

– Ils sont horribles… et ces porcelaines sont épouvantables. D'où avez-vous sorti tout ça ?

J'étais d'accord pour changer de nombreuses choses, mais je ne pouvais en aucun cas jeter les meubles du salon sans mettre fin à mon mariage. Elle a accepté cette contrainte et de là est née une grande amitié. Par la suite, d'ailleurs, Julia allait jouer un rôle important, non seulement dans la décoration de nos différentes maisons, mais aussi dans la création de ma future collection d'art.

Une fois l'affaire des meubles résolue, meubles que nous avons déménagés dans le studio, nous avons commencé à sillonner les boutiques de design et de décoration en même temps que Julia m'invitait à des expositions dans les galeries ouvertes à Medellín. C'était gratifiant, car j'ai rapidement acheté mon premier tableau d'Alejandro Obregón, une huile sur fond jaune avec un oiseau multicolore appelée *Flores carnivoras* (« Fleurs carnivores »). J'ai aussi dégoté une aquarelle de Fernando Botero et trois dessins de nus au fusain de Luis Caballero, déjà très connu dans le monde artistique de Medellín parce qu'il avait été lauréat, en 1968, de la Biennale ibéro-américaine de peinture de la ville.

Julia m'a introduite dans les maisons des plus prestigieuses familles de la ville, afin que j'observe leurs collections privées d'œuvres d'art et leurs luxueux objets de décoration. J'ai découvert avec émerveillement l'intérêt que « l'aristocratie » portait aux voyages en Europe et aux États-Unis pour se cultiver et être au fait des dernières tendances en matière d'art et de décoration.

Lors d'une de ces visites, nous sommes allées à la maison des Echavarría, située près du centre commercial Oviedo. J'ai été impressionnée par la grandeur des œuvres d'art et des objets de valeur historique acquis depuis des temps immémoriaux. J'ai d'ailleurs eu la possibilité de me procurer quelques belles pièces, parce que les nouvelles générations d'héritiers ne s'intéressaient plus à tout cela.

Avec Julia, nous nous sommes rendues plusieurs fois dans cette demeure. On ne pouvait y accéder qu'à partir de 14 heures et sans faire de bruit parce qu'à cette heure-là la grand-mère Echavarría se reposait dans sa chambre. Elle était de santé fragile et n'aurait pas aimé voir des inconnus déambuler chez elle. La situation était un peu étrange. L'idée de me sentir comme une intruse et de participer au démembrement d'une partie de cette famille traditionnelle me gênait aussi.

Au cours de ces allers-retours, j'ai fini par acheter plusieurs reliques, comme la médaille offerte au Père de la Patrie, Simón Bolívar, après qu'il eut gagné la bataille de Boyacá, en 1819 ; j'ai aussi acquis la maquette originale de la sculpture du cheval de Bolívar, que le gouverneur de l'époque avait commandée à un fameux artiste italien pour l'exhiber sur la place Bolívar, à Medellín ; et enfin un tableau représentant le violon du maître Francisco Antonio Cano, peint en hommage à l'orchestre symphonique d'Antioquia. Lorsque ces merveilleuses pièces sont arrivées chez moi, j'ai conclu un pacte secret avec la grand-mère Echavarría en lui promettant de les conserver comme de véritables trésors.

Afin d'élargir mon horizon, j'ai fait la connaissance à Bogotá des plus importants *dealers* – personnes chargées de commercialiser les œuvres d'art. Julia me les a présentés dans leurs différentes galeries. Je tairai leurs noms parce que ce sont des gens honorables. Avec certains, j'ai non seulement établi des relations commerciales, mais j'ai aussi beaucoup appris en matière d'art.

Mes visites récurrentes à Bogotá ont fait naître une rumeur selon laquelle une investisseuse de Medellín était en train d'acquérir des œuvres contemporaines. Tout à coup, les marchands d'art les plus célèbres de Bogotá ont voulu me rencontrer et m'ont invitée à des expositions, des repas et des cocktails. Cela me semblait facile, parce qu'à ce moment-là, ses problèmes judiciaires n'ayant pas encore débuté, on percevait encore Pablo comme un homme politique et un entrepreneur.

Une fois, de passage dans une galerie de Bogotá, il m'est arrivé une drôle d'histoire. La femme d'un *dealer* m'a proposé une peinture de l'artiste local Alberto Iriarte, connu dans les milieux intellectuels sous le nom de Mefisto. Nous nous étions rencontrées plusieurs fois, et même si l'offre m'a paru étrange, car très bon marché, je l'ai achetée. Contentes toutes les deux, nous avons fait affaire. Mais quelque temps plus tard, un galeriste m'a appelée en me suppliant de lui revendre cette œuvre. J'ai refusé. La vérité, c'est que la femme de ce galeriste avait vendu ce tableau, que son mari gardait comme un bijou précieux, pour se venger de ses infidélités.

Pendant ce temps, j'entretenais avec soin ma relation commerciale avec Salvador Arango, chargé de me trouver des œuvres et de me mettre en contact avec plusieurs artistes de Bogotá, dont Armando Villegas, Manuel Estrada et Edgar Negret. Dès que je voyageais, j'allais leur rendre visite dans leurs ateliers et chaque rencontre était pour moi un cours d'histoire de l'art raconté à la première personne. Ce fut une période de bonheur pendant laquelle j'ai beaucoup appris.

Je me souviens de la générosité du maître Negret, qui m'a ouvert les portes de son atelier dans le quartier de Santa Ana, au nord de Bogotá. L'endroit était impressionnant, car non seulement il exposait sa collection d'art latino-américain, mais aussi ses propres œuvres colorées et pleines de magie.

Un jour, la décoratrice m'a annoncé une bonne nouvelle : l'artiste Alejandro Obregón allait nous recevoir chez lui dans la ville fortifiée de Carthagène. Sur place, j'ai

« Pablo a été le premier et le seul amour de ma vie. »

« J'ai rencontré Pablo à treize ans. Trois années plus tard, j'étais enceinte de notre fils, Juan Pablo. »

« En 1976, Pablo était en prison pour possession de pâte de coca. Même enceinte, je lui rendais visite le plus souvent possible. »

« Malgré les conditions difficiles de sa détention à Pasto, nous nous voyions régulièrement. Je ne sais pas comment il faisait, mais il s'arrangeait pour passer les week-ends avec moi. »

« À partir de 1978, l'hacienda Nápoles sera le cœur de l'empire bâti par mon mari. Située à 320 km de Bogotá, elle s'étendait sur près de 2000 hectares. Un appartement camouflé permettait à Pablo de recevoir ses maîtresses à l'abri des regards. »

« Le rêve de Pablo était d'avoir un véritable zoo à l'hacienda Nápoles. Parmi les nombreuses espèces achetées (zèbres, éléphants, dauphins, oiseaux exotiques, etc.), seules les girafes n'ont jamais réussi à s'adapter. »

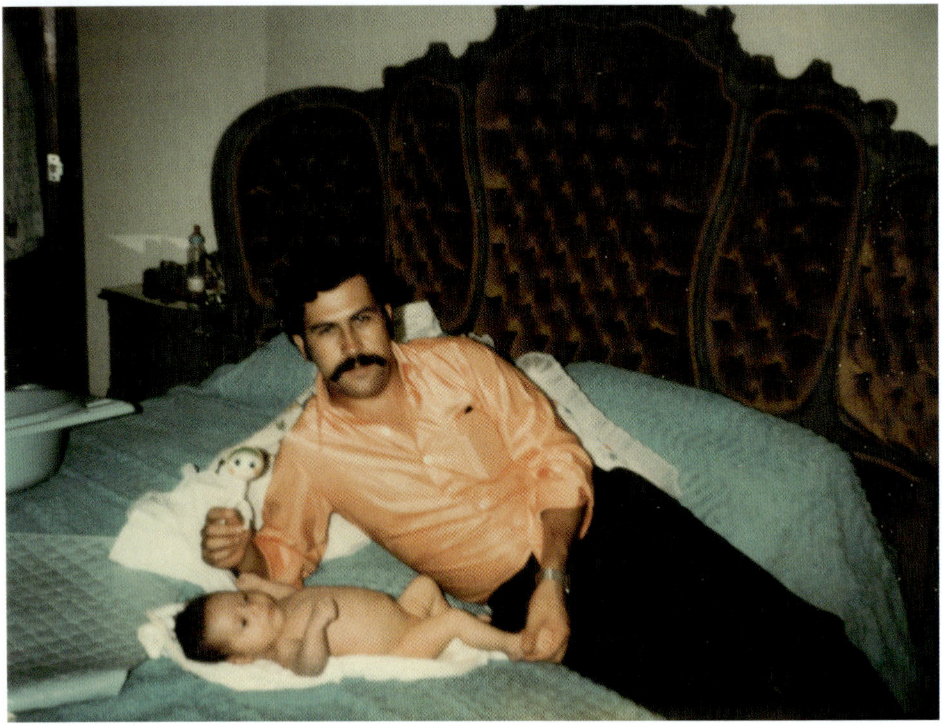

«Pablo avec notre fils, Juan Pablo, sur le lit Louis XV qu'il avait acheté après notre mariage.»

« J'ai toujours aimé l'art. Ces trois dessins de nus au fusain signés
Luis Caballero furent l'une de mes premières acquisitions.
J'avais décidé de les exposer dans le salon de notre maison à El Diamante. »

« En 1982, j'ai accompagné Pablo à de nombreux événements politiques lors de sa course à la législature. Cette photo a été prise juste après son discours à Envigado. »

« J'ai convaincu mon mari d'organiser une vente aux enchères d'œuvres d'art pour financer son projet "Medellín sans bidonvilles". Ce fut une soirée mémorable et un formidable succès, avec plus de 500 000 dollars récoltés. »

« Sur cette photo, nous célébrons l'obtention de mon diplôme au lycée après la naissance de Juan Pablo. Nous étions dans la maison de ma mère, à La Paz. »

« J'ai offert cette voiture vintage à Pablo pour ses trente ans, le 1er décembre 1979. »

« J'ai toujours eu une affection particulière pour ces *Amoureux* de Rodin. Placés dans le hall de l'immeuble Monaco, ils ne cessaient de surprendre et de ravir Pablo. »

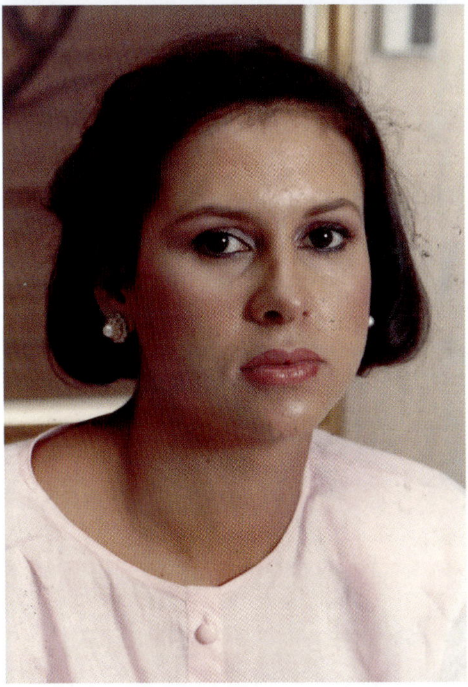

« Je me souviens de cette photo prise dans le penthouse de notre immeuble Monaco, à Medellín. J'avais tout juste vingt-quatre ans. »

« Juan Pablo et ma sœur cadette profitent d'un moment de calme
dans le penthouse de l'immeuble Ovni, à Medellín.
J'avais rassemblé plusieurs œuvres maîtresses de ma collection d'art dans ce salon. »

« J'adorais cette chambre de notre maison située dans le quartier El Diamante
de Medellín. Les Pepes l'ont saccagée et incendiée en 1993. »

« Dans le penthouse de l'immeuble Monaco, je possédais une inestimable collection d'art précolombien qui fascinait Pablo. »

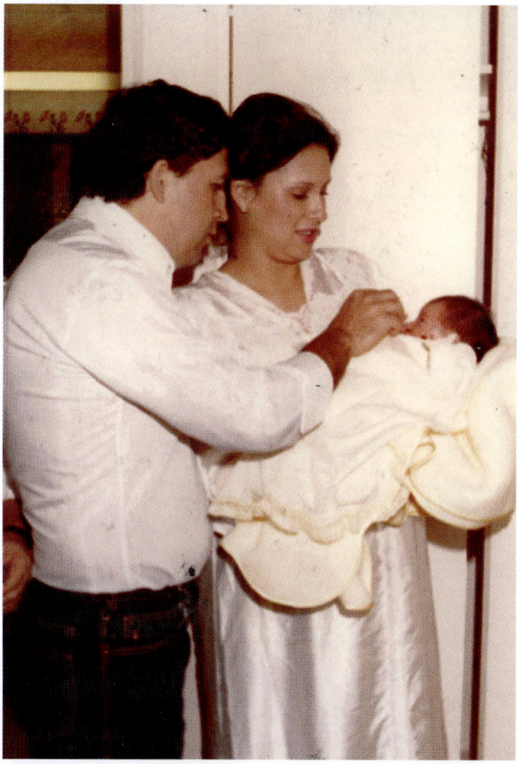

« Pour notre plus grand bonheur, Manuela est venue au monde le 25 mai 1984. Cette photo a été prise au centre médical Paitilla, au Panama.
J'avais subi quatre fausses couches avant cette naissance tant désirée. »

« La chambre de Manuela dans l'immeuble Monaco était décorée avec une magnifique peinture murale de l'artiste Ramón Vásquez. »

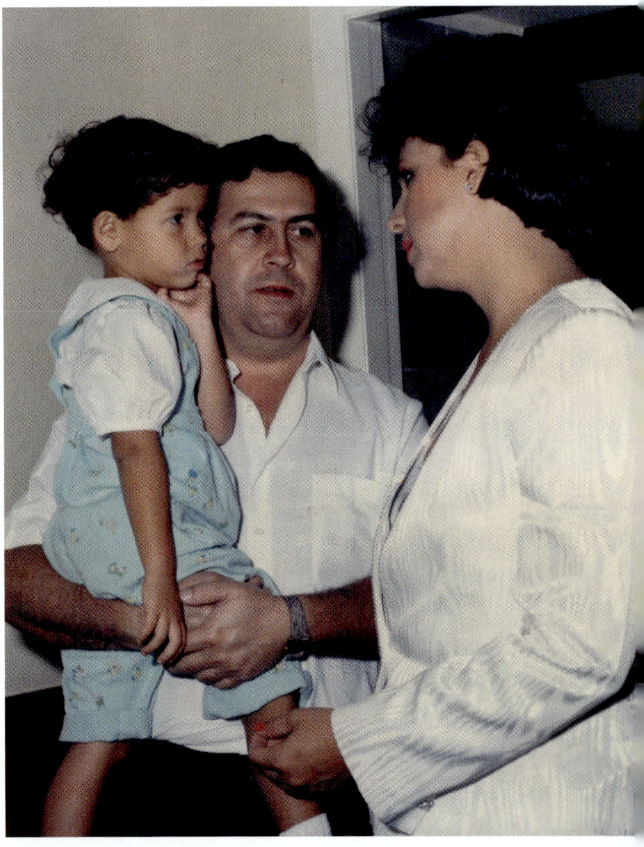

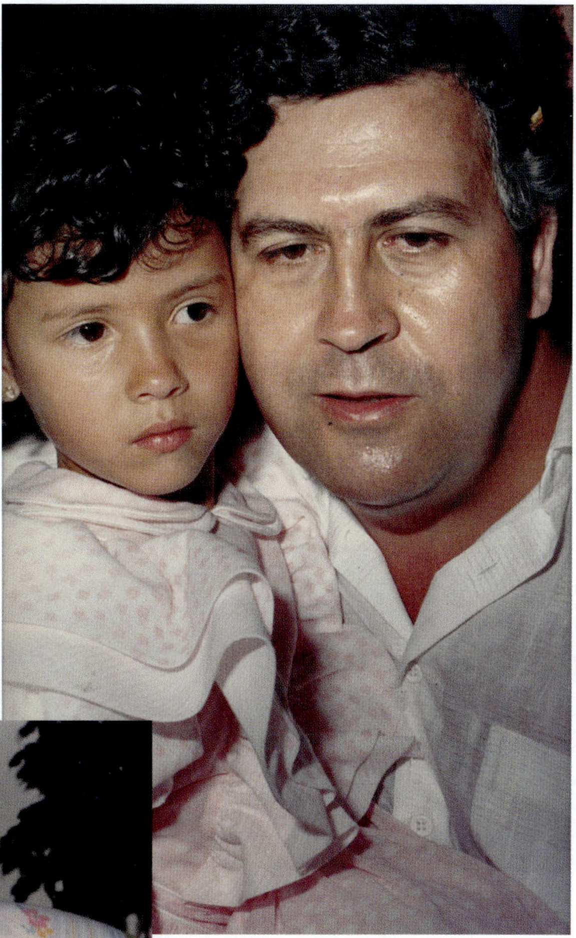

« Pablo et Manuela ont toujours eu une relation particulière. Bien que son père ait souvent été absent parce qu'il se cachait, elle adorait être avec lui. »

« Comme le montre cette photo, un attentat à la voiture piégée d'une rare violence a ravagé notre penthouse de l'immeuble Monaco en 1988, nous obligeant à quitter cet endroit pour toujours. »

« Grâce à Dieu, Juan Pablo et Manuela, dont on voit ici le berceau, seront miraculeusement sains et saufs. »

« Les fêtes à thème que j'avais l'habitude d'organiser – comme celle-ci, célébrant le 500ème anniversaire de la découverte des Amériques – pouvaient rassembler jusqu'à deux cents invités. »

« Sur cette photo, nous nous étions tous réunis à l'hacienda Nápoles pour fêter les quatre ans de Manuela. »

« De cet anniversaire est née une légende selon laquelle Pablo aurait offert une licorne à sa fille en clouant une corne sur le front d'un cheval. Quelle folie de croire cela ! »

« En 1991, Pablo a construit sa propre prison de toutes pièces, La Catedral,
après un accord passé avec l'État colombien pour sa reddition.
Nous y avons passé les fêtes de Noël la même année. »

« En mai 1992, nous y avons également célébré le huitième anniversaire de Manuela. »

« Sous la protection des gardes du corps du procureur général, nous avons pu visiter le cimetière Jardínes Montesacro à Itagüí, à l'occasion du premier anniversaire de la mort de Pablo. »

« Le 16 novembre 1999, Juan Pablo et moi-même sommes placés en détention par les autorités argentines pour usage de fausses identités et “existence, ou pas, d’activités illégales en rapport avec le blanchiment d’argent”. Mon fils a été incarcéré pendant quarante-cinq jours et moi cinq cent quarante, avant que nous soyons tous deux totalement innocentés. »

« Mon petit-fils, Juan Emilio, est né le 21 décembre 2012. On peut dire qu’il m’a réconciliée avec la vie. J’ai décidé d’être une grand-mère très présente pour lui. Le moment venu, mon fils lui dira qui était vraiment son grand-père, et moi, je lui raconterai qui était l’homme que j’ai aimé. »

été subjuguée par le lieu, une immense maison coloniale tellement typique de la ville côtière, avec patios, toits en tuiles et terrasses, le tout décoré de ses propres œuvres et de celles de nombreux peintres contemporains.

Ce fut un après-midi fantastique parce que le maître Obregón a tout fait pour que nous nous sentions à l'aise. Il nous a longuement parlé de son processus de création, de son rejet de l'académisme et du fait qu'il n'avait pas voulu se laisser influencer par d'autres artistes. Malgré tout, il n'a pas consenti à me vendre quoi que ce soit, car il disait qu'une galerie, qui avait pignon sur rue à Bogotá, le représentait. Je suis revenue à Medellín frustrée, mais en même temps heureuse d'avoir pénétré son monde, inaccessible au commun des mortels.

Le fait d'être en relation permanente avec les *dealers* et les galeristes, de leur rendre visite, de leur acheter des œuvres, de voir des expositions reste l'une des plus grandes satisfactions de ma vie. Je recevais chez moi les photographies des œuvres en vente à Bogotá, mais aussi du monde entier, avec des informations sur les artistes et le prix des œuvres. Ce système était intéressant car, en tant que cliente, je pouvais payer par mensualités et ne recevais l'œuvre qu'une fois la totalité réglée.

C'est ainsi qu'un matin j'ai reçu une enveloppe qui contenait les images d'une peinture qui m'a laissée bouche bée : *The Dance of Rock and Roll,* 84 cm × 116,3 cm, signée de l'artiste espagnol Salvador Dalí. J'ai été frappée par le mouvement à la fois sexuel et onirique d'un couple dans un désert infini. Cela me semblait incroyable qu'à vingt-deux ans je puisse posséder une œuvre pareille chez moi. Vingt-quatre mois plus tard, une fois payée la dernière mensualité, j'ai pu suspendre ce tableau dans la partie haute de ma bibliothèque, endroit stratégique qui permettait de l'admirer sous différents angles. Je n'arrivais pas à y croire. Pendant longtemps ce fut mon plus grand secret, car je ne l'ai dit à personne, pas même à Pablo, qui ne s'en est même pas aperçu, trop occupé et ne se souciant pas des peintures accrochées à la maison. Je ne le savais pas à ce moment-là, mais ce Dalí allait, par la suite, jouer un rôle important dans ma vie.

Au fur et à mesure que j'apprenais, j'appréhendais mieux l'œuvre du peintre et sculpteur Fernando Botero, qui était déjà internationalement connu et dont je trouvais l'histoire émouvante. Je me souviens d'avoir lu plusieurs articles sur lui dans lesquels il évoquait les pénuries économiques qu'il avait surmontées avec sa famille et la façon dont il faisait fi des critiques virulentes sur son style.

Être dans les petits papiers des galeristes d'art m'a donné le privilège d'aller à Bogotá pour y voir des tableaux de Botero tout juste arrivés en Colombie, et d'en acquérir certains. Ceux que j'aimais le plus étaient ses huiles sur la tauromachie, mais elles étaient trop chères pour moi. Comme je l'ai déjà dit, j'arrivais à acheter des œuvres en les payant petit à petit, car je le faisais sans l'accord de Pablo qui ne s'intéressait pas à l'art, mais seulement aux vieilles voitures. S'il avait compris un tant soit peu l'art, ma collection aurait été cinq fois plus importante qu'elle ne l'a été.

Ma prédilection pour Botero était tellement notoire que deux *dealers* de Bogotá m'ont invitée au vernissage d'une exposition de ses meilleures œuvres dans la galerie Quintana, la plus cotée du moment. Toute la crème de la haute société de Bogotá était au rendez-vous. Le président Belisario Betancur en a même été l'invité d'honneur.

Au cours de cette soirée, on m'a présenté le maître Fernando Botero. Émue, je lui ai dit que je l'admirais, que j'aimais ses œuvres et son parcours artistique. J'ai ajouté qu'un de mes rêves était de pouvoir un jour lui acheter des tableaux et sculptures parce que je voulais posséder une belle collection. Il a été très gentil et m'a offert deux affiches qu'il a signées en dédicaçant « À Victoria, du maître Fernando Botero ».

Ce soir-là, j'ai aussi bavardé avec le président Betancur. Nous avons discuté de la beauté des œuvres de Botero et d'autres sujets, mais nous avons surtout partagé notre admiration pour l'artiste, tout en lui augurant une belle carrière qui marquerait l'histoire de l'art colombien.

Mon immersion dans le monde de l'art m'a emmenée en Europe. La première ville que Julia m'a proposé d'explorer a été Florence, en Italie. Les artistes m'ont tellement émerveillée que j'ai passé des jours entiers à contempler leur travail et leurs créations. Je me suis rendue à trois reprises à Pietra Santa pour visiter l'atelier de Botero, mais je ne l'ai pas vu, car il était en déplacement. J'ai rencontré en revanche le sculpteur polonais Igor Mitoraj. À Rome ensuite, j'ai été présentée à une aristocrate qui portait deux diamants de sept carats chacun et s'habillait chez Armani et Valentino. Représentante de peintres et de sculpteurs, elle vivait dans un penthouse situé à côté des clochers de la cathédrale. Comme elle savait que j'étais une collectionneuse, elle passait me prendre à mon hôtel dans une limousine très élégante.

Lors de l'un de mes voyages dans la capitale italienne, elle m'a conviée à une fête qui se tenait dans son appartement et à laquelle assistaient plusieurs artistes, marchands d'art et galeristes. La vue sur la Ville éternelle était incroyable ; la terrasse éclairée par des torches baignait dans une lumière tamisée. En écoutant la conversation de ces gens tellement exquis et cultivés, j'avais l'impression d'être dans un endroit magique, unique.

Ces voyages en Europe se prolongeaient parfois plusieurs semaines, voire jusqu'à deux mois. Pablo les approuvait, car il profitait de mes absences pour faire ce qu'il voulait. Quant à mon fils, Juan Pablo, c'est ma mère qui s'en occupait, aussi je pouvais voyager tranquillement. Elle comprenait mon besoin d'apprendre et elle était toujours prête à m'aider pour l'éducation de mon fils. Je ne pourrai jamais oublier que c'est elle qui prenait soin de lui lorsque je finissais le lycée.

En 1982, la prospérité économique de Pablo nous a permis de mener à bien des projets de plus en plus ambitieux. Nous avons tout d'abord fait construire un immeuble sur deux terrains situés près du Club Campestre de Medellín, que l'ingénieur Diego Londoño White avait vendus à mon mari. Au début, Pablo ne m'a rien dit, et lorsque je l'ai su deux architectes avaient déjà planché sur le futur chantier. Pablo voulait construire un immeuble de huit étages afin que nous puissions vivre aux deux derniers et mettre les six autres en location.

À compter de ce jour, j'ai pris en charge la totalité du chantier, épaulée par Julia et les deux architectes. L'un d'entre eux m'a dit qu'il avait déjà montré plus de vingt plans à mon mari et que la seule chose qui l'intéressait c'étaient ceux de la pièce principale parce qu'il voulait une grande fenêtre dans la salle à manger avec vue sur Medellín.

Au fur et à mesure qu'avançaient les travaux, Julia et moi avons imaginé le penthouse, près de 1 500 mètres carrés de surface sur les deux derniers étages. Je me souviens qu'on a résolu assez facilement l'aménagement de la pièce principale, du hall, des chambres, de la bibliothèque, de la salle de télévision, de la piscine et des zones de repos. Cependant, nous avons passé beaucoup de temps pour définir où et comment nous allions suspendre les peintures et où nous mettrions les sculptures que je possédais déjà, ainsi que celles que j'avais l'intention d'acheter. Chaque œuvre aurait un espace spécifique. Nous avons fait appel à des décorateurs d'intérieur et à des spécialistes de l'éclairage pour que chacune soit mise en valeur. La recherche des meilleurs artisans m'a conduite à parcourir le pays avec Julia à bord du Learjet de Pablo. Lorsque j'ai enquêté dans le cadre de ce livre, un des pilotes de mon mari m'a avoué que, comme je prenais beaucoup l'avion avec Julia Acosta, Pablo a commencé à douter de moi et m'a mise sur écoute pendant près d'un mois, jusqu'à se convaincre que ses suspicions n'avaient pas lieu d'être.

L'édifice presque achevé, nous nous sommes aperçus que nous devions répondre à une norme mise en place par le secrétariat à la Planification de Medellín qui, afin d'embellir la ville, encourageait les constructeurs et propriétaires à produire des œuvres d'art sur les façades des immeubles, en échange d'une déduction fiscale. J'ai eu l'idée d'aller trouver le prolifique sculpteur d'Antioquia, Rodrigo Arenas Betancourt, connu pour ses œuvres monumentales. Après l'avoir contacté, par l'intermédiaire de l'artiste Salvador Arango, je suis allée le voir dans son atelier, qui se trouvait dans un endroit un peu éloigné et peu sûr de Medellín – les artistes avaient besoin de grands espaces et leurs finances ne leur permettaient pas de s'installer près du centre-ville.

J'ai rencontré une personne fascinante, aimable, sage qui a tout de suite saisi mon idée de créer une sculpture destinée à orner le futur édifice, dont la construction devait être terminée trois ans plus tard, en 1985. Je voulais une œuvre qui représente la famille, avec un homme, une femme et un enfant. Tout en discutant, il dessinait sur une grande feuille de papier blanc et commençait à tracer des lignes qui montraient un homme soutenant une femme, soutenant elle-même un enfant. Ce qui est extraordinaire, c'est que sa sculpture a été fidèle à son dessin. Il l'a finie à temps et lui a donné un joli nom : *La Vida* (« La Vie »). Elle m'a coûté 20 millions de pesos, soit 310 000 dollars, et selon les experts si on la refaisait aujourd'hui elle coûterait 400 millions de pesos.

Comme tout immeuble porte un nom, je n'ai pas eu de difficulté à en trouver un : Monaco. Pourquoi ? Parce que j'avais découvert quelques mois auparavant la principauté de Monaco et j'avais été émerveillée par son côté majestueux, son élégance et son architecture. Ce nom a été inscrit sur un mur extérieur de l'immeuble, en grandes lettres rouges peintes à l'acrylique.

Ayant eu écho de mon intérêt et de mon enthousiasme pour ce qu'il y avait de mieux, un *dealer* de Bogotá m'a appelée pour me parler du peintre chilien Claudio Bravo, reconnu pour son réalisme. Lorsqu'il m'a envoyé des photos de certaines de ses huiles disponibles sur le marché, j'ai été séduite par l'une d'entre elles : *Los Monjes* (« Les Moines »).

Je suis tombée amoureuse de ce tableau dans lequel un moine et un enfant semblent se parler à travers leurs regards et je n'ai pas hésité une seconde à l'acheter. Nous nous sommes mis d'accord sur le prix et le nombre de mensualités ; quelque temps plus tard, le tableau de 2 m × 2,5m, en provenance d'Europe est arrivé par bateau au port de Barranquilla, puis par camion jusqu'à l'immeuble Monaco, enfin prêt à accueillir l'ensemble de ma collection.

Après *Los Monjes*, le même marchand de Bogotá, m'a proposé *Bacanal*, un autre tableau de Claudio Bravo dont il m'a envoyé des photos. On a essayé de faire affaire, mais le prix proposé était trop élevé, si bien que je lui ai dit que je devais y réfléchir. Après plusieurs jours, une femme au langage très raffiné m'a étrangement appelée pour me proposer à nouveau la toile. Elle m'a dit qu'elle vivait à New York et que si nous faisions affaire elle m'enverrait la toile au plus tard dans un mois avec son certificat d'authenticité.

J'ai tout de suite pensé qu'il s'agissait d'une arnaque parce que la femme demandait la moitié de ce qu'en voulait le *dealer*. Je lui ai demandé de m'envoyer des documents, des photos et tout ce qui pourrait certifier qu'il s'agissait d'une œuvre authentique. Au bout de quelques semaines, mes doutes dissipés, je me suis arrangée pour rassembler la totalité de l'argent, parce que c'était une bonne affaire. Elle me la cédait pour 140 000 dollars.

Puis, de façon incroyable, le *dealer* de Bogotá m'a rappelée, bien plus tard, pour me dire qu'il savait que je possédais ce tableau. Il m'a proposé de le racheter au double du prix payé. J'ai refusé.

Dans ma course effrénée à la recherche d'œuvres d'art, j'ai dû mentir à Pablo une fois. Il m'avait offert une Mercedes Benz blindée bleue, très jolie, importée d'Allemagne. Cependant, elle était trop compliquée pour moi et trop lourde à conduire, on aurait dit un tank. On ne pouvait pas descendre les vitres, si bien qu'elle était inconfortable, parce qu'il fallait mettre la climatisation et qu'on avait l'impression d'être dans un réfrigérateur. Pablo a compris et m'a permis de la vendre, à une condition : que je conserve l'argent à la banque. Bien évidemment, je ne l'ai pas fait et, avec cette somme, j'ai acheté un nouveau tableau de Claudio Bravo.

Lorsqu'on est en permanence dans les affaires, les propositions se multiplient naturellement. Un jour, on m'a proposé à la vente une énorme maison dans la rue 10, en haut de l'avenue El Poblado, un quartier de Medellín qui n'était pas encore très commercial. Je l'ai achetée à un prix convenable et j'ai décidé que l'emplacement était parfait pour accueillir un immeuble. Les architectes et les décorateurs ont avancé rapidement dans les plans et le design du nouvel édifice, que j'ai décidé d'appeler Ovni. Il s'agissait d'une construction de huit étages dans laquelle il y aurait des bureaux et un unique appartement au dernier étage. En pensant à l'avenir, j'ai songé qu'il serait judicieux de disposer d'un logement de secours. Les graves événements qui se sont produits par la suite m'ont donné raison. Comme pour l'immeuble Monaco, il était important d'exposer une œuvre d'art en façade. J'ai donc passé commande au maître Salvador Arango, qui a créé une sculpture gigantesque en résonnance avec le nom de l'édifice, *El Hombre con cohete* (« L'Homme avec la fusée »).

Comme dans toute affaire, l'art n'échappe pas aux arnaques et aux tromperies. Je dois reconnaître que j'ai été dupée à trois reprises par des *dealers* qui m'ont volé beaucoup d'argent. Une fois, j'ai versé quatre-vingt-dix pour cent de la valeur du prix exigé pour une œuvre dont je n'ai jamais vu la couleur. J'ai aussi failli me faire avoir par un important galeriste de Bogotá qui m'a vendu une œuvre de Fernando Botero à un prix bien trop élevé. Lorsque je m'en suis rendu compte, je suis allée le trouver, furieuse, et je lui ai demandé de me rendre le trop-perçu. Il a fini par me le restituer, mais longtemps après. Bien que ces expériences aient été désagréables, j'ai décidé de ne pas mêler Pablo à ces histoires afin d'éviter des problèmes majeurs. De toute façon, je voulais protéger le monde que j'avais construit et le maintenir le plus éloigné possible de l'autre versant de ma vie.

Mes journées étaient bien remplies en ce début des années 1980. Ça me stimulait énormément de savoir que je réalisais des choses importantes pour ma famille et moi, au moment où Pablo offrait des maisons aux habitants de la décharge municipale de Moravia. « Medellín sans bidonvilles », la fondation que mon mari avait créée dans ce but, organisait toutes sortes d'événements pour récolter de l'argent, comme la corrida de taureaux et de chevaux dans l'arène de La Macarena, à Medellín, en mars 1983, qui a rencontré un énorme succès.

En réfléchissant à la manière dont je pouvais l'aider, j'ai songé un soir à collecter de l'argent lors d'une vente aux enchères d'œuvres d'art. Ma fréquentation des galeristes, des peintres, des marchands d'art et aussi le fait d'avoir assisté à des ventes aux enchères m'avaient permis de constater combien celles-ci pouvaient être bénéfiques à des œuvres de bienfaisance. Un matin, alors que Pablo venait de rentrer à la maison, j'ai osé lui parler de mon idée. Il m'a regardée sans bien comprendre.

– Tata, mais de quoi tu me parles ?

– Dans le monde entier, des ventes aux enchères d'œuvres d'art contribuent à aider les fondations lorsqu'il y a des tragédies. Je suis sûre que ça pourrait te permettre de construire encore plus de maisons pour ces pauvres gens.

Tout cela a dû lui paraître étrange, mais il ne m'a rien dit. Le lendemain, j'ai décidé de relever mes manches pour réaliser cette tâche titanesque et organiser un événement gigantesque. J'ai embauché dix personnes pour faire du lobbying afin qu'on nous prête des œuvres, tout en garantissant à leurs propriétaires qu'il ne leur arriverait rien, qu'elles seraient protégées pendant leur transport. J'ai pris moi-même contact avec plusieurs *dealers* de Bogotá pour leur demander de m'aider à trouver des œuvres marquantes. J'ai eu de la chance, car des personnes de la haute société de Bogotá, qui avaient des tableaux hors de prix, me les ont prêtés pour l'exposition. J'ai finalement rassemblé cent soixante-dix tableaux et sculptures de vingt-cinq artistes, parmi lesquels Fernando Botero, Darío Morales, Edgar Negret, Alejandro Obregón, David Manzur, Enrique Grau, Débora Arango et Rodrigo Arenas Betancourt.

La vente aux enchères allait se tenir dans le salon Antioquia de l'hôtel Intercontinental de Medellín, un événement organisé sous le nom de *Pincel de estrellas* (« Pinceau d'étoiles »), formule empruntée au poète Pablo Neruda.

Un soir, j'ai raconté tout cela en détail à mon mari et il est resté bouche bée. J'avais enfin réussi à vaincre son scepticisme parce qu'au départ, a-t-il reconnu, il ne croyait pas du tout à mon affaire de vente aux enchères.

Sur les photos prises lors de cette soirée mémorable, on voit Pablo debout face à un lutrin, à côté de la sculpture *Pedrito a caballo* (« Pedrito à cheval ») de Fernando Botero. Ce fut un formidable succès, grâce à la présence de plus de deux cents personnes, issues de la haute société de Medellín, mais aussi des commerçants, des industriels et des « entrepreneurs », amis de Pablo.

Mon mari a inauguré la vente aux enchères et a invité les personnes présentes à acheter les œuvres pour contribuer à sa cause, « Medellín sans bidonvilles ». Puis il a ajouté : « Victoria, je te remercie pour tes efforts, merci pour cette belle soirée, merci de permettre que les familles de Moravia obtiennent des maisons... Merci pour le succès de cette vente aux enchères. »

Effectivement, les gains ont dépassé mes attentes. La majorité des œuvres a été vendue pour un montant de près de 500 000 dollars. À vingt-deux ans, comment avais-je réussi une telle prouesse ? Sans aucun doute grâce à la notoriété de Pablo, qui en 1983 était élu à la Chambre des représentants de Colombie et jouissait encore d'une reconnaissance comme entrepreneur au pouvoir économique important. Je ne peux pas nier que cela m'a facilité les choses.

Ce succès m'a fourni l'occasion de lui parler d'une chose qui me trottait dans la tête depuis un moment. Je pensais qu'il était important pour lui de disposer d'un bureau accueillant, agréable et moderne, dans la mesure où il y passait une grande partie de la journée et de la nuit. J'ai dû être persuasive parce qu'il m'a écoutée et n'a pas fait d'objection lorsque j'ai voulu acheter des tableaux et des sculptures pour aménager ce bureau situé à El Poblado. Quelques semaines plus tard, celui-ci était décoré d'un torse en bronze du sculpteur polonais Igor Mitoraj, d'un tableau de Francisco Antonio Cano, de trois autres signés Obregón et d'un dernier de Grau.

Comme convenu avec les architectes, l'immeuble Monaco était pratiquement achevé à la fin du premier semestre 1985. Dans la dernière étape, celle des ultimes détails, la décoratrice Julia Acosta m'a demandé de ne pas aller sur place tout de suite parce qu'elle voulait me faire une surprise. Pendant deux mois et demi, vingt-cinq personnes ont ainsi travaillé nuit et jour jusqu'à l'inauguration.

En robe de soirée, avec mes deux enfants et ma famille, je suis arrivée une nuit devant l'édifice. Impressionnant ! Je me suis littéralement sentie dans la principauté de Monaco, mais il y avait un problème : mon prince était rentré dans la clandestinité.

Je savais qu'il apparaîtrait d'un moment à l'autre, à l'instant le plus inattendu. Et c'est ce qui s'est passé. Il nous a rendu une courte visite, de moins de deux heures, mais je m'étais habituée à ce mode de vie.

Lorsqu'on m'a annoncé que Pablo était dans le vestibule du rez-de-chaussée, j'ai pensé qu'il aimerait voir *La Vida*, l'œuvre monumentale de Rodrigo Arenas Betancourt, haute de 10 mètres.

Je l'ai attendu à la sortie de l'ascenseur principal qui desservait le penthouse, j'étais heureuse de le voir et je l'ai embrassé. J'étais excitée à l'idée de découvrir sa réaction face à cette œuvre qui m'avait coûté très cher, sans compter le temps et les efforts. Je ne savais pas s'il allait savoir apprécier. Je voulais aussi lui montrer les tapis chinois, les suspensions, les antiquités, les meubles de fameux experts italiens… Mais, par-dessus tout, je voulais qu'il voie ma collection de peintures et de sculptures qu'un *dealer* influent de Bogotá considérait comme étant la collection d'art la plus importante d'Amérique latine, et tout cela réuni ici.

Pablo a été surpris et il m'a tout de suite avoué être stupéfié par la sculpture installée à l'entrée. Nous avons parcouru le hall et admiré ensemble une sculpture d'Auguste Rodin et un tableau d'Alejandro Obregón. J'en ai profité pour lui glisser que je disposais pour chacune de ces œuvres d'un certificat d'authenticité en bonne et due forme.

Lorsque nous sommes passés devant la piscine – la première à Medellín à être construite en haut d'un édifice –, Pablo a déclaré, ébahi, que les architectes avaient réalisé un travail fabuleux. Devant l'un des murs de ce grand miroir d'eau, mon mari s'est arrêté pour contempler un des Soleils du maître Edgar Negret. Ensuite, je lui ai montré les deux terrasses. La première abritait une salle à manger pour huit personnes, décorée d'une nature morte de citrons verts et ocre du peintre Alberto Iriarte. La seconde, avec ses fauteuils en cuir, était ornée d'un tableau du maître Obregón représentant des fleurs marines.

Fidèle à son habitude, pendant que nous déambulions dans ce septième étage, Pablo me caressait les cheveux. Bras dessus bras dessous, nous sommes entrés dans le gymnase équipé de machines modernes et sur les parois duquel étaient fixées les affiches dédicacées par Fernando Botero à Bogotá.

Pablo m'a confié qu'il était heureux que nous, sa famille, puissions vivre dans un tel palais.

– Pablo, est-ce que ce cauchemar va bientôt finir pour que nous puissions profiter de cet endroit en toute tranquillité ?

– Bien sûr mon amour, je fais tout pour résoudre les problèmes et être à vos côtés.

Je lui ai pris la main et je l'ai emmené vers le salon principal, mais avant de rentrer je lui ai montré *Bacanal*, de Claudio Bravo. Il a regardé le tableau, s'en est éloigné et l'a contemplé longtemps, avec admiration. Il m'a demandé d'où il provenait, ce à quoi j'ai répondu que je lui raconterais plus tard l'histoire de cette acquisition.

Dans la pièce principale, nous nous sommes assis sur un canapé modulaire capable d'accueillir trente personnes, et Pablo était comme en transe. Il regardait toutes ces œuvres : sur la table centrale, une sculpture de marbre d'Auguste Rodin, une petite sculpture de Fernando Botero et une sculpture horizontale d'Edgar Negret, *La metamorfosis* (« La Métamorphose »). Accroché à un mur, *La levitación* (« La Lévitation »), du maître Enrique Grau, et sur un autre mur, un tableau d'Alejandro Obregón.

Nous sommes passés à la bibliothèque, un lieu confortable et chaleureux qui invitait à la lecture, où j'avais installé dans une niche la maquette de la sculpture du cheval du *Libertador*, Simón Bolívar. Plusieurs œuvres du peintre et sculpteur Francisco Antonio Cano achevaient d'embellir cette pièce.

Alors que nous commencions à monter l'escalier menant vers notre chambre, Pablo s'est arrêté pour apprécier *Los Monjes*, l'extraordinaire œuvre de Claudio Bravo, qui semblait nous observer, car, d'une certaine façon, le moine ne nous lâchait pas du regard. À l'étage, dans le petit hall, la sculpture *Una bañista* (« Une baigneuse ») d'Edgar Degas, un des maîtres de l'impressionnisme français, reposait sur une console.

Une fois dans notre immense chambre, Pablo s'est allongé sur le lit pour examiner chaque détail. Son regard s'est fixé sur une commode surplombée d'un vase en cristal du designer italien Alfredo Barbini, et d'une petite sculpture en bronze de Botero, *Mujer reclinada* (« Femme couchée »). Puis, il s'est dirigé vers une vitrine aux portes en cristal. Des lumières particulières éclairaient ma collection inestimable de pièces précolombiennes en or. Il les a sorties une par une et les a regardées minutieusement avant de les remettre à leur place. À plusieurs reprises, il m'a demandé où j'avais obtenu de telles merveilles et je lui ai répondu que les marchands d'art me les avaient vendues.

Nous sommes passés à la terrasse fermée de la chambre principale, équipée d'une table pour le petit déjeuner et décorée d'une sculpture d'Auguste Rodin, *Los Amantes* (« Les Amants »). Mais la visite n'était pas terminée. Sur un mur, avant d'entrer dans la chambre de Manuela, on pouvait admirer un tableau de Botero représentant deux chevaux. Il datait de 1954 et correspondait aux débuts de l'artiste, lorsqu'il n'avait pas encore défini son style. Pablo a adoré la lumière et l'ambiance tendre et enfantine que la décoratrice avait su créer dans la chambre de notre fille, ainsi que le pastel de Botero montrant un petit caniche blanc habillé en rose pâle. Une fresque de Ramon Vasquez représentant la protection des enfants par les anges était peinte au-dessus du berceau. Dans la chambre de Juan Pablo se dressait près de la porte une sculpture en résine réalisée aussi par Botero en hommage à Pedrito, son fils mort dans un accident. Sur la table, *La Muñeca*

(« La Poupée »), un autre bronze de Botero. Au-dessus du lit était accrochée une sérigraphie d'Alejandro Obregón, où l'on voyait un condor aux traits rouges. Le bronze du *Libertador* Simón Bolívar et la médaille qu'il avait reçue après la bataille de Boyacá avaient trouvé place dans la bibliothèque de notre fils. Encastrée dans le mur de l'imposante salle de bains se distinguait une sculpture rouge d'Edgar Negret. Dernière œuvre, un tableau au pastel de Botero représentant son fils Pedrito pinceaux à la main, qui sera complètement détruit lors de l'explosion de la voiture piégée contre l'immeuble en janvier 1988.

Une tapisserie d'Olga de Amaral ornait la cage d'escalier menant à la salle à manger principale, dans laquelle trônaient des natures mortes de Botero et de Claudio Bravo, qui avait peint des citrons d'un tel réalisme qu'on avait envie de se servir. Je n'avais pas oublié la première exigence de Pablo : une grande baie vitrée dans la salle à manger avec une vue sur Medellín. Mais son désir n'a pas été exaucé parce qu'il avait fallu aménager une niche spéciale pour exposer l'imposante sculpture de Botero.

Cela faisait déjà une heure que nous parcourions, main dans la main, notre penthouse et il fallait encore explorer la spacieuse chambre d'amis, où l'on pouvait se délecter de nouvelles œuvres rares : un torse en bronze de Dario Morales, une sculpture de Fernando Botero, une autre de Rodin, *La Edad de bronce* (« L'Âge de bronze »), un autoportrait de Pablo Picasso et un dessin d'Enrique Grau. J'allais lui montrer les tableaux de Francisco Antonio Cano, dont une huile achetée à la famille Echavarría, accrochés dans la petite salle à manger, lorsque Pablo a mis fin à sa visite sous prétexte qu'il ne pouvait pas séjourner trop longtemps au même endroit. Il est donc parti en nous laissant, ses enfants et moi, dans ce palais où je croyais candidement que nous allions vivre ensemble pendant des années.

Ce rêve a volé en éclats au matin du 13 janvier 1988, quand la voiture piégée a sérieusement détérioré l'immeuble, nous obligeant à quitter ce lieu à jamais. Quelques heures après l'explosion, l'armée est entrée dans l'immeuble et l'a occupé pendant plus de cinq mois. Aucune autorité judiciaire n'a daigné se pencher sur l'état réel de l'édifice. Il n'y a pas eu non plus d'inventaire.

Trois jours après, exténuée, privée de toute information, j'ai demandé à une de mes sœurs d'essayer de pénétrer dans l'édifice pour savoir dans quel état étaient le penthouse et les objets précieux avec lesquels je l'avais décoré. J'ai surtout insisté sur le fait qu'elle devait étudier la manière dont on pouvait faire sortir ce qui n'avait pas été endommagé. Heureusement, ma sœur n'est pas revenue qu'avec de mauvaises nouvelles : beaucoup de tableaux avaient disparu après l'explosion, d'autres étaient abîmés, mais une majorité était en relativement bon état. Il en était de même pour les objets de décoration et les meubles. Audacieuse, ma sœur avait pris différentes photos qui montraient l'état du bâtiment. Quand je lui ai demandé comment elle avait réussi à s'introduire avec les militaires à l'intérieur, elle m'a répondu qu'il ne valait mieux pas que je sache. Elle a juste précisé que les soldats lui permettraient de venir à nouveau, mais le soir, après 22 heures.

C'est ainsi que, de façon incroyable, ma sœur et deux employés ont pénétré quatre nuits de suite dans l'immeuble et ont emporté dans un petit fourgon les objets les plus importants qu'ils ont trouvés, dont la toile de

Salvador Dalí, qui fort heureusement n'était pas abîmée. Avec précaution et à la lueur d'une lanterne, elle a retiré la toile du cadre, l'a pliée et l'a cachée sous ses vêtements pour que les militaires ne la trouvent pas en cas de fouille. Elle a aussi pu emporter *Los Monjes*, de Claudio Bravo, mais il était en piteux état : il avait reçu des dizaines d'éclats à la suite de la déflagration.

Peu à peu, ma sœur a sorti de l'immeuble un certain nombre de peintures et de sculptures que nous avons cachées à Medellín, dans la cave d'une personne de confiance. Cependant, nous ne pouvions les entreposer trop longtemps. Préserver des œuvres au milieu de cette guerre était un vrai casse-tête, d'autant que Pablo vivait toujours dans la clandestinité. Mes enfants et moi-même ne pouvions plus bouger comme nous le voulions, car, pour les ennemis de Pablo, nous étions devenus des objectifs militaires.

Aussi, trouver une personne de confiance pour un tel trésor a été très compliqué, d'autant que je ne pouvais pas remettre les œuvres entre les mains d'une seule personne. Lorsque je trouvais, le problème du transport se posait. Il fallait parfois attendre un ou deux mois avant de savoir si l'œuvre était arrivée à bon port. Expédiée à un *dealer* de Bogotá, la toile *Los Monjes* est restée six mois entre les mains d'un grand restaurateur, qui l'a rénovée.

Pendant ce temps, le Dalí était caché dans une humble maison de Medellín, le temps que la guerre s'apaise. J'ai ensuite pu l'envoyer dans l'ancienne maison du quartier El Diamante, où mes sœurs logeaient. La toile est restée saine et sauve pendant deux ans. Pour mettre à l'abri le reste des œuvres, j'ai loué un entrepôt à Bogotá, où j'ai ajouté des parois à double fond avec une bonne ventilation, que j'ai gardé jusqu'au jour où, après la mort de mon mari, j'ai dû me servir des œuvres dans le cadre des négociations avec ses ennemis.

Malgré toutes ces précautions, j'ai tout de même perdu une partie de ma collection : les œuvres qui n'ont pas pu rentrer dans l'entrepôt de Bogotá. Une personne qui s'était engagée à protéger des toiles m'a fait savoir quelque temps après qu'elle ne les avait jamais reçues. Un *dealer* censé garder dix toiles et sculptures a disparu du jour au lendemain. Lorsque je l'ai revu quelques mois plus tard, il a prétexté qu'il avait dû donner mes œuvres aux Pepes, les ennemis de mon mari, parce qu'ils l'avaient menacé de mort. Ces épisodes m'emplissaient d'impuissance et de douleur. Mais j'étais dans l'impossibilité de faire quoi que ce soit. Comment vérifier que c'était vrai ?

Je pensais que, dans cette guerre, nous étions les seules cibles des ennemis de Pablo, mais je me trompais. Le 2 février 1993, un commando des Pepes, avec à sa tête Carlos Castaño, a envahi la maison du quartier El Diamante où vivait l'une de mes sœurs. Elle n'était pas chez elle, ce qui lui a valu la vie sauve, mais Castaño a bien vu que cette maison hébergeait trois de mes œuvres préférées : *The Dance of Rock and Roll, Los Monjes,* restauré, et la sculpture *El Beso*. Il y avait aussi des petites sculptures de Botero, d'Igor Mitoraj et d'Edgar Negret, ainsi que quelques autres toiles. Sans en tenir compte, les hommes de Castaño ont mis le feu à la maison et, en quelques minutes, tout a été réduit en cendres. À cet instant, j'étais cachée avec mes enfants et Pablo dans une petite maison du quartier du Prado, tout près du centre-ville.

Lorsque j'ai appris la nouvelle, j'ai pleuré toutes les larmes de mon corps en pensant que mes toiles et mes sculptures avaient été dévastées par les flammes. Pablo m'a vue si malheureuse qu'il nous a réunis dans le patio de la maison, nous a demandé de faire un cercle, lui en face de moi, Juan Pablo à sa gauche et Manuela à sa droite, puis m'a regardée droit dans les yeux :

« Mon amour, sais-tu où se trouve le Dalí le plus beau de ta vie ? Le Dalí le plus important, c'est notre famille et elle n'a pas de prix... Ne t'en fais pas, je vais t'offrir le Dalí de tes rêves. »

Le harcèlement sans merci des ennemis de mon mari m'a contrainte à remettre à un *dealer* les certificats d'authenticité de toutes mes œuvres, y compris celles qui avaient été détruites dans l'explosion de la voiture piégée. J'aurais voulu conserver ces documents qui avaient une immense valeur pour moi. Mais l'impensable s'est encore produit : le *dealer* a paniqué à l'idée qu'on retrouve chez lui ces certificats à mon nom lors d'une perquisition et il les a brûlés. La plupart de ces certificats étaient signés par les artistes eux-mêmes, chose peu commune pour l'époque. Lorsque j'ai eu vent de cette information, dans ma solitude et mon isolement absolus, je n'ai cessé de me demander comment un *dealer* avait pu commettre un tel sacrilège. Une œuvre d'art sans certificat, c'est comme une personne sans acte de naissance.

Récupérer de tels certificats était mission impossible, car il fallait frapper à des portes fermées alors que nous étions en pleine guerre. Mais cela ne m'a pas empêchée d'attendre vingt ans pour qu'un artiste me signe un nouveau document. Cela a été une tâche de longue haleine, qui a exigé beaucoup de persévérance parce que, pendant des années, l'artiste s'est dérobé. J'ai finalement réussi à lui faire reconnaître que l'œuvre était bien de lui.

L'implacable chasse dont a été victime mon mari s'est terminée le 2 décembre 1993, lorsqu'il est mort sur le toit de la maison dans laquelle nous étions réfugiés, à Medellín. Loin de mettre fin à nos problèmes, sa disparition a entraîné d'énormes difficultés. Les ennemis de Pablo se sont retournés contre moi et ont exigé que je leur rembourse les 120 millions de dollars qu'ils avaient dépensés dans la poursuite de Pablo.

Avec l'autorisation du ministère public, je me suis rendue dans les prisons de Morelos et de La Picota, à Bogotá, accompagnée par des fonctionnaires du corps technique d'investigation (CTI). Là, j'ai rencontré plusieurs barons de la drogue et les anciens bras droits de Pablo. Tous ont commencé par me demander de l'argent.

Un des premiers auquel j'ai rendu visite, parce qu'il l'avait exigé en m'envoyant plusieurs messages, a été Ivan Urdionola Grajales. J'ai eu avec lui une vive conversation où je n'avais évidemment aucune chance d'avoir le dessus. Tout d'abord, il m'a surprise en m'apprenant qu'il avait entre ses mains la sculpture *El Beso* qui, d'après lui, avait survécu à l'incendie et qu'un ami de Medellín lui avait donnée. Il était prêt à me la rendre. Puis, il m'a demandé si j'avais des toiles à vendre. Je lui ai répondu que j'avais une huile du maître Obregón. Nous avons convenu d'un prix et il s'est engagé à me le payer après l'avoir reçue. Candide, je l'ai cru et ni *El Beso* ni l'argent du tableau ne sont jamais arrivés jusqu'à moi. Ça a été sa façon de me faire payer sa guerre contre Pablo.

Dans les prisons, j'ai aussi dû trouver des accords avec les hommes de main de Pablo, auxquels j'ai remis des œuvres d'art pour solder ses supposées dettes.

Mais la chose la plus difficile a été de me rendre à Cali pour négocier directement avec les chefs du cartel et avec les commandants des « groupes d'autodéfense », intéressés par tous les biens de mon mari et mon illustre collection d'art. Dès la première réunion, ils ont exigé que j'élabore une liste complète des propriétés sans cacher l'intérêt immédiat qu'ils avaient pour mes tableaux et mes sculptures.

– Madame, allez les chercher vite, vite ! m'a ordonné l'un des barons.

– Messieurs, vite, vite, je ne peux pas parce que ça fait longtemps que je suis isolée et je ne sais pas lequel des gardiens de mes œuvres est encore en vie… Croyez-moi, ce n'est pas chose facile, ai-je répondu.

Effondrée, je suis rentrée à Bogotá et j'ai commencé à rechercher les personnes en possession de mes œuvres. J'ai eu de la chance d'en récupérer quelques-unes. Les jours suivants, j'en ai remis une, d'une valeur inestimable : une nature morte de Botero. J'ai aussi réussi à aller en chercher à l'entrepôt de Bogotá et à leur remettre afin de diminuer ma dette.

Mais c'est *The Dance of Rock and Roll*, de Dalí, qui allait jouer un rôle capital dans ce difficile processus de négociation. Quelques semaines après la mort de Pablo, Fidel Castaño m'a envoyé un message dans lequel il assurait qu'il ne tuerait ni mes enfants ni moi, tout en m'informant que la toile de Dalí n'avait pas été détruite lors de l'incendie de la maison d'El Diamante. J'ai été très heureuse d'autant qu'il s'est engagé à me remettre l'œuvre par l'intermédiaire de son frère Carlos[1].

Lors d'une réunion à Cali, Carlos Castaño a annoncé devant tout le monde qu'il avait pris la toile – évaluée à cette époque à 3 millions de dollars – pour se rembourser en partie, mais qu'il était en mesure de me la restituer. Grâce à Dieu, dans une décision spontanée, j'ai répondu qu'en signe de paix je la leur offrais, à lui et à son frère Fidel. Les barons ont accepté ce geste avec bienveillance et, une semaine plus tard, je leur ai remis le certificat d'authenticité. La dernière chose que j'ai apprise au sujet de *The Dance of Rock and Roll* est que Castaño a appelé plusieurs marchands d'art de Bogotá en leur demandant de l'aide pour vendre cette œuvre à un collectionneur étranger. Aujourd'hui, je suis rassurée parce que, après toutes ces aventures, le Dalí est à l'abri dans un musée de Fukushima, au Japon.

Mon rapport à l'art a toujours été nourri par le désir d'apprendre ; je ne l'ai jamais considéré comme une façon de changer de statut ou de pénétrer dans un milieu d'élite, qui était pour moi, j'en ai toujours eu conscience, inatteignable. Je ne me donne pas des airs de connaisseuse. Je ne le suis pas. En Argentine, je continue à fréquenter les expositions, les musées et les séminaires consacrés à l'art, car j'ai toujours l'envie d'apprendre.

Je ne me sens pas frustrée, mais j'éprouve une certaine nostalgie. J'ai eu entre les mains des œuvres incroyables et

1. J'ai su bien après que le tableau *Los Monjes*, de Claudio Bravo, et les sculptures de Botero, Negret et Mitoraj avaient bien été détruits dans l'incendie de février 1993.

j'ai cru pendant un moment qu'elles m'accompagneraient toute ma vie. Ces œuvres m'ont permis, au moins pour un temps, de vivre dans un autre monde et de connaître bien des satisfactions.

8

Tout a basculé

1984

Je n'ai rien dit à ma mère. Pourtant, les informations transmises par le journal télévisé ne laissaient planer aucun doute. À partir de cette nuit-là, notre vie ne serait plus jamais la même. Il était 21 h 30, le 30 avril 1984, lorsque le journal télévisé Tv Hoy a annoncé que le ministre de la Justice, Rodrigo Lara Bonilla, avait été tué dans le nord de Bogotá. Les images montraient un tueur à gages mort à terre, un autre, capturé, et une Mercedes Benz blanche aux vitres arrière explosées par les balles. Pour la première fois dans l'histoire de la Colombie, un ministre d'État avait été assassiné. Lorsque Juan Pablo est entré, nous étions à genoux, ma mère et moi, pleurant et priant devant les images. Cette position a dû lui sembler étrange. À sept ans, il ne pouvait pas comprendre la gravité de la situation. Il a demandé ce qui se passait. Pour seule réponse, il n'a eu que des sanglots. Il devait sentir notre angoisse, car il m'a serrée fort entre ses bras pendant un long moment avant de tomber de sommeil à minuit. Deux jours plus tard, j'étais bouleversée en voyant la femme du ministre, âgée d'à peine vingt-sept ans, et ses deux enfants, suivre le cercueil lors des funérailles à Neiva, sa ville natale. Cette image ne m'a jamais quittée.

Dans ma chambre, où nous n'avons pas fermé l'œil de la nuit, nous avons commenté à voix basse les événements et les conséquences que l'assassinat aurait sur nous, et en particulier sur moi. J'étais enceinte de huit mois et dix jours, et l'accouchement était proche.

« Ma fille… et toi, avec cet enfant qui va naître. Que va-t-on va faire ? La fin est venue », disait ma mère en pleurant, inconsolable.

Je n'avais pas vu Pablo depuis plusieurs jours. Je n'avais aucune idée de l'endroit où il se trouvait. Je ne lui ai jamais demandé. Je ne l'ai su qu'en novembre 2016, lorsque mon fils publia dans son second livre, *Pablo Escobar in fraganti*, une conversation avec Malevole, qui était en compagnie de mon mari au moment précis de l'assassinat du ministre. Pablo et Malevole se trouvaient au domaine de Nápoles, avec Elsy Sofía, l'une des maîtresses de mon mari, et sa mère. Pablo lui avait demandé de rester à l'hacienda. Une perquisition était possible. Elle a effectivement eu lieu quelques heures plus tard.

Le 3 mai, très tôt, Otto est arrivé chez ma mère et m'a informée que Pablo suggérait que je parte me cacher en attendant qu'il s'organise. Sans réfléchir un instant, j'ai préparé quelques affaires pour tenir une semaine et je suis partie avec mon enfant chez l'une de mes décoratrices. Cachée, mes seuls contacts avec l'extérieur étaient la radio et la télévision, qui continuaient de diffuser des informations sur l'assassinat. J'ai aussi entendu la décision du président Belisario Betancur de poursuivre sans relâche les capos des cartels et de réactiver le traité d'extradition avec les États-Unis, qu'il n'avait pas mis en œuvre depuis le début de son mandat.

Le lendemain, j'ai reçu un autre message de Pablo disant que je devais me tenir prête parce que nous partions au Panama. J'étais inquiète. J'ai appelé mon gynécologue et après l'auscultation il m'a donné des conseils pour gérer la fin de ma grossesse, ainsi que les coordonnées d'un ami médecin dans ce pays.

À la vue de ce sombre panorama, j'ai pensé qu'il était urgent d'engager une infirmière pour la naissance de mon bébé. Un de mes frères m'a recommandé une jeune femme qui avait pris soin de ses enfants, mais qui travaillait aux États-Unis. Elle a accepté ma proposition. Nous avons convenu que je lui indiquerais l'endroit où je me trouverais et que je lui enverrais les billets d'avion. Elle m'a répondu de ne pas m'inquiéter, qu'elle serait là. Je pouvais compter sur elle.

Le départ approchait et je me sentais dériver. Je serrais Juan Pablo dans mes bras, je regardais mon ventre et j'étais terrifiée à l'idée de notre avenir incertain. Mon mari s'était embarqué dans une guerre à l'issue inconnue et nous, sa famille, étions sans défense, suspendus à sa décision. Bien sûr, je n'ai jamais imaginé l'horreur qui nous attendait. Je n'ai cessé de me reprocher à quel point je devais être anesthésiée. À quel point j'étais déconnectée de la réalité. J'avais vingt-trois ans. J'ai alors mis toute mon énergie et mon amour dans mon fils de sept ans et le bébé qui était en route.

Le départ a été précipité. Dès le lendemain matin, Otto et Mugre sont venus nous chercher. Ils m'ont demandé de ne pas trop me charger. Je n'ai pas eu d'autre choix que de glisser quelques vêtements dans une petite valise pour le bébé, pour Juan Pablo et pour moi.

Nous sommes montés à bord d'un 4 × 4, et le chauffeur a démarré en trombe, comme si nous étions poursuivis. Pour la première fois de ma vie, je me sentais comme une fugitive. L'angoisse. Nous traversions les rues de Medellín, tout semblait normal et je me demandais : « Pourquoi moi ? Pourquoi dois-je me cacher ? » Je n'avais personne à qui poser ces questions. Pablo n'apparaissait nulle part, il avait envoyé des instructions, et moi je devais obéir en silence.

J'avais peur de perdre mon bébé dans un accident. J'ignorais l'aboutissement de tout cela. Je ne pouvais imaginer les neuf années atroces que j'allais traverser. Neuf années sans cesser de courir. Neuf années à guetter le jour où, ouvrant un œil le matin, je me trouverais avec un fusil pointé sur moi.

Une demi-heure plus tard, nous arrivions dans une prairie située à l'entrée de la municipalité de La Estrella, où un petit hélicoptère Hughes nous attendait, moteur allumé. Nous avons embarqué en courant, Juan Pablo, tante Gilma et un médecin que je ne connaissais pas. Pablo lui avait demandé d'être à mes côtés avec son matériel médical au cas où j'aurais besoin de soins. Trente-quatre ans après la naissance de Manuela, le 22 septembre 2018, j'ai retrouvé ce docteur. Il se souvenait de m'avoir regardée sans arrêt, priant silencieusement pour que je n'accouche pas en plein vol. « S'il te plaît, ne viens pas au monde au milieu de la jungle », disait-il en pensées au bébé. Malheureusement, c'est ce qui est arrivé.

Je volais dans les airs à bord d'un hélicoptère, fuyant mon pays. Mes yeux se perdaient dans la beauté majestueuse du grand tapis vert qui recouvrait la région du

Darién, tandis que l'appareil oscillait à cause des rafales. Même si j'avais l'habitude de l'hélicoptère, je ressentais cela différemment cette fois-ci. Le pilote était contraint de voler à très basse altitude pour ne pas être repéré par les radars. Nous avons pu observer des dizaines de crocodiles sautant au milieu des marécages. L'image exotique était en réalité effrayante parce qu'ils étaient affamés. Tante Gilma devait remarquer la terreur sur mon visage. Elle me criait de respirer profondément.

Avec ses lunettes épaisses, Juan Pablo semblait avoir les yeux qui sortaient des orbites. À plusieurs reprises, il m'a demandé si nous arrivions bientôt. J'ai dit oui, même si en fait je l'ignorais.

Après deux heures d'un vol qui m'a paru interminable, le pilote a atterri dans une clairière au milieu de la jungle sur le territoire du Panama. À cet instant, quatre hommes sont arrivés en camion. Deux d'entre eux étaient des gardes du corps de mon mari et les deux autres des Panaméens qui connaissaient parfaitement les sentiers que nous allions prendre. Nous étions entrés illégalement.

Le pilote d'hélicoptère est reparti à Medellín. Nous avons continué sur la piste pendant plus de deux heures. Et là, dans un quartier modeste de Panama City, nous avons retrouvé Gustavo Gaviria, sa femme et leurs trois enfants, arrivés comme nous, à travers la jungle, en hélicoptère. Pablo est apparu à l'aube. J'étais déprimée et découragée. Nous nous sommes embrassés longuement. Après m'avoir posé des questions sur le voyage, sur mon état, il a dû sentir que j'allais l'interroger sur le meurtre du ministre. Je n'ai pas attendu ses explications. Je lui ai dit que c'était un acte insensé. Il m'a répondu :

– Je te promets, mon amour, que tout sera résolu plus tôt que tu ne le penses, et nous pourrons être heureux avec nos enfants pendant longtemps.

– Quand tu parles de « résoudre le problème », que veux-tu dire ? Pablo, vois-tu la situation dans laquelle nous nous trouvons ? J'ai peur, je ne vois aucune issue. Pourquoi devais-je quitter la Colombie ?

– C'était juste par précaution, mon amour, il ne va rien t'arriver.

Discuter avec mon mari était compliqué. Il était fuyant. On ne pouvait pas parler franchement de ce qui se passait. Il était insaisissable par nature. Et tout à coup, comme d'habitude, il a annoncé qu'il devait partir et qu'il reviendrait plus tard. Les trois nuits que nous avons passées dans cet appartement ont été épouvantables. Il était pratiquement vide et nous devions dormir sur des matelas par terre. Pablo a peut-être pensé que tout irait mieux en nous installant dans une vieille maison. C'était désagréable, parce que l'humidité et la chaleur étaient insupportables. Il n'y avait que des lits superposés, pas de draps, pas de télévision. Tout était si sale que j'avais constamment la nausée.

Pire encore, la douche était pleine de champignons, l'eau stagnait, nous gardions nos tongs pour nous laver. De plus, Pablo nous avait ordonné de ne pas sortir par mesure de sécurité. Résultat, la première semaine, nous n'avons mangé que du poulet rôti qu'un des gardes du corps achetait dans un restaurant. La seule personne à laquelle j'ai pu rendre visite était le gynécologue, Edgardo Campana Bustos, que mon médecin de Medellín m'avait recommandé. Il m'a trouvée en forme et m'a annoncé que j'attendais une fille, même si les échographies précédentes indiquaient un garçon.

On s'ennuyait tellement dans cette maison qu'une nuit Pablo a organisé un concours pour trouver le prénom du bébé. Nous avons cherché et sommes tombés d'accord. Si nous avions une fille, elle s'appellerait Manuela, comme Juan Pablo l'avait proposé en souvenir d'une de ses camarades de classe à l'école Montessori.

Pour le prénom d'un garçon, il n'y a pas eu d'entente. J'ai proposé Daniel, mais cela ne plaisait pas à Pablo : « Tata, c'est comme mettre le nom d'Hitler à un enfant. Un homme appelé Daniel Escobar a tué toute une famille avec une hache dans une ferme du côté d'Aguacatala, à El Poblado. Son surnom était Daniel, le Hachero ("celui qui hache menu"). »

Cette nuit-là, Pablo a raconté qu'avant de quitter la Colombie il avait remis à plus de trois cents familles de la décharge de Moravia les clés de leur maison dans le cadre de son projet de « Medellín sans bidonvilles ».

Le 20 mai 1984, nous avons déménagé dans une autre maison, plus luxueuse et confortable, bien qu'ancienne, semblable aux résidences que les gouvernements destinent à leurs invités spéciaux. J'ai été surprise de constater qu'un garde de sécurité armé stationnait à l'entrée. Plus tard, j'ai su que l'endroit avait été mis à disposition par l'homme fort du Panama, le général Manuel Antonio Noriega, commandant en chef des forces armées. On m'a aussi raconté qu'ils avaient, lui et mon mari, des relations d'affaires illégales, et qu'un militaire de haut rang nommé Melo et un homme connu sous le nom de Guido étaient les personnes désignées par le général pour faciliter notre séjour.

Heureusement, l'infirmière est arrivée des États-Unis et elle allait bientôt devenir une présence indispensable et essentielle. Malgré l'amélioration de nos conditions de vie, Juan Pablo se sentait seul. À sept ans, sa vie avait radicalement changé. Il n'allait plus à l'école, n'avait plus de camarades de classe, plus de voisins. Son enfance a été si affectée que, pendant de nombreuses années, nos gardes du corps étaient ses nounous, ses compagnons.

Pensant distraire notre fils, mon mari lui a offert une moto Honda de 50 centimètres cubes, mais comme il n'y avait personne pour lui apprendre à la conduire, il a exigé que Pinina quitte Medellín pour s'occuper de Juan Pablo. À partir de ce moment, le garde du corps vêtu de blanc faisait son jogging tous les matins pendant que Juan Pablo conduisait sa moto. Le 25 mai 1984, je me suis levée très tôt pour me rendre à la dernière consultation chez le gynécologue, qui m'avait avertie que la naissance était imminente. Fidèle à ses habitudes, Pablo était arrivé à l'aube et je suis partie avec ma tante parce qu'il dormait. À l'examen, le médecin m'a annoncé que mon col était déjà dilaté de 5 centimètres. Il m'a immédiatement hospitalisée au centre médical Paitilla. Comme nous n'avions rien, ma tante est retournée chercher la petite valise de naissance et avertir Pablo et Juan Pablo.

Manuela est née à 12 h 45 le vendredi 25 mai. Dans la salle de réveil, Pablo, Juan Pablo, ma tante et Gustavo Gaviria m'ont rejointe. Ils ont eu l'heureuse surprise, en rentrant dans l'ascenseur de la clinique, de tomber sur une infirmière tenant dans ses bras un nouveau-né avec un bracelet au nom de Manuela Escobar. J'avais mal partout et j'étais pâle. Malgré tout, Gustavo a pris une photo des Escobar Henao. Nous ressemblions à la famille royale, nous avions l'air heureux et, pendant un instant, nous avons oublié que le monde extérieur s'écroulait.

Le lendemain, alors que nous commencions les formalités administratives pour la sortie de la clinique, Pablo s'est approché de moi et m'a dit à voix basse qu'il reviendrait plus tard. Il avait rendez-vous avec plusieurs hommes politiques colombiens qui venaient d'arriver dans la capitale panaméenne. Moi, j'étais avec mon bébé, et je n'ai pas prêté attention à ce qu'il me disait. Il n'était pas très explicite, même si j'avais remarqué un léger sourire et une petite lueur dans ses yeux. Je lui ai souhaité bonne chance. Je l'attendrais à la maison, car je sortirais sûrement avant son retour.

Pablo n'est plus apparu ce jour-là. Je suis rentrée à la maison heureuse, avec ma fille et Juan Pablo. Les jours passaient, Pablo allait et venait. Il semblait occupé, discutait avec des gens, débarquait à l'aube comme d'habitude. Moi, je créais mon monde autour de mes deux enfants, loin des activités de mon mari, qui étaient certainement complexes. Les informations l'impliquaient de plus en plus dans le meurtre du ministre de la Justice. Il devenait l'homme à capturer.

Ce qui va mal est toujours susceptible d'empirer, dit un dicton. Mais ce qui s'est passé les jours suivants dépasserait de loin l'adage populaire. Le 5 juin 1984, deux semaines après la naissance de Manuela, Pablo m'a parlé en tête à tête dans le salon de la maison. Il a mis son bras sur mon épaule et, sur un ton sérieux et dramatique, a déclaré :

– Tata, pour notre sécurité nous devons quitter le Panama. Nous courons le risque d'être arrêtés. Nous devons envoyer le bébé à Medellín.

– Quoi Pablo ? Ma fille vient de naître, je dois la nourrir. Tu es devenu fou ?

– Non, je ne suis pas fou. Il le faut. Je ne sais pas où nous irons, dans la jungle peut-être, sans nourriture, sans confort... Nous ne pouvons pas fuir avec un bébé,

Tata, elle pourrait mourir. À Medellín, grand-mère Nora prendra soin d'elle, elle sera entre de bonnes mains.

Je me taisais. J'ai compris que mon mari ne plaisantait pas, que la triste réalité m'arrachait ma fille tout juste née. Le visage de Pablo exprimait son mécontentement, mais il n'y avait pas d'autre option.

J'ai pleuré sans m'arrêter, inconsolable. Et quand j'ai enfin réussi à me calmer, je lui ai parlé de Juan Pablo. Pour lui, notre fils était assez grand pour résister à n'importe quelle traversée. Il serait davantage en sécurité avec nous. Il n'a rien dit d'autre. Je devais souffrir en silence, je ne pouvais ni crier ni demander de l'aide. Aujourd'hui, à cinquante-huit ans, je me demande encore comment Pablo pouvait imaginer que mon fils, âgé d'à peine sept ans, aurait pu supporter le voyage que nous allions entreprendre. Pour l'amour de Dieu !

Le cœur brisé, je suis allée au consulat de Colombie et je n'ai eu aucune difficulté à obtenir le passeport de ma fille, car elle n'était pas encore dans le radar des autorités. La date de son voyage à Medellín a été fixée au vendredi 13 juillet 1984, à 13 h 30, sur un vol de la compagnie aérienne Sam. Pablo et moi avons signé l'autorisation pour que ma tante et l'infirmière puissent quitter le pays avec Manuela. Nous n'étions pas inquiets, parce que mon mari avait des « amis » dans les aéroports de Panama City et Medellín. Ils faciliteraient les démarches d'immigration. Les billets achetés, Pablo m'a annoncé qu'il partait avec Gustavo, parce que les choses se compliquaient encore. Ils se rendraient au Nicaragua, où ils seraient reçus par des proches du régime sandiniste qui venait de prendre le pouvoir en juillet 1979 et qui se battait face à la menace des groupes contre-révolutionnaires soutenus par les États-Unis. En d'autres termes, nous allions dans un pays en guerre. Puis il m'a demandé d'aller à l'ambassade où on me donnerait des visas. Il a aussi spécifié à ma tante et à l'infirmière :

– Pour que personne ne sache que ma fille est dans cet avion, ne vous parlez pas pendant le vol ni dans les aéroports. Les gens penseront que le bébé est la fille de l'infirmière.

Puis, il s'est tourné vers l'infirmière et a dit sur un ton grave :

– Écoutez, nous vous confions notre plus grand trésor... Ne la laissez pas une seconde. Ne dites à personne qui vous êtes, où vous allez, ni avec qui. Nous avons un gros problème.

Pablo est parti avant nous. Les forces de défense du général Noriega pouvaient nous infliger une perquisition et même nous capturer. Juan Pablo et Manuela dormaient. Il m'a demandé d'être prudente, nous nous verrions à Managua.

Le lendemain, je me suis rendue à l'ambassade du Nicaragua avec Juan Pablo. J'étais intimidée. De ce lieu décrépi suintait la guerre. L'atmosphère était militaire, rigide, effrayante. J'étais le numéro 13 et, quand on m'a appelée, j'avais l'étrange impression d'aller à la potence. Je me suis dirigée lentement vers l'hygiaphone. J'avais peur qu'ils découvrent que j'étais la femme de Pablo Escobar. J'ai donné les passeports. Les fonctionnaires se regardaient en parlant à voix basse. Pablo m'avait dit que j'étais attendue, mais le lieu était hostile et l'atmosphère lourde. Ils nous ont appelés d'un hygiaphone à un autre et, finalement, ils m'ont demandé de revenir le lendemain. Les démarches ont traîné et j'ai soufflé lorsqu'au quatrième rendez-vous on m'a remis les passeports. Nous avions enfin l'autorisation de nous rendre à Managua, la capitale.

Le 13 juin 1984, j'ai dû me séparer de ma fille qui venait de naître. J'ai pleuré sans pouvoir m'arrêter, je devenais folle, mais je suis restée debout pour ne pas submerger Juan Pablo, qui me regardait, impuissant. Après avoir dit au revoir à ma petite Manuela, je l'ai confiée à l'infirmière et à ma tante. Je priais pour qu'elles arrivent saines et sauves chez ma mère à Medellín. Je n'ai pas pu aller à l'aéroport. Pablo craignait que quelqu'un me reconnaisse ou que les services d'immigration se méfient du voyage d'un bébé sans ses parents. J'ai attendu six heures interminables avant qu'on me confirme qu'elles étaient bien arrivées, non sans avoir eu quelques frayeurs parce que la police et l'armée réalisaient des fouilles aléatoires dans les rues adjacentes à l'aéroport Enrique Olaya Herrera. Comme Pablo l'avait prévu, la sortie du Panama et l'entrée en Colombie se sont déroulées sans encombre.

Que s'était-il passé ? Pourquoi devions-nous soudainement quitter le Panama trois semaines après notre arrivée ? J'ai enfin eu la réponse grâce à Pinina, qui est resté avec Juan Pablo et moi lorsque mon mari était au Nicaragua. Pendant nos longues heures d'enfermement, avant notre voyage à Managua, il m'a raconté les efforts déployés par Pablo dès notre arrivée au Panama, après le meurtre de Lara Bonilla. Selon Pinina, ce n'est qu'au Panama que mon mari a lu qu'une délégation colombienne composée des ancien président Alfonso López Michelsen et des anciens ministres Jaime Castro Castro, Felio Andrade Manrique et Gustavo Balcázar Monzón avait été invitée à observer le déroulement de l'élection présidentielle du 6 mai 1984.

Pablo y voyait une opportunité et a activé son réseau pour obtenir un rendez-vous avec López, qu'il avait rencontré lors de la campagne présidentielle de 1982 – et qu'il avait en partie financé. Il a alors appelé, à Medellín Santiago Londoño White, trésorier de cette campagne, et lui a demandé d'organiser une réunion avec l'ex-président parce qu'il voulait lui faire une proposition pour mettre fin au trafic de drogue en Colombie. Ce fut efficace. López a accepté de rencontrer mon mari et Jorge Luis Ochoa le lendemain du jour du scrutin. Après le triomphe de Nicolás Ardito Barletta, du Parti révolutionnaire démocratique, l'ancien président, Londoño, Ochoa et mon mari se sont vus dans une suite de l'hôtel Marriott à Panama City. Au cours de l'entretien, Pablo a déclaré qu'il avait discuté avec les principaux trafiquants de drogue en Colombie et qu'ils étaient prêts à « livrer » des laboratoires, des avions, des itinéraires, des contacts aux États-Unis, à restituer leurs capitaux illicites et à se soumettre à la justice colombienne en échange d'une non-extradition.

Deux semaines plus tard, le procureur général Carlos Jiménez Gómez envoyait un message : il avait obtenu l'autorisation du gouvernement de discuter avec les capos. C'était le commentaire de Pablo à la clinique, le 26 mai 1984, au lendemain de la naissance de Manuela. Il allait rencontrer d'importants hommes politiques à Panama City.

Lorsque je suis rentrée à la maison, j'étais tellement occupée avec mon bébé que je n'ai eu ni le temps ni l'idée de demander à mon mari comment s'était passé son rendez-vous.

Pablo est allé à cette rencontre avec Pinina. Étaient présents Jorge Luis Ochoa, Gonzalo Rodríguez, le « Mexicano », José Ocampo « Pelusa » et Gustavo Gaviria. Au cours de leur conversation, Pablo a réitéré les propositions qu'il avait présentées à l'ex-président López et a promis d'envoyer au procureur une note confidentielle détaillant le démantèlement du trafic de drogue en Colombie.

Mais tout cela a été vain. Quelques jours plus tard, le document a été dévoilé par le journal *El Tiempo* et un énorme scandale a éclaté. À tel point que le gouvernement a déclaré que les contacts secrets entre le procureur et les capos n'avaient pas été autorisés. La réunion de Panama a créé une vive controverse politique, qui s'est prolongée, chaque protagoniste donnant une version différente de son rôle lors des réunions avec mon mari.

Quand j'ai appris ce qui était arrivé à l'homme proche de Pablo, j'ai compris l'urgence de quitter le Panama. Il était probable que les poursuites arrivent jusqu'à nous. Le général Noriega, sous la pression du scandale, aurait aussi pu trahir mon mari en le remettant à la DEA[1]. Je n'ai pas eu d'autre choix que de faire mes valises pour le Nicaragua. Ce fut une période difficile, car je pensais sans cesse à Manuela et je pleurais tout le temps. J'étais triste de voir Juan Pablo malheureux.

Le 20 juin 1984, nous sommes arrivés à l'aéroport de Managua avec Juan Pablo. Plusieurs personnes appartenant au gouvernement sandiniste nous attendaient. À bord d'une Mercedes aux plaques officielles, elles nous ont conduits à une ancienne maison où se trouvaient déjà le « Mexicain », sa femme Gladys et quatre gardes du corps.

L'endroit était immense, sombre et étrange. Une découverte m'a laissée perplexe : dans le tiroir d'un meuble, j'ai trouvé un livre retraçant l'histoire de ce lieu, où de nombreux massacres s'étaient déroulés. La maison était entourée de murs en briques de 3 mètres de haut avec des miradors depuis lesquels des hommes lourdement

1. Drug Enforcement Administration, l'agence américaine anti-drogue [NDT].

armés assuraient la garde. Heureusement, les réfrigérateurs étaient toujours bien remplis, et, même si nous ignorions qui les remplissait, il était évident que quelqu'un était missionné par le gouvernement sandiniste.

Les jours passaient, mais cette ambiance oppressante d'enfermement nous rendait tristes et mornes. D'autant plus que j'étais au régime après la naissance de ma fille. Le seul espace intime pour parler avec Pablo était notre chambre, aux grandes fenêtres, mais aux vitres opaques. Tout autour de nous, je ne voyais que des personnes armées. La maison ressemblait à un campement où des dizaines d'hommes entraient et sortaient. Des valises et du matériel jonchaient le sol. Cela me semblait très inconfortable. Je ne comprenais pas pourquoi nous ne disposions pas de notre propre maison.

Pablo remarquait mon irritation. Je devais être plus patiente. Il répétait que les choses étaient en bonne voie. Il savait minimiser n'importe quelle situation, quelle que soit la difficulté. Je l'implorais de rentrer à Medellín. Mais il fallait attendre que tout se calme. Ses paroles étaient pleines d'espoir, mais ce n'était que des paroles et des promesses. La tranquillité tant désirée s'éloignait chaque jour un peu plus.

Je me levais tôt avec Juan Pablo et nous essayions de nous distraire jusqu'à midi, heure du réveil de Pablo, rentré à l'aube. Nous déjeunions tous les trois et multipliions les efforts pour ressembler à une famille normale. Nous n'étions pas dupes. Nous savions très bien que rien n'était normal. Ensuite, Pablo lisait les journaux ou écoutait les informations. Dans l'après-midi, il partait s'enfermer dans une pièce avec le « Mexicain » et d'autres hommes, où ils communiquaient pendant des heures via le radiotéléphone. Avec qui ? Sur quel sujet ? Aucune idée. Je ne m'aventurais pas de ce côté. Au fil des jours, l'humeur de Juan Pablo commençait à nous préoccuper. Il semblait de plus en plus triste. Il ne parlait pas, pleurait souvent et nous suppliait de retourner au Panama. Le pire, c'est qu'il n'y avait pas de magasins de jouets dans la ville et, en fuyant au Nicaragua, nous avions laissé la moto et les autres jeux avec lesquels il aimait jouer. La situation est devenue si inquiétante que Pablo a fait revenir Pinina du Panama pour l'accompagner. À partir de ce jour, Juan Pablo a eu deux nouvelles occupations : écouter les matchs de football colombien à la radio et parier sur le nombre de mouches tuées en cinq minutes. La pièce en était infestée !

Chaque jour, je priais Dieu de nous sortir de cet enfer. En attendant, j'essayais de prendre soin de moi le mieux possible : je me maquillais, me coiffais, je voulais me remonter le moral et montrer à Pablo que sa femme avait assez de force et de courage pour l'accompagner et le soutenir. De temps en temps, la nostalgie m'envahissait et, dans mon lit, je pleurais l'absence de ma fille. D'elle, je ne possédais que deux photos envoyées par mes sœurs. Les images de Manuela riant étaient ma compagnie, un baume au cœur qui me permettait de survivre dans l'adversité. Je tenais bon. Ma seule motivation était l'espoir de la revoir bientôt et de ne plus jamais me séparer d'elle.

La vie quotidienne était d'un ennui sans nom. Je me suis alors rapprochée de la jeune épouse du « Mexicain », avec laquelle je passais des matinées à bavarder. Trois fois par semaine, nous partions nous promener, avec Juan Pablo. Nous allions dans un salon de coiffure niché dans une cabane en bois. Nous étions deux jeunes filles d'un peu plus de vingt ans, convaincues que nos maris nous sortiraient de ce pétrin. Cependant, les promenades étaient courtes, car la ville de Managua était assiégée par les « Contras »[1] et les ravages des affrontements étaient visibles sur les bâtiments, pratiquement tous en ruines. Tous les commerces étaient fermés.

J'ai peu échangé avec le « Mexicain », qui était toujours poli bien que timide, peu bavard, avec un visage aimable malgré plusieurs dents en or. Il ressemblait à Pablo, ils se respectaient, parlaient calmement. Je ne les ai jamais entendus se disputer. Il était un ami inconditionnel de Pablo. Il lui a même offert tout son argent en cas de besoin. Ils avaient une relation si forte que Pablo était le parrain d'un de ses enfants.

Comme la chasse aux insectes et le football ne suffisaient pas à remplir ses journées, Juan Pablo nous suppliait de quitter le Nicaragua. Un matin, le voyant au bord du désespoir, Pablo nous a autorisés à rentrer à Medellín. Il nous rejoindrait plus tard.

J'ai poussé un soupir de soulagement, seulement quelques instants. Pablo avait décidé de renvoyer Juan Pablo, accompagné par un garde du corps. Pour moi, c'était encore trop risqué, je devais rester avec lui. J'étais triste de mentir à mon fils, qui s'est accroché à mes jupes quand Pablo lui a avoué, à l'aéroport de Managua, que sa mère ne partait pas avec lui.

Inconsolable, Juan Pablo est monté à bord de l'avion avec Ferney, un homme de confiance. J'étais aussi inconsolable. Du jour au lendemain, je n'avais plus d'enfant, je me trouvais en milieu hostile et entourée d'hommes armés.

1. Groupes armés en guerre contre les sandinistes, soutenus par les États-Unis.

Pour couronner le tout, les absences de Pablo étaient de plus en plus fréquentes. Je le croisais une ou deux heures et il filait. Ce n'était plus possible. J'étais à bout. Début juillet 1984, j'ai demandé à Pablo l'autorisation de me rendre au Panama retrouver une de mes sœurs. Elle me remettrait des photos de Manuela et de Juan Pablo. J'avais besoin de voir comment ils allaient. Heureusement, il ne s'est pas rendu compte que ma véritable intention était de partir en Colombie. Je ne supportais plus l'absence de mes enfants. Pablo a accepté. Je lui ai promis de revenir. Je devais choisir entre mon mari et mes enfants, et j'ai préféré être avec eux. J'ai pris le risque de mourir uniquement pour les voir et les serrer dans mes bras. Je suis partie dans l'après-midi du 4 juillet, munie d'une petite valise contenant quelques vêtements, via Panama City, pour rejoindre très tôt Medellín.

Je voulais passer inaperçue. Personne ne devait me reconnaître. Lorsque l'avion a atterri à Medellín, j'ai eu l'impression de m'évanouir. Mais j'ai pris sur moi. J'étais paniquée.

Finalement, je suis arrivée sans encombre à Altos, où j'ai trouvé ma mère malade, plongée dans une profonde dépression. Elle avait perdu 30 kilos. Les retrouvailles avec mes deux enfants ont été bouleversantes. Je les ai étreints si fort pendant si longtemps. Manuela s'est mise à pleurer quand je l'ai prise dans mes bras, elle ne m'a pas reconnue. Elle s'était habituée à ma mère et à l'infirmière. Pablo, de son côté, n'a pas mis longtemps à découvrir que je ne reviendrais pas et a appelé pour se plaindre. Quelque chose pouvait m'arriver, c'était trop imprudent.

« Pablo, l'un de nous deux doit prendre en charge les enfants, nous n'avons pas le choix. C'est la seule option. Si on me tue, je préfère que mes enfants sachent que c'est parce que je suis venue les chercher. »

Il n'a rien dit.

« Je te promets que je m'enferme ici chez ma mère. Je ne mettrai pas le nez dehors, mais Manuela a besoin de moi. Notre fille a passé trop de temps sans sa mère. »

Pablo accepta à contrecœur, mais insista, je ne devais sortir sous aucun prétexte. J'étais entourée de ma famille. Mes deux enfants étaient ma consolation. Je n'ai plus eu de nouvelles de mon mari. J'ai alors essayé de me construire une vie dans cet enfermement.

Le scandale des rendez-vous secrets au Panama commençait à faiblir et les informations sur l'assassinat du ministre de la Justice devenaient rares. Mais, comme avec Pablo tout se transformait en orage, le mardi 17 juillet 1984, une de mes sœurs m'a dit d'écouter la radio : une nouvelle grave venait de tomber. Je suis restée sans voix lorsque j'ai entendu que le journal américain *The Washington Times* avait publié plusieurs photos sur lesquelles Pablo, le « Mexicain » et d'autres personnes figuraient en plein transport de cocaïne dans un avion au Nicaragua.

En retenant mon souffle et en priant pour que les journalistes aient confondu Pablo avec quelqu'un d'autre, j'ai attendu les informations du soir. À 21 h 30, le journal télévisé montrait des images. Il n'y avait aucun doute. C'était bien Pablo, pris la main dans le sac.

Les photos étaient dévastatrices. Elles avaient été prises le 24 juin par un agent infiltré de la CIA, sur une piste près de Managua. Elles étaient la preuve de la connexion du régime sandiniste du Nicaragua avec les cartels de la drogue. L'une des personnes qui apparaissaient avec Pablo et le « Mexicain » était Federico Vaughan, un haut fonctionnaire du ministère de l'Intérieur de ce pays. Quelque temps plus tard, on apprit que l'auteur des photos était le pilote, Barry Seal.

Je ne comprenais pas comment Pablo était capable de se mettre dans un tel pétrin, comment il ne mesurait pas les conséquences que ses actes allaient avoir sur nous. Deux jours plus tard, Herbert Shapiro, juge à la cour sud de l'État de Floride, ordonnait sa capture pour complot d'importation de cocaïne aux États-Unis. Pour moi, il y a un avant et un après cette période, car je connaissais la peur de Pablo face à l'extradition. Comme me l'a rapporté un témoin, il répétait : « Si je dois effacer la Colombie de la carte, je le ferai, mais me faire extrader, jamais. »

Il était inévitable que Pablo décide de fuir le Nicaragua. Fin juillet, il a débarqué chez ma mère. J'ai eu un choc lorsque je l'ai vu. Autrefois, il parlait peu, mais là il ne prononçait plus un mot. Il a simplement dit : « Bonsoir, mon amour. » Il est entré dans la chambre de Manuela, qui dormait profondément, et l'a embrassée sur la tête. Il a fait de même avec Juan Pablo. Nous nous sommes assis dans le salon plongé dans l'obscurité. Je lui ai reproché sa visite à Altos sachant que tout le monde le recherchait. Il m'a répondu de ne pas m'inquiéter, qu'il ne se passerait rien cette nuit. Ma mère nous a entendus. Elle s'est levée, contrariée.

– Et maintenant, quelle tragédie grecque vas-tu encore inventer ?

– Non, belle-maman, ne vous en faites pas, tout va s'arranger, je vous le promets.

Nous n'avons pas prononcé un mot. En réalité, nous savions qu'il n'y aurait plus jamais de paix dans nos vies. Nous nous sommes ensuite couchés dans la chambre de Juan Pablo et nous nous sommes étreints très fort, comme si nous savions que cela ne durerait pas. À 6 heures du matin, Pablo s'est levé, a pris son petit déjeuner et est parti avec son baluchon contenant quelques habits, du déodorant, du dentifrice et une brosse à dents.

Je m'inquiétais à l'idée de ne pas savoir ce qu'il adviendrait de nous dans les prochaines minutes. Pas les heures, les jours ou les années. Non, les minutes. Voilà à quoi nous étions réduits, à cause de la guerre déclarée par Pablo. Ma fille avait trois mois, Juan Pablo, sept ans, et moi, vingt-trois ans. Nous nous trouvions enfermés dans une maison spacieuse et confortable, entourés de l'affection de notre famille avec laquelle je pouvais rester, mais dehors tout était incertain.

Mes journées à Altos débutaient à 6 heures du matin avec le biberon de Manuela. Puis je devais fournir un effort surhumain pour jouer avec mes enfants en leur cachant mon inquiétude, partager des heures avec les mêmes personnes entre quatre murs, leur faire admettre de ne jamais pouvoir sortir, aller au cinéma ou se promener dans un parc. C'était une espèce de folie. Notre unique activité se limitait à passer d'un étage à un autre de l'immeuble, pour rendre visite aux voisines et faire en sorte que mes enfants gardent contact avec d'autres enfants.

Près d'un mois après son départ, Pablo a envoyé Pasquín pour prendre de nos nouvelles, nous dire que Pablo allait bien, que je ne devais pas m'affoler et que, lorsque les conditions de sécurité seraient meilleures, quelqu'un viendrait nous chercher.

Chez ma mère, la tension était inévitable. Toutes sortes de rumeurs circulaient. Parmi elles, celle d'une perquisition imminente. Dès l'aube, elle passait des heures à regarder par la fenêtre, attendant l'apparition de camions remplis d'hommes armés. Les perquisitions n'ont jamais eu lieu. La traque semblait être passée à l'arrière-plan. Cet appel d'air m'a enfin permis de sortir, de voir ma famille et de lancer la construction de l'immeuble Monaco, où nous avions prévu d'emménager début 1985.

L'après-midi du 20 septembre 1984, j'ai rejoint Pablo à l'immeuble pour lui montrer l'avancée des travaux et nous assurer que la construction correspondait bien à nos plans. Nous sommes montés au penthouse par un ascenseur improvisé et avons commencé la visite, en compagnie des architectes. C'est alors que Pablo a reçu un appel urgent par radiotéléphone.

– C'est Aguila[1], à l'appareil... On vient de me dire que ton père a été kidnappé.

– Pas possible ! J'arrive.

Nous étions estomaqués par cette terrible nouvelle. Mon mari, lui, n'a pas sillé, il semblait serein. J'étais perplexe de le voir ainsi. Il est resté une demi-heure et a donné quelques ordres. Puis il est parti. Ce même jour, je suis allée tenir compagnie à ma belle-mère avec Juan Pablo. Elle était bouleversée par l'enlèvement de son mari.

Les jours suivants, aucune nouvelle. Pablo était toujours en fuite et son père séquestré. Il menait des négociations pour le faire libérer. Je n'étais au courant de rien. Un jour, Otto est arrivé avec un message de Pablo. Les auteurs de la prise d'otage étaient quatre délinquants de droit commun. Ils étaient identifiés, ainsi que leurs véhicules. Le lendemain, un avis était publié dans les journaux de Medellín, confirmant cela et précisant également les types de véhicules et les immatriculations. Une récompense était offerte à tout informateur.

1. L'Aigle.

Un week-end, Pinina nous a accompagnés voir Pablo. Ma belle-mère était dans la planque. Cette nuit-là, n'en pouvant plus, elle lui a dit :

– Tu racontes que tu es au courant de tout ce qui se passe dans ce pays, alors pourquoi ne sais-tu pas où est ton père ?

– Ne t'en fais pas, maman, crois en moi, c'est un sujet sensible et il ne va pas être réglé du jour au lendemain.

Le 6 octobre 1984, nous avons appris que Don Abel avait enfin été libéré et qu'il serait emmené dans une planque où Pablo nous attendait. Otto m'a alors accompagnée avec Juan Pablo dans une petite maison de campagne, dans la partie haute de Los Balsos. Ma belle-mère et mes deux beaux-frères étaient déjà là. Nous avons prié pendant quatre heures. Puis plusieurs 4 x 4 sont apparus. Mon beau-père est sorti d'une des voitures. Doña Hermilda l'a serré dans ses bras la première, suivie de Pablo et des autres. Il s'est assis sur une chaise. Nous l'avons entouré et il a raconté ses seize jours de captivité.

« Ils m'ont fait marcher longtemps dans les montagnes. Heureusement que j'avais l'habitude, sinon je serais mort. Ils m'ont bien nourri et me demandaient de rester tranquille, qu'ils ne me feraient rien, que mon fils allait payer la rançon. »

Après son long récit, mon beau-père, alors fatigué, a préféré se rendre à sa *finca* avec Doña Hermilda.

Nous n'avons pas demandé à Pablo comment il avait obtenu la libération de son père. Otto me l'a raconté plus tard. Les ravisseurs avaient emmené Don Abel dans une ferme de la municipalité de Liborina, à 90 kilomètres de Medellín. Ils l'avaient attaché à un lit. Pablo avait fait installer dans la maison de Doña Hermilda un système d'écoute des appels. Il a vite reconnu l'identité des ravisseurs, mais a attendu leur demande de rançon pour protéger son père. Au début, ils ont réclamé 10 millions de dollars (environ 1 milliard de pesos). Les ravisseurs sont restés sans voix lors de la réponse de Pablo : « Frérot, vous vous êtes trompés de cible, parce que mon père est un fermier sans le sou, c'est moi que vous auriez dû kidnapper, moi j'ai de l'argent, pas lui. »

Les ravisseurs ont alors revu la rançon à la baisse, la portant à 40 millions de pesos, puis à 30, que Pablo leur a fait passer par John Lada, le parrain de Manuela. Finalement, ils ont obtenu moins de dix pour cent de la somme réclamée initialement.

L'année 1984 n'était pas encore terminée. Tant d'événements avaient eu lieu ! En décembre, le calme semblait revenir. Nous étions confiants. Mi-décembre, Otto et Giovanni sont venus nous chercher, Juan Pablo, Nieves (l'employée de maison) et moi-même, pour nous emmener dans une ferme située dans la ville voisine de Guarne, afin d'y passer le réveillon du Nouvel An avec Pablo. J'ai confié Manuela à ma grand-mère parce qu'elle était enrhumée.

L'atmosphère était détendue, tel un mois de décembre festif. Les hommes de Pablo entraient et sortaient de la *finca* pour se rendre en ville faire des courses, boire de la bière, sans prendre en compte que nous nous trouvions dans une zone habitée et que les allées et venues pouvaient attirer l'attention. Un jour, au petit matin, alors que je dormais profondément avec Juan Pablo, j'ai été réveillée par un tumulte. Un policier en civil appuyait sur le ventre de mon fils avec le canon de son arme. Juan Pablo semblait plus âgé, parce qu'il portait un appareil élastique qui couvrait sa tête et son menton, que les médecins avaient prescrit pour corriger un début de déviation de la mâchoire.

J'ai eu extrêmement peur. J'avais la gorge sèche. Je ne pouvais prononcer un mot, et quand j'ai réussi à parler j'ai seulement demandé ce qui se passait.

Malgré l'obscurité, j'ai eu le temps de voir que l'un des policiers tenait dans sa main le poncho blanc de Pablo. Il s'était enfui. Les policiers l'ont confirmé en disant que l'une des personnes qui s'étaient échappées l'avait laissé là. Le cœur palpitant, j'ai serré fort mon fils, qui s'était réveillé et regardait autour de lui, effrayé. La perquisition a duré trois heures. Les policiers ont passé au peigne fin le moindre recoin de la *finca*. Puis l'un d'eux m'a annoncé sur un ton grave que j'étais en état d'arrestation. Ils devaient me conduire au commandement pour un interrogatoire.

« Mais, monsieur, pourquoi ? Je me reposais avec mon fils dans cette "*finca*". »

Je n'ai pas obtenu de réponse. Nous avons commencé à chercher qui pourrait accompagner Juan Pablo chez ma mère et quel avocat pourrait m'aider. Tout s'est arrêté lorsqu'un policier s'est excusé et nous a demandé de quitter les lieux. Je n'ai pas demandé d'explication. J'ai imaginé que Pablo avait activé un contact. Encore tremblante, j'ai embarqué mon fils et Nieves dans une Jeep et je suis partie.

Pablo s'était échappé en laissant son poncho. La police avait fait sa première perquisition, mais pas la dernière. Nous avions échappé à cette folie cette fois-ci, mais au fond je savais que beaucoup d'autres viendraient et que nos vies seraient souvent en danger. Neuf années d'angoisse allaient suivre.

Ma rencontre avec Jorge Lara

Nous nous sommes rencontrés en juillet 2017. Je pouvais à peine le regarder dans les yeux, car j'avais honte. Mon fils, qui s'appelait désormais Sebastián, m'avait ouvert la voie. Ce jour-là, nous étions face à face, Jorge Lara et moi, dans une petite ferme sur les hauteurs de Medellín. Nous nous sommes serrés dans les bras. Puis nous avons uni notre souffrance et nos pleurs. J'ai imploré son pardon à plusieurs reprises, sans pouvoir contenir mes sanglots. Jorge avait à peine six ans lorsque son père, le ministre de la Justice Rodrigo Lara, a été tué. Il est le deuxième enfant d'une fratrie de trois garçons et sa vie a été difficile. Je l'écoutais, les larmes aux yeux, parler de la douleur engendrée par de nombreuses années d'exil, des difficultés pour étudier dans un pays dont il ne connaissait pas la langue, de l'impuissance de sa mère qui, après la mort de son mari, a quitté la Colombie avec ses trois enfants en bas âge.

De cette rencontre inoubliable avec Jorge Lara, il me reste une lettre qu'il a rédigée à l'occasion de la publication de ce livre. Son contenu résume la peine que cette vague de violence a causée à sa famille. Du fond de mon âme, je le remercie. Seul le pardon peut nous guérir :

> « Selon la logique de la haine, je devrais venger mon père. Pendant de nombreuses années, j'ai rêvé de vengeance et j'ai pensé que mon acte serait perçu héroïquement. Selon cette logique, ce serait un droit, en raison de toutes les monstruosités dues à Pablo Escobar et ses complices et, bien sûr, pour le meurtre de mon père. En 1984, exactement deux

mois après le meurtre, ma mère de vingt-sept ans, veuve, a dû fuir le pays vers un exil forcé avec ses trois enfants, afin d'éviter qu'ils nous tuent, nous aussi.

Pendant les années d'exil dans trois pays, nous avons dû nous adapter à de nouvelles coutumes, trouver de nouveaux lieux et nous battre seuls pour nous faire accepter dans des sociétés inconnues. Dans notre deuxième pays d'exil, la Suisse, nous avons étudié à seulement 20 kilomètres de l'endroit où se trouvait la famille de Pablo Escobar. On m'a dit que Sebastián étudiait près de mon école et je voulais commettre l'irréparable. À douze ans, je désirais cette vengeance, que je préparais avec mon meilleur ami. Par miracle, nous n'avons pas obtenu assez d'argent pour boucler le projet. Le troisième pays était la France. Là, à seize ans, après avoir appris la nouvelle de la mort d'Escobar, je voulais faire la fête, mais la première chose que ma mère m'a dite a été : "Je ne t'ai pas éduqué comme ça. Qui es-tu pour célébrer la mort de quelqu'un ? Cet homme aurait dû être jugé et payer pour ses crimes ! On ne peut pas se réjouir de la mort de quiconque ! Je ne peux pas l'accepter !" Au début, je ne comprenais pas, mais les années lui ont donné raison.

En 2007, Nicolás Entel, réalisateur argentin et instigateur de ma rencontre avec la famille Escobar, m'a contacté. Il est important de se souvenir de lui, parce que c'est grâce à son documentaire, *Les Péchés de mon père*, que tout cela a été possible.

Ma rencontre avec Sebastián s'est déroulée en privé. Il n'y avait pas de journalistes, seulement nous. L'entrevue a été directe, cordiale et franche. De là est née une amitié sincère où les pôles opposés se sont rapprochés, liés par nos destins.

Les années ont passé et, au milieu de l'année 2017, dans les montagnes de Medellín, j'ai revu Sebastián. À la fin du rendez-vous, j'ai salué quelques personnes qui se trouvaient là et, à ma grande surprise, Sebastián a pris une dame par la main, m'a regardé et m'a dit : "Je te présente ma mère."

C'était comme lorsque votre esprit vous envoie des milliers d'informations en quelques fractions de seconde. Nous nous sommes serrés dans les bras : un symbole de pardon, d'acceptation, de compréhension et de connexion. Nous nous sommes assis pour parler. Par où a-t-on commencé ? Je ne m'en souviens pas, mais la discussion était honnête et sans tabous. Nous avons partagé des sentiments et des moments importants de l'histoire. Elle m'a demandé pardon et nous avons parlé de la vie. Cette rencontre a duré plusieurs heures.

Cela fait déjà un an que nous avons fait connaissance. Nous prenons des nouvelles de temps à autre. De la même manière, je parle souvent du cas de mon père qui – trente-quatre ans après l'assassinat – n'est toujours pas résolu. Je sais que Pablo Escobar et ses associés du cartel de Medellín sont à l'origine de l'assassinat, mais, dans ces années-là, mon père avait aussi dénoncé le blanchiment d'argent de la mafia dans différentes sphères telles que le sport, la finance et les partis politiques. Dans ce moment capital que vit notre pays (processus de paix, enquêtes auprès de hauts fonctionnaires et une génération qui souhaite un avenir plus juste), il ne reste que la paix à construire. Cela marchera en abattant les barrières, les schémas préétablis, les tabous et en faisant le premier pas. »

1985

« Je dois partir, j'ai un souci, nous parlerons plus tard », m'a dit Pablo, agité, alors que nous allions évoquer un problème de couple qui nous avait éloignés ces derniers temps.

Nous étions le 6 novembre 1985. Nous nous trouvions dans la *finca* La Pesebrera dans la municipalité d'Envigado, où il se cachait. Je lui avais envoyé plusieurs lettres pour le voir un moment et lui parler. Il avait accepté qu'Otto vienne me chercher à l'immeuble Monaco. Mon mari avait l'air fâché, grave, et son esprit semblait ailleurs.

J'ai mis un moment à rompre la glace. Je lui ai donné des nouvelles de nos enfants, de ce que nous avions fait les derniers jours, mais alors qu'il semblait prêt à discuter Otto et Pinina sont entrés et lui ont chuchoté quelque chose à l'oreille. Pablo a ordonné de préparer les voitures et de me raccompagner.

Une demi-heure plus tard, alors que j'étais déjà dans le penthouse de l'immeuble Monaco, j'ai entendu du vacarme dans la cuisine. Les employées écoutaient la radio. Il y avait des tirs dans le centre de Bogotá, visiblement à l'intérieur du palais de justice. Plus les heures passaient, moins le doute était permis. La Colombie vivait une nouvelle tragédie, cette fois dans le bâtiment où siégeaient la Cour suprême de justice et le Conseil d'État. Les guérilleros du mouvement M-19[1] avaient frappé.

Pablo n'a plus donné signe de vie, mais plus tard j'ai su qu'après m'avoir dit au revoir à La Pesebrera il s'était caché dans une *finca* proche du domaine Nápoles.

Je me suis mise à genoux (comme l'avait fait ma mère après l'assassinat du ministre Rodrigo Lara), j'ai prié longuement et j'ai allumé une petite bougie devant un Christ

1. Le Movimiento 19 de Abril (« Mouvement du 19 avril »), souvent abrégé M-19, est un mouvement de guérilla colombien qui prit part au conflit armé en Colombie de 1974 à sa démobilisation, en 1990.

en bois. Le bilan de ces vingt-sept heures d'horreur m'a profondément attristée. Il était lourd : plus d'une centaine de morts, dont une vingtaine de magistrats, de fonctionnaires, de membres des forces publiques, de civils. Au fil des jours, alors que le pays se remettait de cette atrocité, les médias ont commencé à raconter que l'incendie avait démarré dans la nuit du 6 novembre et avait brûlé une grande partie du bâtiment, détruisant tous les dossiers de demandes d'extradition en cours d'examen à la chambre constitutionnelle de la Cour suprême.

Les occasions de parler avec mon mari de ses agissements étaient rares. Parfois, j'étais au courant grâce aux commentaires de ses hommes, mais je n'avais jamais une version complète.

Dans le cas du palais de justice, je n'en ai pas parlé directement avec Pablo et je ne lui ai pas non plus demandé s'il avait quelque chose à voir avec cet attentat. Les années passant, les pièces du puzzle se sont mises en place. Et si j'avais eu la possibilité de discuter de cette affaire avec lui, sa réponse aurait certainement été la même, comme toutes les autres fois :

« Mon amour, tu ne vois pas qu'on me met sur le dos tout ce qui se passe dans ce pays ! »

Quand je parle des pièces du puzzle, je fais référence à des épisodes qui ont eu lieu au début des années 1980. J'ai pu confirmer que mon mari et certains dirigeants du M-19 avaient des intérêts communs.

Ma mémoire me projette au 14 novembre 1981, lorsque Pablo est arrivé à la maison en disant qu'il était inquiet pour l'enlèvement de Martha Nieves Ochoa, étudiante en troisième année d'économie, qui avait eu lieu deux jours auparavant sur le campus de l'université d'Antioquia.

Il avait rencontré les Ochoa pour proposer son aide, car il appréciait beaucoup cette famille. Il était proche de Don Fabio Ochoa Restrepo et de son fils Jorge Luis.

Étrangement, Pablo a cessé de venir à la maison et, du jour au lendemain, sans prévenir personne, nous nous sommes retrouvés entourés d'hommes armés qui devaient nous protéger. En même temps, Pasquín est arrivé avec les instructions de mon mari : ne pas sortir. Juan Pablo avait une dérogation. Ils l'accompagnaient à la maternelle de l'école Montessori vêtu d'une veste blindée. Pendant la classe, deux escortes attendaient dehors.

Il était évident que Pablo était mêlé à l'affaire Martha Nieves Ochoa. Il avait fait sienne la cause d'une famille qu'il appréciait. Un jour de fin novembre, alors qu'il venait de passer la nuit dehors, j'ai protesté :

– Pablo, tu vas te faire tuer pour tes amis. Tu n'es pas réapparu ici depuis plusieurs jours… Et nous, alors ? N'allons-nous pas être avec toi à Noël ?

– Non mon amour. Si on ne les aide pas, alors comment leur demander de l'aide lorsque nous en aurons besoin ? Nous devons rester unis, afin que cela ne se reproduise plus jamais.

Et il est reparti plusieurs jours. Jusqu'au matin où, en jetant un œil sur les journaux, j'ai enfin compris. Une grande publicité annonçait la création du groupe MAS[1], l'enlèvement de Martha Nieves Ochoa et un avertissement : le M-19 ne toucherait pas un centime pour sa libération.

Le M-19 avait-il kidnappé Martha Nieves ? C'était incroyable. Je comprenais mieux la détermination de mon

1. Groupe paramilitaire créé par des trafiquants de drogue.

mari à œuvrer pour sa libération. À la mi-juillet de cette année 1981, il figurait sur une liste de personnes susceptibles d'être séquestrées par ces guérilleros.

À plusieurs reprises, mon mari avait fait part de sa sympathie pour les coups audacieux de ce groupe rebelle, y compris pour le vol de l'épée du Libérateur, Simón Bolívar, celui de quatre mille armes d'un bataillon de l'armée et la prise de l'ambassade de la République dominicaine. Depuis notre rencontre, Pablo me disait que le M-19 l'avait séduit le jour où il avait entendu parler de quelques jeunes hommes intrépides ayant réquisitionné des camions de livraison de lait pour distribuer des milliers de litres dans les quartiers pauvres de Bogotá.

Mais bien que Pablo validât les actions de propagande du M-19, il n'acceptait en revanche pas les prises d'otages pour les financer. Il a utilisé ses contacts au sein des services de sécurité et, d'après Pinina, plusieurs membres du M-19 de Medellín ont été arrêtés et emmenés au siège d'Antioquia Hoy, où Pablo avait un bureau. Il leur a expliqué qu'il partageait leur cause, qu'il ne leur ferait aucun mal, mais les a avertis qu'extorquer de l'argent en kidnappant des personnalités riches et puissantes de Medellín, dont lui, était une mauvaise idée. Cette réunion a jeté les bases d'une future relation fondée sur l'intérêt de chacun. Cependant, le pacte de non-agression a été rompu par l'enlèvement de Martha Nieves.

Après la publication de la création du MAS, Pablo arrivait presque tous les jours à 8 ou 9 heures du matin, après une nuit passée à effectuer des recherches avec l'armée. Ces opérations clandestines ont abouti à la capture d'une vingtaine de personnes, dont celles que Pablo avait rencontrées.

Comme je l'avais craint, il n'a passé ni Noël ni le jour de l'An auprès de nous. Nous étions dans la maison d'El Diamante. Mais, à en juger par les informations, mon mari était toujours actif dans la recherche de la sœur de ses amis. Le 30 décembre 1981, en une du journal *El Colombiano*, était publiée la photo d'une femme, identifiée comme Marta Elena Correa, laissée à la porte d'entrée du journal, enchaînée, avec le panneau « Ravisseur ». Selon le journal, elle avait été libérée quelques jours après sa détention, pour envoyer un message au M-19 : le MAS était à leurs trousses.

La situation se compliquait. Le 3 janvier 1982, trois semaines après l'enlèvement, les Ochoa répliquaient, par voie de presse, avec ce qui ressemblait à une déclaration de guerre :

« La famille Ochoa Vásquez affirme qu'elle n'est pas disposée à négocier avec les ravisseurs du M-19 qui retiennent en otage Mme Martha Nieves Ochoa de Yepes. Qu'elle ne paiera pas pour sa libération, mais qu'au contraire elle offre la somme de 25 millions de pesos (387 000 dollars) à tout citoyen qui fournirait des informations sur sa localisation. »

Pablo ne m'a jamais rien dit à ce sujet. Le 12 février, 123 jours après avoir été kidnappée, Martha Nieves a été libérée. De nombreuses versions ont circulé concernant le montant que le M-19 avait touché et quelles personnalités de l'étranger avaient participé à cette négociation.

Des années plus tard, la tragédie du palais de justice a provoqué des dommages collatéraux, comme la destruction des dossiers d'extradition et l'arrêt des poursuites. C'était un poids en moins pour mon mari et pour de nombreuses personnes réclamées par les États-Unis. La reconstruction des archives était presque impossible. L'extradition a donc subi un grave revers car, en 1985, le gouvernement avait repris l'envoi de ressortissants colombiens pour répondre devant la justice d'un autre pays, comme cela s'est produit pour treize personnes, dont Hernán Botero Moreno – président du club de football Atlético Nacional –, Marco Fidel Cadavid et les frères Said et Nayib Pabón Jatter. Je me souviens d'avoir vu Pablo bouleversé par ces extraditions, en particulier par celle de Botero, qui selon lui n'aurait jamais dû être envoyé aux États-Unis, car il était accusé de blanchiment d'argent et non de trafic de drogue.

Le fantôme de l'extradition était toujours là, mais il passerait derrière une nouvelle tragédie. Le 13 novembre, une semaine après le drame du palais de justice, l'éruption du volcan Nevado del Ruiz provoquait la mort de plus de vingt mille personnes. Les images étaient terribles. Le pays n'était pas prêt à affronter un tel assaut de la nature.

La triste agonie d'Omaira Sánchez, la petite fille décédée devant les caméras de télévision faute de moyens pour la sauver, fut horrible. Impuissante, l'enfant disait à sa mère qu'elle l'aimait et lui demandait de prier parce qu'elle ne voulait pas mourir. Pablo n'était pas avec nous, mais j'ai su par un de ses pilotes qu'il avait envoyé un de ses hélicoptères avec de l'eau potable pour les survivants, et appelé ses associés à former une sorte de flotte aérienne pour transporter des matelas, des couvertures et de la nourriture.

Un après-midi, mon mari et Juan Pablo portaient un objet qui ressemblait à une épée. Je me suis approchée, intriguée :

« Regarde, mon amour, ce que je viens de lui donner : l'épée du Libérateur, Simón Bolívar. Un ami me l'a offerte. »

C'était une folie. L'épée de Bolívar entre les mains de mon mari ? Si elle était authentique, elle viendrait s'ajouter aux deux pièces du Libérateur que j'avais achetées : la médaille reçue après avoir remporté la bataille de Boyacá en 1819, et le modèle original d'une sculpture du cheval de Bolívar que le gouverneur avait commandée à un célèbre artiste italien pour l'exposer sur la Plaza de Bolívar à Medellín. Voici ce que j'ai entendu en m'éloignant :

« Mon fils, prends soin de cette épée parce qu'elle est historique. Fais bien attention, manipule-la avec soin et ne joue pas avec. »

La guerre, les perquisitions, les planques nous ont trimbalés dans des endroits inimaginables, dans un va-et-vient incessant au cours duquel nous avons perdu ou oublié beaucoup de choses. L'épée de Bolívar fait partie du lot. J'en ai entendu parler à nouveau des années plus tard, début 1991, quand Otto et Arete sont arrivés à la planque connue sous le nom d'El 40, où j'étais cachée avec mes enfants. Ils portaient un message urgent de Pablo : il avait besoin de l'épée de Bolívar dès que possible.

Nous nous sommes regardés, incrédules, Pablo avait offert cette épée à Juan Pablo cinq ans auparavant. Mon fils a vivement réagi :

« Otto, dis à mon père que ce qui est donné est donné, je n'ai pas l'intention de la lui rendre. En plus, je ne sais même plus où elle se trouve. »

L'escorte a compris la détermination de mon fils et a appelé Pablo au téléphone.

« Il me la faut, je dois la rendre aux amis qui me l'ont donnée ; ils en ont besoin de toute urgence. »

Pablo nous a convaincus. Mais il a fallu plusieurs jours pour retrouver la fameuse épée, Juan Pablo ayant complètement oublié où il l'avait déposée.

Tous les gardes du corps ont dû fouiller les fermes, les appartements, les maisons où nous avions résidé depuis 1985. Ils avaient la consigne de rapporter tout objet qui ressemblerait à une épée. Ils ont fini par en trouver une assez similaire. Juan Pablo s'est pris en photo avec l'épée pour ne pas oublier que cet important objet était passé entre nos mains. Puis nous l'avons envoyée à Pablo.

Nous n'avons plus jamais entendu parler de cette affaire. Puis, un jour, nous avons compris. Le M-19 terminait de négocier avec le gouvernement et avait besoin de montrer un ultime gage de bonne volonté. Quoi de mieux que de rendre l'épée de Bolívar ! C'est arrivé le 31 janvier 1991, au cours d'une cérémonie, à Bogotá, où des guérilleros ayant déjà déposé les armes ont rendu l'épée au président Gaviria.

Avec le recul, je me demande encore si l'épée que nous avons rendue était l'originale.

1986

Ce matin du 25 juillet 2016, Juan Pablo est arrivé à mon appartement, visiblement nerveux. Il voulait me montrer un message sur son portable, celui d'Aaron Seal, le fils du pilote américain Barry Seal, assassiné, d'après l'enquête, sur ordre de Pablo trente ans auparavant. C'était incroyable qu'il veuille prendre contact avec Juan Pablo pour parler du passé. Les paroles d'Aaron étaient émouvantes :

« [...] Je m'appelle Aaron Seal et Barry Seal était mon père. Je suis sûr que tu connais ce nom aussi bien que je connais celui de ton père. J'ai lu que tu avais cherché à te réconcilier avec les personnes qui ont fait partie du passé de ton père et que tu étais un grand homme pour cela. J'ai contacté ceux qui ont appuyé sur la détente et tué mon père, et je leur ai dit que je ne leur en voulais plus. Je veux juste que tu saches que j'ai pardonné il y a longtemps à ton père d'avoir – prétendument – payé le meurtre de mon père. Je viens vers toi avec humilité pour te demander de pardonner à mon père d'avoir accepté de témoigner contre ton père et ses associés. Mon père essayait seulement de sauver sa peau et, à la fin, il a payé de sa vie. Je veux que tu saches qu'il n'y a aucun ressentiment de ma part ou de celle ma mère. Bien plus que quiconque, je peux comprendre combien ta vie a été difficile. Mon chemin a également été compliqué, mais le Seigneur a été mon guide. Je ne serai pas offensé si tu fais le choix de ne pas me répondre. Que Dieu te bénisse. Aaron. »

Mon fils n'a pas hésité une seconde à lui répondre et, après plusieurs échanges de courriels et une vidéoconférence, ils se sont vus le 27 septembre de la même année à Mexico. Quelques heures plus tard, il m'a appelée pour me raconter, ému, à quel point la conversation avait été bouleversante. Ils ont parlé d'eux, de leurs pères respectifs, qui ont commis de graves erreurs qui leur ont coûté la vie. La façon dont mon mari est décédé est connue de tous, mais la rencontre entre Sebastián et Aaron a permis de faire la lumière sur les raisons qui ont conduit Pablo à donner l'ordre à ses hommes de localiser Barry Seal aux États-Unis et de le tuer. Ce qui a eu lieu le 19 février 1986 en Louisiane.

Le rendez-vous entre Aaron et mon fils a permis d'ouvrir une autre porte : rencontrer la veuve de Barry Seal. Même si l'entrevue n'a pas encore eu lieu, j'espère sincèrement que cela arrivera. Et je sais qu'il y aura un avant et un après pour nous en tant que femmes.

En Colombie, la mort de Barry Seal est passée presque inaperçue. Loin de ces événements, je m'étais consacrée à organiser une réunion de famille dans l'immeuble Monaco pour célébrer les neuf ans de Juan Pablo, le 24 février 1986. Je voulais lui offrir un cadeau particulier, qui ne soit ni un vêtement ni un bijou. J'ai choisi quelque chose que j'avais récemment acheté, avec l'idée de le garder comme un trésor : un coffre contenant les lettres d'amour que Manuelita Sáenz avait adressées à Simón Bolívar. Aujourd'hui adulte, il est fier d'avoir conservé ces lettres.

Peu avant de souffler ses bougies, Pablo a débarqué sans prévenir, en annonçant qu'il ne resterait pas longtemps. Nous avons pris des photos, mangé le gâteau. Il a été très affectueux avec Manuela et Juan Pablo. Avant de partir, une demi-heure après son arrivée, il a serré son fils dans ses bras et lui a remis une lettre. Comme d'habitude, son passage m'a laissé un goût doux-amer. Je n'étais pas encore habituée à ses présences et absences à répétition.

Après la fête, j'ai lu la lettre :

> « Aujourd'hui, tu as neuf ans, tu es déjà un homme, et cela suppose de nombreuses responsabilités. Je veux te dire aujourd'hui que la vie contient de beaux moments, mais elle comporte aussi des moments difficiles et durs ; ce sont ces moments difficiles et durs qui forgent les hommes. Je suis

certain que tu as toujours affronté les moments difficiles de ta vie avec une grande dignité et une grande valeur. »

J'avais vingt-quatre ans, et je souffre de ne pas avoir compris qu'avec ce message Pablo volait l'enfance de Juan Pablo. Il lui demandait de porter sur ses épaules des responsabilités trop grandes pour son jeune âge.

Pablo a disparu une nouvelle fois. Nous avons vécu les mois suivants presque normalement, essayant de créer une routine quotidienne. Je décorais l'appartement, que je voulais coloré et joyeux.

Et comme j'étais exigeante, j'ai fait appel à une entreprise qui envoyait chaque semaine de Bogotá des roses blanches et rouges venant de l'étranger, ainsi que des anthuriums et des glaïeuls. Une fleuriste était chargée de préparer les vingt vases déposés dans le penthouse, y compris dans les salles de bains.

J'étais également occupée par les préparatifs de la première communion de Juan Pablo, prévue à l'école San José le samedi 16 août 1986. Comme la date de la cérémonie était fixée depuis le début de l'année, je m'étais organisée pour que mon fils vive un événement inoubliable. Je suis allée en Suisse, car on m'avait dit que je pourrais me procurer les meilleurs décors pour ce genre de célébrations. On ne m'avait pas menti. À Genève, j'ai découvert un magasin spécialisé dans les cartons d'invitation pour les premières communions. J'en ai commandé une centaine. J'ai également visité une usine de chocolats suisses, célèbres dans le monde entier pour leur goût succulent et leur emballage magnifique, une boîte carrée jaune surmontée d'un couvercle bordé de fleurs et de papier crépon pastel. Une véritable œuvre d'art ! Depuis la Suisse, je suis partie à Rome acheter l'habit de première communion. Il était en lin bleu avec des dégradés gris. La cravate était ornée de détails rouges qui donnaient à ce costume une beauté et une élégance incroyables. À Milan enfin, j'ai acheté les robes pour Manuela et moi.

Le jour J, Juan Pablo était accompagné de ses grands-parents et de mon frère Carlos, qui représentait Pablo, en fuite. J'étais triste de voir mon fils les yeux humides parce que ses camarades de classe avaient l'air radieux, entourés de leurs pères et de leurs familles.

J'avais prévu une grande fête ensuite à l'immeuble Monaco et, comme d'habitude, Pablo est arrivé sans prévenir, accompagné de Fidel Castaño et Gerardo « Kiko » Moncada. Ils ont passé deux heures à nos côtés, puis ils ont filé dans une planque connue sous le nom d'El Paraíso (« le paradis »), où nous les avons rejoints avec mes parents pour continuer la célébration. Nous avons mangé un gâteau et pris quelques photos. Malgré ces moments agréables, les nouvelles qui circulaient sur mon mari ne nous laissaient pas en paix. Il était question de procédures judiciaires pour divers crimes et de demande d'extradition des États-Unis.

Pablo surgissait occasionnellement, mais entre-temps j'apprenais que des événements graves secouaient le pays. Ils avaient souvent des conséquences sur nos vies, comme cela s'est produit le 17 novembre 1986, jour de l'assassinat du colonel de police Jaime Ramírez. Ce policier avait dirigé la perquisition en mars 1984, dans le Llanos del Yarí[1], du complexe touristique de Tranquilandia[2]. Moins de douze

1. Région située au sud-est de la Colombie [NDT].

2. Tranquilandia est le nom d'un laboratoire de transformation de la cocaïne mis en place par le cartel de Medellín et détruit en 1984 par la police colombienne, assistée de la DEA américaine [NDT].

heures après l'homicide, l'armée a perquisitionné l'immeuble à la recherche de Pablo. Des dizaines de soldats ont débarqué dans des camions et ont pris d'assaut les sept étages, tandis qu'un colonel et plusieurs sous-officiers sont arrivés au penthouse où je me trouvais avec mes enfants.

L'affrontement entre mon mari et les autorités se tendait.

– Où est ce fils de pute ? a demandé le colonel, incapable de cacher la haine qu'il ressentait pour mon mari.

– Colonel, je me suis séparée de lui il y a longtemps.

L'excuse n'a pas tenu. Pablo a appelé à cet instant précis. Quelqu'un avait dû l'informer. L'un des militaires a pris l'appel et mon mari a certainement mal répondu parce qu'aussitôt le colonel m'a serré le bras en me poussant vers le dressing et a fermé la porte.

– Montrez-moi alors quelle nuisette vous allez porter ce soir devant ce tueur de policiers, de magistrats et d'innocents, a-t-il crié.

Tremblante et paniquée, je n'ai pas eu d'autre choix que de sortir un sous-vêtement d'un tiroir et de le lui montrer. L'officier était hors de lui. Ces minutes étaient éternelles. J'ai imploré Dieu de me délivrer de cet homme. Heureusement, le bruit des armes et des pas dans la chambre l'a forcé à ouvrir la porte.

Après avoir inspecté l'immeuble dans ses moindres recoins pendant trois longues heures, les militaires sont repartis, frustrés. J'étais dévastée. Lors de cette perquisition, j'avais été harcelée, mais je ne pouvais pas me plaindre ou dire quoi que ce soit. Je devais me taire et supporter l'indignation.

Quelques heures plus tard, Pablo a rappelé et je lui ai tout raconté en pleurant. Il était furieux. Plusieurs semaines se sont écoulées sans avoir de ses nouvelles, jusqu'au matin du 18 décembre 1986, lorsque plusieurs de ses hommes sont venus nous dire qu'il nous attendait dans une planque. J'ai supposé qu'une nouvelle perquisition allait avoir lieu. Le pays était sous le choc après le meurtre, la veille, du directeur du journal *El Espectador*, Guillermo Cano. Les choses se compliquaient. Pour la première fois, les hommes de Pablo nous ont bandé les yeux.

« Si vous êtes arrêtés, ils vous obligeront peut-être à dire où se trouve le chef », a expliqué l'un d'eux en sortant plusieurs écharpes avec lesquelles nous devions nous couvrir le visage.

La situation était déplaisante, mais je n'avais aucun moyen de contester les ordres de mon mari. Nous avons retrouvé Pablo dans une petite maison de campagne que je ne connaissais pas. L'atmosphère était lourde. J'étais mortifiée par les événements. J'ai immédiatement reproché à Pablo le meurtre du journaliste, parce que les médias l'accusaient, lui.

À cette époque, mon frère Mario était caché dans les îles Rosario et nous en avions parlé au téléphone. Sa conclusion était claire :

« Avec ça, Pablo a foutu notre vie en l'air. »

Je voyais Pablo, un dictionnaire sous le bras. Il disait chercher des termes précis, qu'il s'appliquait. À quoi ? Mystère.

Quelque temps plus tard, alors que je réglais divers problèmes avec Neruda – le conseiller de mon mari pour la rédaction de ses discours au Congrès –, j'ai évoqué ce dictionnaire et l'usage compulsif qu'en faisait Pablo. Ce jour-là, il relisait les communiqués de Los Extraditables, une organisation clandestine qui venait de naître et dont l'objectif principal était de lutter contre l'extradition.

« Victoria, Los Extraditables ont publié le premier communiqué le 6 novembre et regarde, ils ont gagné, puisque le 12 décembre, la Cour suprême a émis un autre décret sur le traité d'extradition avec les États-Unis. Mais deux jours plus tard, le gouvernement sortait un nouveau décret le remettant à l'ordre du jour. Le journal *El Espectador* a publié un éditorial intitulé "La fête tombe à l'eau pour les mafieux" ; et regarde ce qui s'est passé. »

Il a conclu par une phrase énigmatique.

« Pablo ne va pas s'arrêter, Victoria. »

1987

Le domaine de Nápoles a été confisqué pour la première fois en 1984, quand l'État a déclaré la guerre à Pablo et au trafic de drogue, après l'assassinat du ministre de la Justice Rodrigo Lara Bonilla. Je n'ai jamais su comment il avait réussi à le garder. Pendant plusieurs années, Pablo nous y a emmenés sans aucune restriction. Ce fut le cas mi-janvier 1987. Nous sommes restés plusieurs jours à l'hacienda. Puis Pablo a décidé d'emprunter l'autoroute pour se rendre à Medellín, nous déposer à l'immeuble Monaco et se réfugier dans une de ses planques. Ce fut une grave erreur. Nous avons vécu l'une de nos pires expériences.

Pablo conduisait une camionnette, je me trouvais à côté de lui avec Manuela. Juan Pablo et Carlos Lehder étaient installés à l'arrière. Deux véhicules roulaient devant, un avec

Otto, Mugre et Pasquín et un autre avec Luigi et Dolly. Ils avaient pour consigne de rouler à moins de 2 kilomètres de distance pour ne pas perdre le contact par radiotéléphone. La journée était ensoleillée, il y avait peu de circulation. Pablo conduisait à un bon rythme. Au milieu du trajet, Luigi a averti qu'il venait de franchir le péage de Cocorná, à mi-chemin de Medellín, et qu'il avait remarqué un poste de contrôle de police avec quatre hommes en uniforme. Mon mari a continué à rouler. Je me demandais pourquoi il ne s'arrêtait pas. Je craignais que quelque chose de grave se produise. Lehder a lu dans mes pensées :

– Pablo, je pense que nous ne devrions pas tous prendre le même chemin, tu ne crois pas ?

– Oui, je sais, juste avant le péage, il y a un virage et, de là-haut, nous pourrons avoir une vision d'ensemble.

Pablo a pris le virage et s'est garé devant un restaurant d'où il pouvait voir le contrôle de police. Après quelques secondes, il a dit à Otto par radio de stationner son véhicule à côté pour effectuer un transfert. Il préférait que je conduise jusqu'à Medellín avec Juan Pablo et Manuela. Lehder est descendu du 4 x 4 le fusil à la main, Pablo l'a suivi avec son Sig Sauer à la taille et ils ont sauté à l'arrière de la Renault 18. Otto a installé le sac de sport de mon mari et le sac à dos de Lehder dans le coffre, ainsi qu'un sac de nourriture que j'avais préparé.

J'ai roulé vers le péage et je suis restée derrière deux véhicules qui allaient payer. Dans le rétroviseur, j'ai vu que la Renault 18 arrivait à contresens et qu'elle atteignait le péage. Lehder a sorti la tête par la fenêtre avec la mitraillette et a crié : « Nous sommes des agents du F-2… ne tirez pas. » Les tirs commençaient et nous nous trouvions en plein milieu.

Tout s'est passé extrêmement vite. Un policier a tiré sur le pare-brise arrière de la voiture. Depuis la fenêtre du passager avant, Otto a visé un autre policier qui a réussi à sauter dans le fossé. Pasquín a lâché une rafale avec son fusil. Enfin, les pneus ont crissé et la Renault 18 s'est éloignée à vive allure. Ces moments sont indescriptibles. Je tremblais de panique, je craignais le pire, mais je devais faire comme si nous n'avions rien à voir avec cet événement. En me retournant, j'aperçus le visage effrayé de Juan Pablo. Il protégeait avec son corps sa sœur en pleurs.

Le chaos était total. On entendait des cris et des appels à l'aide. Un instant plus tard, un policier s'est approché, m'a dit de ne pas payer le péage et de partir. Mais un homme en civil, avec une arme à la main, s'est interposé. Il avait tout vu. Les hommes qui avaient tiré étaient descendus de la camionnette que je conduisais. Les policiers ont alors pointé leurs armes en notre direction, nous ont fait descendre et nous ont fouillés brutalement. Puis ils nous ont rassemblés avec une vingtaine de personnes qui étaient également au péage et nous ont emmenés dans une petite maison où l'administration travaillait. Nous y sommes restés environ cinq heures. Manuela pleurait parce que c'était l'heure de prendre son biberon et de changer sa couche. Je me sentais impuissante face à l'indifférence des policiers, qui ne comprenaient pas que je devais m'occuper de ma fille, qui avait à peine deux ans et demi.

« Vous allez voir, fils de pute, ce qu'on va vous faire. Vous n'allez pas y échapper, narcos assassins ! » criaient les policiers, après avoir su qu'ils avaient été à deux doigts d'attraper Pablo Escobar.

Un policier a déclaré que nous devions l'accompagner, car il avait reçu l'ordre de nous conduire au commandement de la police d'Antioquia, situé à Medellín. Nous nous sommes assis à l'arrière et pendant une bonne partie du trajet le policier qui conduisait m'insultait pour avoir donné naissance aux enfants d'un voyou. Au siège de la police, je portais Manuela endormie dans mes bras, enveloppée dans sa couverture. Le commandant, le colonel Valdemar Franklin Quintero, nous attendait. Il a arraché si fort le sac et la couverture qu'il a presque jeté ma fille par terre.

– Emmenez cette vieille fille de pute et les enfants de ce fléau au cachot, a-t-il crié, et ses hommes se sont précipités pour exécuter l'ordre.

– S'il vous plaît, laissez-moi au moins la couverture de la petite et son sac pour lui donner à manger. Cela fait des heures que nous n'avons rien mangé et au péage on ne nous a même pas donné un verre d'eau. Ici, ce sera pareil ?

Je sanglotais, mais personne ne répondait, tandis que le colonel s'éloignait avec un regard de haine. À 1 h 30 du matin, alors que l'activité se calmait, une policière s'est approchée et m'a tendu un biberon prêt. Je l'ai remerciée, mais je ne comprenais pas pourquoi ils devaient avilir mes enfants à cause des actions de leur père. Quelques minutes plus tard, Manuela buvait le lait lorsque l'avocat José Aristizábal est apparu.

« Madame, je viens de la part de monsieur. Il va bien, ne vous en faites pas, je vous sors d'ici dès demain. Je vais emmener vos enfants chez leur grand-mère Nora. »

Je lui ai confié ma fille, et Juan Pablo a suivi l'avocat. Ils se sont rendus dans une maison où attendaient Pablo,

Lehder, Otto, Mugre et Pasquín. Mon mari a donné l'ordre d'emmener Manuela chez ma mère. Juan Pablo resterait avec lui.

Le lendemain, Me Aristizábal est venu me chercher au poste de police et, en chemin, il m'a raconté que Pablo était furieux de ce qui était arrivé à Manuela.

« Je n'oublierai jamais l'expression de votre mari, madame. C'est la seule fois où je l'ai vu pleurer. Il m'a dit : "Maître, qui est le plus voyou ? Moi, qui ai choisi de l'être, ou ceux qui, ayant de l'autorité, se permettent d'effrayer avec leurs uniformes de policiers mes enfants et ma femme innocents ? Répondez-moi, maître, qui sont les plus voyous, eux ou moi ?" »

Nul doute que cet épisode accentuerait sérieusement l'animosité de Pablo envers la police. Il avait annoncé à son avocat qu'il nous vengerait. C'était une rancune vieille de plusieurs années, quand Pablo et quelques amis du quartier de La Paz jetaient des pierres sur les patrouilles pendant leurs rondes.

Deux semaines après l'incident de Cocorná, le 4 février 1987, j'ai reçu un appel d'une copine de l'école, qui me suggérait d'allumer la radio. La police avait capturé Lehder dans une ferme de la municipalité de Retiro, à 36 kilomètres de Medellín. Il allait être immédiatement extradé vers les États-Unis. Mon mari se trouvait au domaine Nápoles quand il a découvert les images de Lehder embarquant dans l'avion. Pablo était sous le choc et a vivement réagi : « Jette-toi dans les hélices ! Je ferais ça ! Je ne me laisserais pas embarquer avec ces putes. Je préfère me jeter sur les lames et mourir plutôt que de monter dans cet avion. »

Trois jours après l'extradition de Lehder, nouvelle perquisition. Le commandant est arrivé au penthouse avec vingt hommes armés de fusils qui ont collé nos deux gardes du corps et nos employés contre le mur. Juan Pablo et Manuela dormaient encore. Il était 6 heures du matin. Je venais de me lever.

– Madame, où est ce monstre ? Vous savez où il se trouve, et si vous ne me le dites pas maintenant nous allons vous arrêter.

Juan Pablo s'est levé quand il a entendu l'agitation. Il pleurait, il semblait terrifié. Je le rassurais comme je pouvais, lui chuchotant de ne pas s'en faire, qu'il ne se passerait rien.

– Capitaine, si vous ne savez pas alors que vous êtes intelligent, comment pourrais-je le savoir, moi ? Je ne le vois plus. Et même si c'était le cas, il ne me dirait jamais où il se cache.

Mon explication n'a pas plu à l'officier, qui a donné l'ordre de retourner entièrement l'appartement à la recherche de l'argent, de la drogue, des armes. La perquisition a duré six longues heures. Le capitaine m'a lancé un avertissement :

– Dites à ce criminel que nous allons le retrouver, on a déjà extradé son petit copain.

Deux jours plus tard, j'ai rejoint Pablo dans un appartement quelque part à Medellín. Il était inquiet et en colère.

« Pablo, Pablo, qu'est-ce que tu vas faire ? »

Il n'a rien dit, se contentant d'annoncer de nouvelles mesures de sécurité extrêmes pour notre famille. Plus tard, lorsque l'enfermement nous a obligés à rester longtemps cachés, je l'ai interrogé au sujet de Lehder. L'avait-il livré comme le laissait entendre la rumeur ?

« Non Tata, on ne s'amuse pas avec l'extradition. C'est vrai qu'il n'allait pas bien, qu'il se droguait beaucoup et qu'il avait dépensé presque tout son argent, mais nous sommes restés en bons termes, même après avoir mis le bazar avec Rollo. »

Il n'en a pas dit plus. À quoi faisait-il référence en parlant de Rollo, un homme qui travaillait pour lui ? Une des employées m'a donné le fin mot de l'histoire, des années plus tard. Alors qu'elle se trouvait dans la cuisine de la maison principale de Nápoles, elle a entendu des bruits inquiétants, des tirs, des cris autour de la piscine. Elle s'est cachée sous une table. Selon elle, Lehder a assassiné Rollo d'un coup de fusil parce qu'il flirtait avec une jeune femme qu'il aimait. Pablo était furieux et a donné l'ordre de l'éloigner de l'hacienda par hélicoptère.

Le 27 juin 1987, quatre mois après l'extradition de Lehder, mon mari est arrivé à l'immeuble Monaco, radieux. Je ne l'avais pas vu depuis longtemps. La Cour suprême de justice venait d'annuler la loi pour l'extradition. La procédure judiciaire engagée contre lui n'avait donc plus lieu d'être. Exempt de poursuites judiciaires, Pablo vivait à la maison, ce qui n'était pas arrivé depuis trois ans et neuf mois. Nous avons réintégré notre maison pour le plus grand bonheur de Manuela et de Juan Pablo, qui aimaient que leur père les accompagne à l'école. C'était sans compter un impressionnant attirail de sécurité : dix camions Land Cruiser, avec quatre ou cinq gardes à leur bord, armés d'AK-47. Manuela, âgée d'à peine trois ans, se souvient encore d'avoir trouvé bizarre d'aller à l'école avec son père entouré de nombreux hommes armés.

Pendant cette période de relative tranquillité, Pablo passait la plupart de son temps avec nous, mais comme toujours il avait quelques rendez-vous d'affaires. Il rentrait à l'aube. Il était évident que ses rendez-vous n'étaient rien d'autre que des escapades avec ses maîtresses.

Avec Pablo, rien ne durait longtemps. Dans la nuit du 11 octobre 1987, il est parti se cacher après le meurtre de l'ex-candidat à la présidence et dirigeant de l'Union patriotique, Jaime Pardo Leal.

Avant de fuir, il m'a répété qu'il n'avait rien à voir avec ce crime, mais qu'ils allaient lui faire endosser, raison pour laquelle il préférait se planquer. Moins de douze heures plus tard, nouvelle perquisition, cette fois par l'armée. Dans ces moments de guerre, l'immeuble Monaco était fouillé trois fois par semaine.

Pablo s'était camouflé depuis plusieurs semaines lorsque Pasquín est arrivé avec de nouvelles instructions : il fallait préparer l'appartement du troisième étage car Jorge Pabón, un ami, allait y séjourner pour un temps indéterminé.

Depuis le début, Pabón, surnommé « el Negro », semblait peu fiable. Je voyais défiler des hommes baraqués et peu avenants. J'ai transmis mon inquiétude à Pablo par le biais d'un messager. Une nuit, il est apparu. Je lui ai à peine dit bonjour :

– Pablo, qui héberges-tu dans l'immeuble ?

– Tata, ne t'inquiète pas, c'est un grand ami qui compte pour moi.

– Pablo, ces gars sont effrayants. Un jour, ils nous tueront.

– Non, quelle idée mon amour !

Peine perdue. Pablo est parti. « El Negro » Pabón est resté, malgré mes pleurs et mon désespoir. Pablo m'a expliqué qu'il avait une dette envers lui. En 1976, lorsqu'il était détenu à la prison de Bellavista avec mon frère Mario et son cousin Gustavo, Pabón leur avait sauvé la vie en leur évitant d'être attaqués par des détenus. Ils s'étaient perdus de vue. Puis Pabón a demandé de l'aide à Pablo lorsqu'il est revenu de New York après avoir passé deux ans en prison pour trafic de drogue. Pablo l'appréciait et lui avait proposé de l'héberger. Je ne sais pas s'il a pris la mesure des conséquences de cet acte, car la présence de cet homme a été fatale.

1988

« Au secours, au secours ! » Les cris de Juan Pablo m'ont réveillée en sursaut. J'essayais de bouger, mais impossible. J'étais coincée entre le matelas et une partie du plafond de ma chambre, tombé sur mon dos. Mon fils hurlait qu'il n'arrivait plus à respirer. Affolée, j'ai commencé à bouger d'un côté et de l'autre pour me libérer du poids qui m'oppressait. Je ne comprenais pas ce qui se passait. Je pensais être tombée au sous-sol de l'immeuble et qu'il faudrait plusieurs jours avant d'être découverte. J'ai crié à Juan Pablo d'être patient, que nous allions nous voir vite.

À force de me débattre dans tous les sens, j'ai fini par tomber dans un trou. Quand j'ai réussi à en sortir, j'ai levé les yeux et j'ai vu le ciel. J'entendais au loin des gens crier à l'aide. Au milieu d'un amas de décombres et d'énormes clous qui dépassaient du plafond écroulé, j'ai pu atteindre Juan Pablo. J'entendais les sanglots de Manuela. J'ai couru dans sa direction. Quel soulagement ! Elle était saine et sauve dans les bras de sa nounou. J'ai eu une vision d'horreur : le cadre d'une fenêtre en aluminium était tombé dans son berceau alors qu'elle prenait son biberon. Moi, je n'avais qu'une égratignure sur le front. J'ai remercié Dieu.

Je suis retournée chercher Juan Pablo, toujours coincé entre une dalle de béton et son lit. Je cherchais un moyen de l'extraire de là. Une petite sculpture de Fernando Botero était posée sur la table de nuit. Elle avait supporté le poids du plafond. Avec une force surnaturelle, j'ai réussi à soulever un morceau de ciment. Mon fils est sorti avec beaucoup de difficulté. Au milieu de cette catastrophe, tout ce que je souhaitais, c'était partir avec mes deux enfants. J'ai trouvé une lampe de poche et allumé les escaliers. Avec tous ces débris, impossible de descendre. Le téléphone de la cuisine a sonné. C'était Pablo.

– Mister, ils nous ont tués, ils nous ont tués ! dis-je, brisée.

– Reste calme Tata, j'envoie quelqu'un vous chercher.

– Non, je veux aller chez ma mère !

Quand j'ai raccroché, Marina m'a dit que Pablo avait déjà appelé pour savoir comment nous allions, mais elle n'avait pas pu lui répondre parce qu'elle n'avait pas réussi à atteindre le deuxième étage du penthouse. Nous étions pris au piège. J'ai crié à en perdre la voix. Quelques minutes plus tard, deux gardes du corps ont ouvert une brèche à travers laquelle nous avons pu rejoindre le rez-de-chaussée.

Marina m'a tendu une paire de chaussures, mais Juan Pablo a dû marcher pieds nus, risquant de se couper avec le fer tordu et le verre éparpillé sur le sol. Nous avons découvert les dégâts : des blessés et des ruines tout autour, beaucoup de ruines.

Tout est allé si vite. Quelques minutes s'étaient écoulées depuis les cris de mon fils et je n'avais toujours aucune idée de ce qui s'était passé. J'ai pensé à un tremblement de terre. Nous sommes montés à bord d'un camion près de la porte principale. Un garde du corps s'est approché. Tout portait à croire qu'une voiture piégée avait explosé à l'arrière du bâtiment. Il était environ 6 heures du matin le 13 janvier 1988.

Dans la rue, une de mes sœurs qui vivait à proximité avait été réveillée par l'explosion.

« Tata, en venant ici, depuis l'avenue, on voyait un point noir. J'ai eu peur de vous trouver tous morts. »

Quand j'ai rejoint Pablo dans la cachette El Bizcocho, nous nous sommes étreints, en pleurs.

À l'intérieur se trouvaient mon beau-frère Roberto et Mugre. Ils étaient sur la terrasse de l'hacienda quand une forte explosion a retenti, la terre a tremblé et un nuage en forme de champignon s'est élevé dans le ciel.

Nous avons bu un chocolat chaud. Ils ne cessaient de parler. Mon rêve de vivre éternellement dans l'immeuble Monaco s'est évanoui en un instant. J'avais vingt-six ans et j'étais triste.

« J'ai cru que vous étiez morts. Je savais qu'ils mettraient une bombe, mais je n'ai jamais imaginé que ce serait contre vous », a dit Pablo, consterné.

Un coup de téléphone a retenti. Pablo a pris l'appel. « Ces fils de pute m'ont appelé pour savoir si j'avais survécu. Je les ai remerciés d'avoir avoué qu'ils étaient les auteurs de l'attentat. »

Cette phrase était une énigme. La bombe avait tué trois personnes, en avait blessé dix et plus d'une centaine avaient été touchées. Plus tard, j'ai su que l'origine de cet attentat était la mésentente entre les capos du cartel de Cali et mon mari, à propos de Pabón. Ce n'était pas pour le trafic de drogue ou le marché de la cocaïne, mais à cause d'une femme.

L'histoire est simple. Piña, un homme qui travaillait pour Hélmer « Pacho » Herrera, l'un des capos du cartel de Cali, a eu une aventure avec la femme de « el Negro » Pabón, lorsqu'il était en prison. La bombe a explosé parce que les hommes de Cali devaient savoir que « el Negro » vivait chez nous.

Au cours des quarante-huit heures qui ont suivi, mon mari a cherché à savoir par tous les moyens qui avait activé la voiture piégée. Je l'observais en silence. Il était attaqué ainsi pour la première fois et sa famille avait frôlé la mort.

La violence continuait, avec des prises d'otages de personnalités politiques. Je me sentais impuissante. Il nous mettait constamment en danger. Le 21 février 1988, Juan Pablo a failli être séquestré. J'étais terrorisée. Aux informations, je voyais que Pablo avait commencé à se venger en détruisant les intérêts économiques du cartel de Cali. La pression des autorités augmentait elle aussi. Le 22 mars 1988, ils m'ont embarquée au cours d'une perquisition. Quand ils m'ont relâchée, j'ai appris que la police s'était rendue à l'école, mais le directeur, voyant les soldats approcher, avait caché mon fils chez lui.

Ce 22 mars, Pablo a fait l'objet d'une vaste opération militaire. Plus d'un millier de soldats à ses trousses, trois hélicoptères et plusieurs tanks ont tenté de l'attraper dans sa planque El Bizcocho. C'est un couple de paysans embauché pour surveiller les mouvements alentour qui a donné l'alerte. Pablo et ses hommes se sont enfuis dans la montagne.

1989

Un matin de la fin du mois de janvier 1989, Pinina est arrivé dans l'immeuble où nous nous cachions.

« Madame Victoria, le patron dit que les choses vont se compliquer et il veut que vous lui promettiez de ne pas bouger d'ici. Il dit qu'il faudra annuler les cours privés de Manuela et de Juan Pablo et qu'il suspendra le courrier pendant un moment, car le risque est important. »

Nous n'avions pas d'autre choix que d'obéir. L'avertissement était réel. L'année 1989 resterait dans les mémoires comme l'une des plus violentes de l'histoire de la Colombie. Mon mari en serait le protagoniste principal.

Nous résidions dans un appartement spacieux à Medellín. La présence de familles aisées nous protégeait. Les autorités ne se sont pas doutées que nous habitions là. J'avais acheté ce duplex sans en parler à Pablo. Officiellement, je le louais à une ancienne copine d'école. En réalité, je voulais un lieu pour nous réfugier, non identifié. Nous y sommes restés six mois.

Mais nous étions de plus en plus isolés. Aucun de ses hommes n'est plus réapparu. Je n'avais plus de nouvelles. J'avais embauché un couple se faisant passer pour les propriétaires. Ils allaient faire les courses et payaient les factures.

Nous avions une terrasse. Chaque jour, avec Manuela, nous peignions, regardions des films, jouions à cache-cache, changions les habits des poupées et, quelquefois, nous nous baignions dans la petite piscine. Mais quand les jeux se terminaient, la petite pleurait de tristesse. Elle s'endormait, épuisée. Juan Pablo passait ses journées enfermé dans sa chambre à l'étage avec son ami Juan Carlos Puerta « Nariz ». Son seul contact avec le monde extérieur se limitait à la terrasse de sa chambre. Il admirait l'horizon. Pour tuer les heures, avec son copain, ils fabriquaient des maquettes d'avions et faisaient des puzzles de milliers de pièces. De temps en temps, Juan Pablo descendait pour manger avec nous ou pour regarder le journal télévisé.

Nous vivions dans une prison dorée. Le 30 mai 1989, un attentat à la voiture piégée a pris pour cible le directeur du Département de sécurité (Departamento Administrativo de Seguridad, DAS), le général Miguel Maza Márquez. L'explosion a coûté la vie à sept personnes et produit de graves dommages. Maza a été blessé. Les mois suivants, la vague de violence a continué. Des *sicarios* (« tueurs à gages ») à moto ont assassiné la juge María Helena Díaz à Bogotá et le juge Carlos Valencia García à Medellín. Une voiture piégée a aussi tué le gouverneur d'Antioquia, Antonio Roldán Betancur.

Le 18 août 1989, les hommes de mon mari ont assassiné le colonel Valdemar Franklin Quintero, commandant de la police d'Antioquia, dans les rues de Medellín. C'est ce même officier qui, plus de deux auparavant, avait refusé le biberon à Manuela, après notre arrestation au péage de Cocorná. Le rapport indiquait que six tueurs à gages avaient vidé leurs chargeurs.

Dans la nuit, ce même jour, le candidat à la présidentielle Luis Carlos Galán a été abattu en arrivant à une manifestation sur la place principale de la municipalité de Soacha, au sud de Bogotá. Dans l'enquête que mon fils a réalisée pour son livre *Pablo Escobar, mon père*, on lui a raconté que la décision d'assassiner Galán avait été prise en juin 1989, lorsque le leader politique avait annoncé sa participation à une réunion du Parti libéral pour se porter candidat à la présidence de la République. Galán avait déclaré que le seul outil efficace pour lutter contre le trafic de drogue était l'extradition. Pablo avait affirmé : « Moi en vie, il ne sera pas président ; un mort ne peut pas être président. »

L'assassinat de Galán a plongé le pays dans une profonde crise, et le gouvernement du président Virgilio Barco a lancé une vaste offensive contre les cartels de la drogue. La Fuerza élite (« Force d'élite »), une nouvelle structure au sein des agences de la sécurité, a été créée. Elle était chargée de poursuivre uniquement et exclusivement le cartel de Medellín. À cette époque, nous vivions dans l'immeuble Altos et, pendant plus de deux mois, nous n'avons eu aucun contact avec Pablo. Puis un de ses hommes est arrivé avec un message : il nous attendait dans un endroit reculé et inhospitalier des montagnes Envigado. Le voyage a été tortueux. Après une heure et demie de voiture, nous avons marché plus de deux heures et parfois grimpé à dos de mule jusqu'à une planque qui se trouvait sur le versant est de la montagne. Ces terrains étaient adjacents à la prison de La Catedral qui serait construite deux ans plus tard.

Nous avons atteint notre but à bout de forces, avec de la nourriture et des colis pour Pablo, mais à ce moment-là nous avons appris grâce au radiotéléphone qu'une opération de police était en cours. Nous avons avalé la nourriture et avons rebroussé chemin. Manuela n'était pas au courant de ce qui se passait et Pablo lui a annoncé qu'il avait préparé une surprise : un safari nocturne à travers la forêt sur un petit lit. L'idée lui a plu. Ses hommes de main ont fabriqué une civière avec les barreaux d'une échelle en bois. Pablo a souvent inventé des histoires pour que Manuela ne réalise pas que nous étions en fuite ou en danger.

Nous l'avons installée avec de nombreuses couvertures, car il faisait très froid. Quatre garçons l'ont ainsi transportée jusqu'au véhicule. Il était 5 heures du matin, mes bottes étaient pleines de boue et j'étais exténuée. En arrivant dans l'appartement, j'ai retrouvé ma mère en pleurs.

– Ma fille, cet homme va vous faire tuer.

– Maman, calme-toi, nous sommes revenus par mesure de précaution, c'est tout.

Au fond de moi, j'étais morte de peur. Pablo devenait un risque réel et je sentais mes forces me lâcher.

Le 2 septembre 1989, une voiture piégée a explosé devant le journal *El Espectador*. La vague terroriste n'a pas cessé les jours suivants. Des attentats ont visé le journal *Vanguardia Liberal*, à Bucaramanga, l'hôtel Hilton à Carthagène et plusieurs sièges de partis politiques à Bogotá. Nous devions déménager de plus en plus souvent. J'étais furieuse contre Pablo. Sa folie nous faisait du mal. Nous étions obligés de partir de nuit, avec une petite fille de cinq ans et un garçon de douze, souvent sous la pluie, terrorisés à l'idée que les ennemis de Pablo nous capturent.

Pour échapper un peu à la pression, le 19 septembre 1989, nous avons retrouvé mon frère Mario à Altos. Il se rendrait auprès de Pablo dans une *finca* et nous irions passer quelques jours avec ma mère, une sœur, mon frère Fernando et Astado, à l'hôtel San Pedro de Majagua, dans les îles Rosario. Ma mère avait encore de sombres prémonitions. Elle suppliait Mario de ne pas faire ce voyage : il allait être tué et ses deux enfants seraient orphelins. Il lui a répondu de ne pas s'inquiéter, qu'il ne se passerait rien. Après le dîner, Mario nous a dit au revoir et nous l'avons tous accompagné à l'ascenseur. Chaque fois que la porte était sur le point de se fermer, ma mère l'ouvrait et le mettait en garde. À la cinquième fois, Mario n'a pas laissé la porte se rouvrir. C'est la dernière fois que nous l'avons vu en vie.

Le 23 septembre, à 17 heures, nous étions assis à une table autour d'un arbre lorsque ma mère a annoncé :

– Ils ont bombardé Pablo à Puerto Triunfo.

– Allez, maman, arrête avec tes tragédies.

Les paroles de ma mère nous ont mis la puce à l'oreille. Sans qu'elle s'en rende compte, nous avons allumé la radio. On parlait d'une vaste opération contre Pablo au domaine El Oro, dans le port de Cocorná. Mon mari avait pris la fuite. Plusieurs femmes avaient été arrêtées et un homme était décédé.

Le lendemain, à 5 heures du matin, ma sœur Astado, Fernando, deux bateliers et moi étions prêts à rejoindre Carthagène pour avoir des informations plus précises. Ma mère s'est penchée au balcon de sa chambre et a demandé où nous allions. Nous lui avons raconté que nous sortions regarder le lever du soleil.

Le batelier a navigué à grande vitesse. Nous sommes arrivés dans un appartement de Carthagène où nous avons téléphoné pour savoir où se trouvaient Pablo et Mario. Les personnes contactées à Medellín et à Puerto Triunfo ont répondu que mon mari allait bien, mais que plusieurs hommes étaient restés dans la jungle. On n'avait aucune nouvelle de Mario. Inquiets, nous sommes retournés à l'hôtel. À notre retour à Medellín, mon frère n'avait toujours pas réapparu.

Nous avons appris qu'il avait été enterré sous le nom de N.N. dans le cimetière de la ville d'Estación Cocorná, où il avait été identifié comme José Fernando Posada Mora. Une de mes sœurs et sa belle-sœur s'y sont rendues, ont réussi à déterrer son corps et à le ramener à Medellín où il a été incinéré et enterré à Campos de Paz.

Que s'est-il passé ? Pablo, Mario et deux amis se trouvaient à El Oro depuis trois jours avec plusieurs jeunes filles de l'équipe de volley-ball d'un lycée du coin. Ils étaient avec elles lorsque des hélicoptères sont arrivés. Pablo et ses amis ont réussi à s'échapper, mais Mario n'a pas eu le temps de bouger. Il a été touché par plusieurs balles tirées depuis un hélicoptère. La mort de mon frère a énormément affecté Pablo, parce qu'il était son ami, voire l'unique personne qu'il écoutait. Pablo a écrit une lettre qu'il nous a ensuite transmise.

> « Aujourd'hui, j'ai appris la nouvelle de ta mort et de ton absence. Hier, je l'avais pressentie. Je ne savais encore rien, mais je ne pouvais pas contenir les larmes qui coulaient.

J'ai pleuré pour ta mort, en ne sachant pas que tu étais mort. Aujourd'hui seulement, j'ai compris à quel point je t'aimais vraiment. Quelle amertume. Quelle triste et fatale réalité. Mais je te promets que notre combat continuera. Je sais que nous triompherons. Ils ne nous battront pas. Je sais que nous vaincrons. »

Les dernières semaines de cette fatidique année 1989 ont été les plus dures de ma vie, comme celle de tous les Colombiens.

J'étais cachée avec mes enfants. Deux autres attentats ont eu lieu : l'explosion en plein vol d'un avion avec cent trois personnes à bord, le 27 novembre, puis l'explosion d'un bus piégé devant le siège du DAS, le 6 décembre. Plus de deux cents personnes sont mortes. J'ai pleuré comme jamais. Dans ma solitude, je priais Dieu pour qu'il me donne la force de survivre.

En décembre, la guerre avait atteint son point culminant. Le 15 décembre, j'étais avec ma mère quand quelqu'un a appelé pour nous annoncer que la police avait abattu Gonzalo Rodríguez, le « Mexicain ». C'était une immense perte pour Pablo. Et pour la première fois, j'ai vraiment pensé que tôt ou tard il lui arriverait la même chose.

1990

En mai 1990, la situation s'était embourbée. L'affrontement entre mon mari, le cartel de Cali et les autorités était arrivé à un niveau insoutenable. Des escadrons d'hommes armés circulaient dans la ville, dans une quasi-guerre civile.

Je me suis installée dans un immeuble où vivait l'une de mes tantes.

Nous avons vu deux fois Pablo, pour de courtes visites d'une heure. La mort du « Mexicain » l'avait contraint à revoir ses plans de sécurité parce que le « Navegante », l'homme qui l'avait balancé, connaissait toutes ses planques. Il a dû changer ses voitures, trouver de nouvelles caches, modifier son système de messagerie et même remplacer ses gardes du corps.

Étrangement, j'étais optimiste. Je sentais souffler le doux vent de la paix.

Le gouvernement de Virgilio Barco avait annoncé que, si les trafiquants de drogue se rendaient, ils pourraient bénéficier d'un traitement judiciaire sur mesure.

Cependant, l'assassinat, en mars 1990, de Bernardo Jaramillo Ossa, candidat à la présidence, avait ravivé l'affrontement, parce que le gouvernement avait mis cela sur le dos de Pablo. Mon mari avait aussitôt envoyé un démenti, mais le mal était fait.

Les médias ont publié tous les détails des négociations secrètes menées entre le gouvernement et les émissaires de mon mari, au sujet de la libération d'un haut fonctionnaire et de deux employés d'une entreprise importante de Medellín. Ces trois personnes avaient été libérées en janvier 1990, mais, après la révélation des négociations, le gouvernement a exposé publiquement que l'extradition n'avait jamais été un enjeu et que seule la reddition inconditionnelle des trafiquants de drogue était à l'ordre du jour.

Pablo nous a envoyé un de ses hommes pour nous prévenir que la situation allait empirer. Nous ne devions sortir sous aucun prétexte.

Au cours des semaines suivantes, des événements graves se sont produits. Selon des journalistes, ils avaient été commandités par Pablo et exécutés par ses hommes. La barbarie était innommable : attentats à la voiture piégée à Bogotá, Cali et Medellín, attaques contre la Fuerza élite, plus de trois cents policiers tués à Medellín dans l'opération dite *pistola ordenada* (« arme à feu rangée ») commandée par Pablo, qui offrait 2 millions de pesos pour la mort de chaque homme en tenue.

Dans cet enfermement, nous nous trouvions à la limite du supportable. Ma fille de six ans et mon fils de treize ans n'en pouvaient plus. L'attitude démentielle de mon mari nous confinait dans l'enfer.

Je me répétais : « Mais Pablo, jusqu'où iras-tu, mon Dieu ! »

Nos messages désespérés ont donné une idée à mon mari : envoyer Juan Pablo assister à la Coupe du monde de football, qui commençait le 8 juin 1990 en Italie. De cette façon, il faisait d'une pierre deux coups : il sortait notre fils de la spirale de violence et de peur qui nous submergeait et il le distrayait en lui permettant d'assister aux matchs de l'équipe colombienne. Nous ne lui avons rien dit, mais il était aussi question de l'envoyer à l'étranger pour le protéger.

Le voyage a été organisé en un temps record, et Pablo a obtenu un nouveau passeport avec une autre identité pour Juan Pablo, ainsi que des visas pour entrer dans différents pays européens. Juan Pablo était accompagné d'Alfredo Astado, de Juan et Pita, deux amis d'enfance qui sont devenus plus tard ses gardes du corps. Le voyage a eu lieu fin mai. Pour communiquer, notre intermédiaire serait un vieil ami d'Astado qui vivait dans le quartier de La Paz. J'étais seule avec Manuela, et bien que Juan Pablo ait vraiment besoin de moi j'avais compris. Il avait été désigné comme cible par les ennemis de Pablo.

En l'absence de mon fils, je me suis beaucoup occupée de Manuela, qui avait toujours envie de sortir, de voir ses cousins, de rendre visite à ses grands-parents. Mais lui faire plaisir était difficile. Medellín ressemblait à un champ de bataille. Jeudi 14 juin 1990, je suis restée stupéfaite après l'annonce de la mort de Pinina lors d'une opération des forces de police d'élite contre l'immeuble où il vivait avec sa femme et sa fille.

Deux jours avant la fin de la Coupe du monde, je me suis rendue à Francfort avec Manuela, la plus jeune de mes sœurs et une tante maternelle pour retrouver Juan Pablo, Astado et les gardes du corps. Ils savaient que Pablo avait exigé notre départ de Colombie. Ce soir-là, ils nous ont raconté leurs aventures. Ils avaient dû changer de plan, car il n'y avait plus de place dans l'hôtel. Ils n'avaient eu d'autre choix que de voyager cinq heures en train jusqu'à Lausanne, en Suisse, où ils avaient séjourné dans l'élégant Hôtel de la Paix. Ils avaient voyagé de nuit, dormi sur des couchettes et assisté au match de lancement de la Coupe du monde. Ils étaient allés à Bologne, à Milan et à Naples. Ils avaient eu une peur bleue lorsque des policiers les avaient arrêtés, emmenés au commissariat et fouillés. Finalement, ils avaient été relâchés.

« Ils se sont excusés de la manière dont nous avions été arrêtés et ils nous ont demandé où ils pouvaient nous déposer », a raconté mon fils. Nous leur avons demandé de nous ramener au restaurant où ils nous avaient arrêtés.

L'explication était simple : à Lausanne, ils avaient engagé un guide parlant sept langues, conduisant une limousine Mercedes Benz et ayant été autrefois le favori du shah d'Iran. Comment quatre Colombiens et un Suisse dans une telle voiture n'éveilleraient-ils pas de soupçons ? D'autant qu'ils arrivaient à l'hôtel tard dans la nuit, restaient presque tout le temps dans leurs chambres et ne mangeaient pas dehors...

Après le dessert, Juan Pablo m'a montré une lettre que Pablo lui avait écrite le 30 juin 1990, reçue la veille de mon arrivée à Francfort. J'ai été impressionnée par la façon dont Pablo lui conseillait de se comporter, d'étudier, d'apprendre d'autres langues. En d'autres termes, il lui laissait entendre que son séjour en dehors de la Colombie serait plus long que prévu :

> « Tu me manques et je t'aime beaucoup, mais en même temps je suis tranquille parce que je sais que tu apprécies ta sécurité et ta liberté. J'ai pris la décision d'envoyer ta mère et ta petite sœur à tes côtés parce que, dans la lettre que tu m'as écrite, tu dis que tu veux que personne ne manque à ton retour et tu sais que la situation ici est devenue difficile. Quel sacrifice peut être plus dur pour moi que votre absence ? Si tu te montres serein face à ta mère et ta petite sœur, elles seront calmes et, si tu ris, elles et moi rirons aussi. Profite de tout parce que quand j'avais treize ans comme toi, je n'avais rien, mais j'étais heureux. Méfie-toi d'une chose : rappelle-toi que tu n'es pas dans ton pays et que tu ne dois rien faire d'illégal. N'écoute aucun mauvais conseil. Tu feras ce que ta conscience te dictera. N'essaye rien de mal. »

Après avoir écouté leur longue histoire, je leur ai annoncé que je voulais aller à Londres pour étudier l'anglais, mais j'ai rencontré la farouche opposition de Juan Pablo. Il avait adoré la Suisse et il n'en bougerait pas. Je me suis rendu compte qu'il était amoureux de ce pays et j'ai fini par accepter d'étudier le français à Lausanne, mais pas avant de visiter quelques villes allemandes, dont Berlin.

De retour à Lausanne, nous avons loué deux petits appartements très chers et nous nous sommes inscrits dans une école jusqu'en décembre. Fin juillet 1990, nous avons reçu une lettre de Pablo, écrite le 17 du mois, qui affichait un optimisme inhabituel quant à notre avenir :

> « J'ai décidé de changer de stratégie, et la guerre va s'arrêter avec le nouveau gouvernement. Le président a déclaré que l'extradition n'était pas un sujet. Tout dépendrait de la situation de l'ordre public. Alors, la situation de l'ordre public sera bonne. L'Assemblée nationale constituante sera élue prochainement parce que le peuple l'a décidé. Je suis sûr que le premier article qu'ils écriront sera celui de l'interdiction de l'extradition des Colombiens. »

Nous étions heureux. Pour la première fois, Pablo déclarait d'un ton sérieux qu'il était possible de mettre fin au bain de sang qui avait englouti la Colombie depuis six ans, soit depuis le début de la guerre contre le trafic de drogue. Nous avons vraiment pensé que nous pourrions retourner tôt ou tard en Colombie. Tout est tombé à l'eau le 12 août 1990, cinq jours après l'investiture du président César Gaviria, lorsque Gustavo Gaviria – le cousin, l'homme fidèle de Pablo depuis le premier jour – est mort entre les mains de la police. Je savais que mon mari serait dévasté.

Je n'ai rien dit à mes enfants, à ma sœur, ni à ma tante. La disparition de Gustavo était synonyme de guerre. Pablo n'allait pas rester les bras croisés. En effet. Les autorités ont annoncé qu'il avait séquestré Diana Turbay, la fille de l'ancien président Julio César Turbay et directrice du magazine *Hoy x Hoy*, Azucena Liévano, Juan Vitta et Hero Buss ainsi que deux caméramans du journal télévisé, Richard Becerra et Orlando Acevedo.

Nous avons ensuite appris que Pablo détenait Francisco Santos Calderón, le rédacteur en chef du journal *El Tiempo*, enlevé le 19 septembre de cette même année, et Marina Montoya, la sœur de Germán Montoya, ancien secrétaire général de la présidence de Virgilio Barco.

L'enfer était de retour. Juan Pablo allait au kiosque à journaux presque tous les jours pour connaître les nouvelles de son pays. Le 25 septembre, un commandement de vingt hommes envoyé par Pablo avait attaqué les capos du cartel de Cali lors d'un match de football dans une ferme. Au milieu d'une fusillade, dix-neuf personnes avaient été tuées, dont quatorze joueurs, mais Hélmer « Pacho » Herrera et d'autres chefs de cartels avaient réussi à s'échapper.

De mon côté, je devais rassurer mes deux enfants jour après jour. J'ai dû leur inventer un monde et leur faire croire que tout allait bien. J'ai inscrit Manuela dans une école d'équitation. Juan Pablo s'est consacré au VTT.

Comme toujours, les événements en Colombie ne laissaient aucun répit et, au cours de la deuxième semaine de novembre, nous avons appris que mon mari avait encore multiplié les prises d'otages de personnalités.

Le 7 novembre 1990, Maruja Pachón et Beatriz Villamizar avaient été enlevées.

La guerre en Colombie était à son plus haut niveau à la fin des années 1990, et nous pensions naïvement pouvoir continuer notre exil temporaire. Nous nous trompions. Nous avons été contraints de rentrer en Colombie après avoir découvert que les ennemis de Pablo nous avaient localisés dans ce coin pourtant tranquille d'Europe.

Cinq mois après avoir quitté notre pays, nous étions de retour au milieu d'une crise sans nom. Nous sommes arrivés dans un appartement spacieux au septième étage d'un immeuble sur l'avenue orientale de Medellín, non loin du commandement de la police métropolitaine de la ville.

Ma première impression a été terrible. Rester là serait difficile. Les fenêtres étaient obstruées et nous n'avions rien à faire : pas de télévision par câble, et seulement quelques jeux de société avec des livres. Les jours suivants, Pablo m'a dit que le gouvernement céderait peu à peu à ses demandes : la garantie d'une non-extradition et quelques avantages judiciaires.

Il était évident qu'avec dix personnes kidnappées il pouvait faire pression. Pendant les nombreuses heures que nous avons partagées, parce qu'il ne pouvait sortir, j'ai pu décrypter sa stratégie, qui fonctionnait apparemment bien puisqu'en septembre le gouvernement avait déjà publié un premier décret, le 2047, qui offrait des garanties devant les tribunaux à ceux qui avaient comparu. Mais mon mari et ses avocats les trouvaient insuffisantes. Ils ont envoyé un message au gouvernement accompagné de recommandations : la fin de toute extradition, ainsi que la simple présentation des personnes impliquées devant un juge.

Pablo se consacrait à plein temps à ses affaires et regardait compulsivement les nouvelles télévisées le midi et le soir. Comme il changeait frénétiquement de chaîne pour ne rater aucune information sur lui, sur les décrets liés à l'extradition et sur les otages, Juan Pablo lui a suggéré d'acheter une télévision où l'écran pouvait être divisé en deux. L'appareil est arrivé et il a pu regarder deux chaînes en même temps. Il montait et descendait le volume de l'une ou de l'autre.

Le 17 décembre 1990, le décret 3030 est sorti. Pablo s'est enfermé pendant cinq heures pour le lire, le relire, le surligner, le commenter. Il a rempli plusieurs pages de commentaires. Il était en désaccord avec la majorité du texte. Ce jour-là, il m'a dit qu'il demanderait au gouvernement de le modifier et d'en établir un nouveau. Ce document stipulait que la confession était une condition indispensable pour accéder aux avantages judiciaires. Et ça ne l'arrangeait pas.

Le lendemain, 18 décembre, Fabio, le plus jeune des frères Ochoa Vásquez[1], se rendait à la justice.

1991

Une petite lueur d'espoir s'est allumée dans la nuit du 18 avril 1991, quand une de mes sœurs a appelé pour m'informer que le père Rafael García Herreros venait d'envoyer un message codé à Pablo à travers son émission « La Minute de Dieu », diffusée chaque soir. « Je demande aux personnes qui exercent des violences contre les proches de Pablo Escobar d'arrêter [...], car nous

1. Patrons du cartel rival de Cali.

recherchons le bien du pays. […] *Oh mar de Coveñas !*[1] On me dit qu'il veut se rendre. On me dit qu'il veut me parler. […] On me dit qu'il veut me parler, moi humble prêtre. […] Il me fait dire de croire en lui, qu'il est un homme de parole. » Le message du prêtre était court et énigmatique.

Au cours des semaines suivantes, le père García Herreros a joué un rôle clé dans la reddition de mon mari à la justice. Beaucoup de choses se sont passées par la suite. J'ai réussi à rassembler une bonne partie de ces informations.

Le père García Herreros est entré dans notre histoire à l'initiative de Don Fabio Ochoa Restrepo, qui a pensé que le prêtre, une vieille connaissance, pouvait convaincre Pablo de stopper la violence, voire de se rendre. L'angoisse grandissait dans le pays.

La Fuerza élite avait abattu deux hommes proches de Pablo. Le 24 janvier, quatre mois après son enlèvement, Marina Montoya avait été tuée à Bogotá. Le 25, la journaliste Diana Turbay était décédée lors d'une opération de sauvetage ratée. La mort d'otages, la libération d'autres ont conduit Don Fabio à envoyer un émissaire pour discuter avec Pablo des bons offices du père García Herreros.

Mon mari a accepté immédiatement, tout comme le prêtre, qui a promis d'intervenir. C'est ainsi qu'une nuit Pablo a reçu un premier message. Quand il disait : « *Oh mar de Coveñas !* », il faisait référence à Omar, le futur messager.

Une discussion a débuté. En même temps, l'émission « La Minute de Dieu » est devenue un autre moyen de communication entre eux. « Je veux être le garant du

1. « Oh mer de Coveñas ! ».

respect de tes droits, de ceux de ta famille et de tes amis. Je veux que tu m'aides pour savoir ce que je dois faire. »

Pablo et le prêtre avaient prévu de se rencontrer le 18 mai, quelque part à Medellín.

Nous avons décidé d'envoyer nos enfants aux États-Unis. Comme je n'avais aucun moyen de joindre Pablo, j'ai organisé leur voyage. Ils furent accompagnés par mon frère Fernando, par deux gardes du corps et par Andrea, la petite amie de Juan Pablo. Ils sont partis la deuxième semaine de mai. Je suis restée avec ma mère dans son appartement, où je me sentais protégée.

Quelque chose se tramait. Le 20 mai 1991, j'ai appris avec joie la nouvelle : Maruja Pachón de Villamizar – belle-sœur de Luis Carlos Galán – et Francisco Santos avaient été libérés à Bogotá.

J'ai alors entendu à la radio la conversation entre Doña Pachón et le prêtre. « Vous êtes l'homme le plus courageux et le plus généreux du monde. L'amour que vous avez pour la paix en Colombie est immense », a-t-elle déclaré. « Merci à Dieu. Don Pablo est à la hauteur. La main de Dieu est visible », a répondu le père.

Les événements s'enchaînaient de manière vertigineuse. Le 21 mai, un jour après la libération des otages, le gouvernement a publié le décret 1303 qui correspondait presque entièrement aux demandes de Pablo pour se soumettre à la justice. En même temps, le père García Herreros était très actif, et le 23 mai, il envoyait une lettre à Pablo. Je l'ai gardée, tel un trésor.

« Pablo. Je fais de mon mieux pour t'aider en tout. [...] Dis-moi où tu voudrais te rendre, pour qu'aucune opération de police n'ait lieu, parce que tu es sous la protection de la république. [...] Je veux t'accompagner chez la juge. [...] Écris-moi vite pour savoir comment procéder. Je ne veux pas que la police ou le DAS te capturent. Aie confiance en Dieu, tout finira bien. »

La libération des otages et la présence du prêtre García Herreros ont apporté un peu de soulagement face à la pression quotidienne. Au point qu'à la fin du mois de mai 1991, et comme nos enfants n'étaient pas là, j'ai retrouvé Pablo dans une petite maison au milieu d'une végétation épaisse sur la colline des Bénédictins. Il consacrait son temps à négocier sa reddition à la justice. Le père García Herreros jouait un rôle clé. Pablo lui a envoyé une lettre par le biais d'un garde du corps, dans laquelle il expliquait son plan : il avait tout prévu.

Le matin du 18 juin 1991, Juan Pablo et Manuela ont appelé par radio. Ils venaient d'arriver à Miami. Pablo a dit à son fils qu'il se rendrait le lendemain, parce qu'il savait que l'extradition ne figurerait pas dans la nouvelle Constitution.

Le 19 juin 1991, à 11 heures du matin, Pablo s'est approché de moi :

« Prépare tes affaires, et organise-toi pour me retrouver à La Catedral. »

Un étrange mais agréable mélange d'anxiété et d'émotion m'a saisi. L'après-midi, j'ai retrouvé Doña Hermilda pour aller à La Catedral.

Quel avenir nous attendait désormais ? Pablo respecterait-il l'État ? Les accords ? Mes questions restaient sans réponse. J'ai imploré Dieu pour que mon mari profite de cette opportunité pour gagner en sagesse.

J'ai prié pour que le père García Herreros veille sur le mouton noir – mon mari – et qu'il ne quitte pas le troupeau.

À l'intérieur de la prison, Pablo m'a dit, solennellement : « Mon amour, je te promets que tu ne souffriras plus. Je te le promets parce que tu es ma raison de vivre et parce que tu m'as donné deux merveilleux enfants qui méritent de vivre en paix. »

Pablo a dû remarquer mon regard qui le suppliait de bien se tenir, de retrouver sa famille. Du fond de mon cœur, je souhaitais qu'il en soit ainsi. Je ressentais une immense joie pour nous, pour le pays, mais en même temps j'avais peur qu'il soit tout de même extradé. Je croyais sincèrement que, le 19 juin, une nouvelle vie allait commencer. J'ai espéré qu'il laisserait son passé derrière lui et paierait ses fautes. Je lui ai fait confiance.

Même si La Catedral avait l'apparence d'une prison, en réalité tout ce qui s'y trouvait avait été décidé par Pablo, sans aucune intervention de l'État. Les surveillants, les visites, tout ce qui se passait quotidiennement était approuvé ou rejeté par Pablo. Des nuages noirs annonçaient qu'il ne tiendrait pas sa promesse.

Pablo a perdu de vue son pays et son engagement auprès de son trésor, ses enfants. Il s'est égaré et, en voulant retrouver son pouvoir économique et militaire, il s'est noyé dans sa folie.

1992

Mi-juin 1992, nous sommes allées lui rendre visite. Il semblait bizarre, et l'ambiance était étrange. Contrairement à moi, ma mère ne s'est pas tue :

– Si ce déploiement de personnes continue et si ce désordre persiste ici, tu ne termineras pas l'année dans cet endroit.

– Belle-maman, ne t'inquiète pas, il ne se passera rien du tout.

– Pablo, tu es têtu et tu n'écoutes personne.

En partant, ma mère n'était pas tranquille :

– Ma fille, je t'ai tant de fois conseillé de quitter cet homme, et rien. Je recommence. Tu vas mourir et mes petits-enfants aussi. Dis-moi : est-ce que Pablo te menace ? As-tu peur de lui ?

Comme s'il s'agissait d'une nouvelle prémonition, quatre semaines plus tard, nos vies changeraient radicalement. Pablo n'a pas saisi l'opportunité que la vie lui offrait pour purger ses fautes.

Au petit matin du 22 juillet, mon mari s'est échappé de La Catedral avec son frère et neuf de ses principaux lieutenants. Le scandale ne faisait que commencer.

Juan Pablo est arrivé à Altos dans la nuit. Il avait parlé à plusieurs reprises avec Pablo par le biais d'une puissante radio, mais il avait perdu le contact avec lui lorsque le courant avait été coupé.

La guerre entre Pablo et les capos du cartel de Cali n'avait en fait jamais cessé. Nous l'avions deviné lorsque Pablo avait décidé de construire des cabanes cachées dans la campagne, loin de la prison. Ses ennemis avaient prévu de lâcher plusieurs bombes depuis un avion.

J'ai eu des nouvelles de mon mari quatre jours après l'évasion.

Nous l'avons rejoint dans sa planque. Popeye s'est lancé. Il a dit qu'il en avait assez. Angelito l'a alors remplacé.

Il y avait des tours de garde la nuit. À la fin de l'année, on a senti que la clandestinité serait compliquée. Les informations parlaient des perquisitions réalisées par le Bloque de Búsqueda. La possibilité de reddition des hommes qui s'étaient évadés avec Pablo était imminente. Ce fut le cas, et les jours suivants, Roberto Escobar, Otto et Popeye se sont rendus à la justice et ont été incarcérés à la prison de haute sécurité d'Itagüí.

J'avais peur. En m'installant à Altos, je craignais pour ma vie et celle de ma famille. J'ai alors pris la décision de déménager. Nous nous sommes installés dans l'appartement de mon frère Fernando sur la colline de Los Balsos, le 21 décembre 1992. Nous venions de poser nos sacs quand les informations télévisées ont révélé que mon mari avait personnellement participé à l'installation de deux postes de contrôle sur la route de Las Palmas avec cinquante hommes armés qui s'étaient identifiés comme des fonctionnaires du DAS. Aux deux endroits, ils avaient arrêté des dizaines de voitures en provenance de l'aéroport José María Córdova et, après avoir vérifié les documents des voyageurs, ils les laissaient passer.

J'étais surprise par l'attitude suicidaire de mon mari. Je ne trouvais pas d'explication.

Cinq mois après son évasion de La Catedral, notre situation devenait de plus en plus difficile. Où pouvions-nous

nous cacher à Medellín ? La guerre avait encore atteint un niveau supérieur, et le sentiment d'impuissance devenait insupportable. Pablo a dû le percevoir le 23 décembre 1992, lorsque nous l'avons retrouvé dans une planque pour passer ensemble Noël et le Nouvel An. L'atmosphère était tendue. Nous avions froid. Nous avions peur. Manuela pleurait sans cesse. Elle voulait être ailleurs, avec sa grand-mère, avec ses cousins. La guerre nous atteignait, et l'avenir semblait incertain.

1993

Le groupe clandestin des Pepes est alors apparu.

Leur premier fait d'armes fut la destruction de la *finca* de ma belle-mère Hermilda dans la municipalité de Peñol, à l'est d'Antioquia. Puis l'explosion de voitures piégées devant les bâtiments Abedules et Altos, où vivait une bonne partie des familles Escobar Gaviria et Escobar Henao. La guerre entrait dans une nouvelle phase.

Mi-janvier, le paramilitaire Carlos Castaño a détruit El Vivero, où travaillait une de mes sœurs, ainsi que sa maison. Avec l'émergence de ce nouvel ennemi, le groupe des Pepes, mon mari paraissait inquiet. Manuela et Juan Pablo devaient partir aux États-Unis. Ça les sauverait.

Nous avons convenu que les enfants iraient avec Martha, l'épouse de mon frère Fernando, leurs deux enfants et Andrea, la petite amie de Juan Pablo. Copito et Algodona, les bébés caniches français de Manuela, seraient du voyage. Ma fille a refusé catégoriquement de les quitter. Pablo a prévenu que nous devions redoubler de prudence pour nous rendre à l'aéroport, car les Pepes étaient toujours à l'affût pour capturer nos enfants.

Après divers périples et tentatives avortées, ils n'ont jamais pu se rendre aux États-Unis. Le 20 février 1992, l'ambassadeur annonçait l'annulation des visas de Juan Pablo et Manuela. La débandade de ma famille commençait. Les opérations du nouveau Bloc de recherche démontraient que le harcèlement faisait partie de la stratégie pour traquer Pablo. Pratiquement toute ma famille s'est fâchée, et mes frères ont emprunté des chemins différents. La communication entre nous devenait rare, elle a même été quasi inexistante pendant de longues périodes.

Ma sœur Astado et ses trois enfants avaient réussi à fuir aux États-Unis. Une autre de mes sœurs était cachée à Medellín. Moi, j'étais enfermée dans un appartement du centre-ville de Medellín. C'est là que j'ai appris, impuissante, le grave accident vasculaire cérébral de ma mère, qui l'a laissée apathique et incapable de parler.

Les enfants et moi devions rester cachés. Ce n'était ni une plaisanterie ni une exagération. Les Pepes prouvaient qu'ils étaient plus que disposés à tout raser autour de mon mari. Ainsi, le 27 février, ils ont détruit la ferme Corona, propriété de Diego Londoño White ; le 2 mars, ils ont tué Hernán Darío Henao, administrateur du domaine de Nápoles, dont le nom s'apparentait par erreur à ma famille ; le 4 mars, Raúl Zapata Vergara, l'avocat de Pablo, a été assassiné ; le 20, Chopo est tombé, et nous avons appris la découverte du corps de Pasquín, disparu depuis des semaines.

Les Pepes étaient omniprésents. Nous étions obligés de changer de planque fréquemment. Une semaine, nous souffrions du froid à Belén Aguas Frías ; une autre de la canicule à Magdalena ; d'autres fois, nous étions dans un appartement de la tour sud-américaine de Medellín.

Plus les Pepes et les autorités portaient de coups à Pablo, plus sa capacité militaire et financière faiblissait. Mais nous aussi, sa famille, subissions l'affrontement. Dans leur empressement à neutraliser mon mari, les Pepes se vengeaient contre nos proches. Pendant les quatre derniers mois de 1993, les ennemis de Pablo ont triomphé. Une conjonction de forces légales et illégales ont réussi à en venir à bout. Et au passage ils nous laissaient dans un tourbillon dont nous ne sommes pas encore sortis, vingt-cinq ans plus tard.

9

Espoir éphémère

En février 1994, le procureur général Gustavo de Greiff a appelé mon avocat, Francisco Fernández, pour l'informer qu'il nous attendait dès que possible dans son bureau à Medellín. Une sortie du pays était envisagée.

Fernández a immédiatement pris un avion. Quelques heures plus tard, De Greiff lui présentait une femme blanche, âgée de soixante-cinq ans environ, habillée en noir, très élégante, un immense chapeau à plumes sur la tête. Elle s'est présentée comme étant la comtesse Isabela. À ses côtés, deux hommes d'ascendance africaine en costume-cravate, qui semblaient être ses secrétaires.

La femme a pris la parole. Dans un anglais parfait, elle a déclaré qu'elle présidait une fondation consacrée à la collecte de fonds pour de bonnes œuvres en République populaire du Mozambique. Si la famille Escobar soutenait ses œuvres de bienfaisance, le président de ce lointain pays du sud-est de l'Afrique nous permettrait d'y vivre. En échange, on nous donnerait de nouvelles identités, des passeports, une maison dans le meilleur quartier de Maputo, la capitale, et mes enfants pourraient étudier. La comtesse a remis à mon avocat un dossier rempli de photographies et d'informations sur le Mozambique. Ils se sont mis d'accord sur un futur rendez-vous à l'hôtel Tequendama, où nous étions logés.

Après l'exposé de mon avocat, nous avons évalué cette étrange proposition, sans la mettre de côté parce qu'elle provenait du procureur De Greiff en personne. Il avait laissé entrevoir une réelle volonté de nous aider. Il connaissait mieux que quiconque notre difficile situation, trois mois après la mort de Pablo.

Une porte s'ouvrait enfin. Une lumière semblait s'allumer au bout du tunnel. Nous étions aux prémices d'une longue négociation avec les ennemis de Pablo. Ils revendiquaient de garder toutes ses propriétés pour rembourser des dizaines de millions de dollars dépensés, selon eux, lors de la traque.

Nous n'avions pas beaucoup d'options. Plusieurs pays nous avaient déjà refusé l'hospitalité. Nous avons alors reçu la comtesse et ses hommes. Ils nous ont longuement parlé de l'aide que nous recevrions au Mozambique. Ils étaient d'ardents défenseurs des droits de l'homme. Ils connaissaient la voie sans issue dans laquelle nous nous trouvions. À la fin de l'entretien, l'avocat l'a interrogée sur le montant de « l'aide humanitaire ». Juan Pablo est devenu rouge de honte. La comtesse, pour apaiser son malaise, a rétorqué qu'il était encore trop tôt pour parler d'argent.

Lorsque la délégation est partie, mon frère Fernando – qui passait quelques jours avec nous à l'hôtel – nous a mis en garde : le Mozambique n'était pas un pays si merveilleux. C'était plutôt comme Urabá, cette chaude et déprimante région bananière à la frontière du Panama. Puis il a ajouté que toute cette histoire n'était en réalité qu'un piège pour nous tuer ou, dans le meilleur des cas, nous donner en nourriture aux lions.

Néanmoins, nous avons maintenu le contact grâce au procureur De Greiff. Peu à peu, avec enthousiasme, nous avons mûri l'idée de nous réfugier au Mozambique. En Colombie, notre avenir était plus que sombre. Mieux vaut peu que rien, comme on dit. Au milieu de l'année 1994, le plan Maputo a pris forme. Notre avocat s'est rendu à Washington pour discuter avec le directeur de la fondation du montant et des formalités du paiement.

Au milieu de toute cette agitation, notre avocat, que je ne remercierai jamais assez pour son aide inconditionnelle, son immense compassion et son attitude positive à tout instant, est de plus arrivé avec une idée décisive pour notre avenir : nous devions changer d'identité. Il nous a expliqué qu'une vieille loi du statut national du notariat et du registre permettait de corriger des erreurs sur les prénoms et les noms, de les modifier dans un acte officiel qui pouvait être réalisé chez n'importe quel notaire. Il s'agissait, selon lui, de l'article 6 du décret 999 de 1988 modifiant l'article 94 du décret 1260 de 1970.

Incrédules, nous avons approuvé son idée. Sur ce, il est parti chez le procureur pour lui expliquer combien il était facile de changer d'identité, mais qu'il fallait être très discret. Le procureur lui a demandé s'il était bien sûr qu'un changement de nos prénoms et de nos noms allait arranger notre situation. C'était certain. Nous étions prêts à prendre le risque dans la mesure où le ministère public ne pourrait pas veiller sur nous indéfiniment.

Dans un premier temps, le procureur était réticent. Notre avocat l'a menacé. Il pouvait organiser une conférence de presse dénonçant son évidente connivence avec les ennemis de mon mari. À ces mots, l'attitude de De Greiff a radicalement changé. Et avec son accord, nous avons commencé à chercher de nouveaux prénoms et noms de famille dans le Bottin de Bogotá. Les instructions de l'avocat étaient claires :

« Vos noms doivent être normaux ; ils doivent venir de bonnes familles n'ayant aucune relation avec les trafiquants de drogue pour ne plus jamais être ennuyés avec tout ça. L'idée est de devenir des gens comme tout le monde. »

Après avoir éliminé des dizaines de possibilités, nous avons trouvé des prénoms et des noms idéaux. Nous avons quand même décidé de conserver un de nos deux noms de famille pour que le changement ne soit pas trop traumatisant. Nous sommes alors devenus María Isabel Santos Caballero, Juan Sebastián Marroquín Santos, Juana Manuela Marroquín Santos et María de los Ángeles Sarmiento del Valle, ma belle-fille. Mon frère Fernando a refusé un changement d'identité. Son argument : manque de respect pour nos parents. Quelques mois plus tard, il n'a pas pu se rendre au Mozambique avec nous.

Une fois nos nouveaux noms définis, nous avons passé des heures à les apprivoiser. Nous avons rempli des feuilles et des feuilles de signatures. Cet exercice nous a aidés à nous mettre dans la peau de notre nouvelle identité. Nous étions désormais de nouvelles personnes.

Je dois reconnaître que les gens du bureau du procureur ont tout fait pour conserver le secret de nos démarches. Ils ont même pris en charge la livraison au registre national de l'état civil des photos prises dans un laboratoire qui se trouvait au rez-de-chaussée du Tequendama. Le 8 juin

1994, je suis allée à Medellín avec Andrea pour signer les documents chez le notaire Marta Inés Alzate Restrepo. Juan Pablo et Manuela sont restés à Bogotá. Ils étaient mineurs, j'ai signé à leur place.

Le processus de changement d'identité et la possibilité de sortir du pays étaient en bonne voie grâce à l'intervention directe du procureur De Greiff. Son remplacement par Alfonso Valdivieso Sarmiento, cousin de Luis Carlos Galán, nous a tout de même beaucoup préoccupés.

Le nouveau procureur a pris ses fonctions le 18 août 1994 et, une semaine plus tard, notre avocat Fernández a sollicité un rendez-vous pour lui soumettre notre cas. Il a été surpris par ses mots :

« Je suis au courant de tout ce qui concerne la famille Escobar. »

Me Fernández a récapitulé avec Valdivieso toute notre histoire. Il a accepté de me rencontrer.

Comment allais-je lui demander de l'aide ? Aurais-je suffisamment de culot ? Je me dirigeais vers son bureau, inquiète.

Mes doutes n'étaient pas sans fondement. Un grand portrait de Galán était accroché au mur. Tout un paradoxe.

– Monsieur Valdivieso, je ne sais pas comment m'adresser à vous ni comment vous demander de l'aide après tout ce qui s'est passé.

– Madame, ce qui est arrivé est douloureux, mais je comprends votre attitude en tant que mère. C'est la raison pour laquelle je vais vous aider, et ce malgré tout le mal qui a été fait.

Nous ne méritions pas son aide. Sa famille a beaucoup souffert. Néanmoins, sans s'en rendre compte,

M. Valdivieso a sans doute été la première personne qui nous a montré le chemin du pardon. Il m'a écoutée, a compris ma douleur, notre besoin urgent de quitter le pays, seul moyen de rester en vie.

Après ce rendez-vous, nous nous sommes rendus au moins quatre fois par semaine chez le procureur. Il nous aidait à résoudre des problèmes logistiques pour notre sécurité.

En novembre, lorsque tous les biens de Pablo ont été définitivement donnés aux chefs des narcos et des paramilitaires comme ils l'exigeaient, le directeur de l'état civil, Luis Camilo Osorio, est venu nous voir dans l'appartement loué dans le quartier de Santa Ana, au nord de Bogotá. Il nous a remis nos nouvelles cartes d'identité, ainsi que nos passeports. Nous n'avons jamais eu besoin de nous rendre dans un bureau de l'administration. Comme nous l'avait promis le procureur, tout a eu lieu en privé, en toute discrétion. Le soutien a été si efficace que même le bureau de protection des victimes du parquet a donné à Juan Pablo sa carte militaire pour éviter que l'armée n'accède à sa nouvelle identité.

En parallèle, les négociations avec le Mozambique suivaient leur cours. Nous avons pu commencer à organiser notre voyage après avoir déposé à New York une somme astronomique sur un compte au nom d'une entité symbolique du gouvernement, connue sous le nom de « ministère de la Noix ».

Avec les nouveaux documents en main, nous pouvions enfin partir. Nous avons dit au revoir à ma famille. Début décembre 1994, ils ont passé la dernière semaine avec nous. Nous ne savions pas quand nous nous reverrions. Nous étions tristes. Ma maman nous demandait sans cesse comment nous nous appelions et où nous allions. Malgré son insistance et ses pleurs, nous n'avons rien dévoilé. C'était douloureux et même méprisant de ne pas leur donner ces renseignements, mais nous savions au fond de nous-mêmes que nous le faisions pour notre sécurité. Nous avions trouvé une solution pour survivre. Nous devions la préserver coûte que coûte.

Le 14 décembre 1994, nous avons quitté l'appartement de Santa Ana pour entamer le long chemin de l'exil. À 5 heures du matin, dans une camionnette louée, pleine à ras bord, nous sommes partis. Nous ne savions pas ce qui nous attendait. Au même moment, ma belle-fille, qui portait maintenant le prénom d'Ángeles, l'épouse et la fille de Me Fernández voyageaient jusqu'à Buenos Aires pour nous rejoindre. C'est de là que nous allions prendre l'avion pour l'Afrique. Nous verrions notre avocat à Guayaquil, en Équateur.

En quittant le quartier, Juan Pablo, qui se prénommait désormais Sebastián, est descendu du véhicule et a demandé à Puma, le chef de notre escorte du CTI, de nous laisser. Il lui a aussi répété que le moment était venu pour nous de trouver notre propre destin. Plus tard, nous avons appris que Puma avait été licencié parce qu'il nous avait laissés partir sans vérifier où nous allions.

Le trajet par la route vers le sud du pays s'est déroulé sans problème. Nous avons même eu le temps de nous arrêter à Palmira pour dire au revoir à ma tante Lilia. À la basilique du Seigneur des Miracles de Buga, j'ai prié et demandé protection. Je l'ai imploré d'éliminer les obstacles sur notre route. Cette même nuit, nous avons dormi à Popayan, et le jour suivant nous avons continué direction Pasto.

Arrivés au pont international Rumichaca, nous avons eu quelques ennuis pour traverser la frontière avec l'Équateur. Les enfants n'avaient pas d'autorisation du père pour quitter le territoire, et la camionnette louée n'avait pas non plus celle de passer à l'étranger. Astado, habile comme à son habitude, a résolu le problème de la sortie de mes enfants. Je ne lui ai pas demandé comment elle avait fait. Elle nous a seulement dit que tout était en ordre et qu'on pouvait y aller. La camionnette a pu partir aussi parce que l'agence de location a envoyé un fax confirmant l'autorisation exigée par la police aux frontières.

En Équateur, après avoir parcouru 380 kilomètres depuis Tulcán, la ville la plus au nord du pays, nous nous sommes arrêtés dans un motel de la ville de Santo Domingo de los Colorados, proche de Quito, la capitale. Le lendemain, nous avons continué jusqu'à Guayaquil où notre avocat nous attendait. Là, nous avons pris l'avion pour Buenos Aires où nous avions notre correspondance pour l'Afrique du Sud, dernière étape avant le Mozambique.

La capitale argentine nous a enchantés. Nous avons passé une nuit à Buenos Aires. Nous avons séjourné dans le Claridge Hotel, près de la rue Florida, et pour la première fois depuis longtemps nous avons marché en toute tranquillité et même pris le temps de manger un hamburger au McDonald's. Après avoir parcouru pendant des heures cette merveilleuse ville, j'ai supplié l'avocat de nous laisser passer Noël sur place. Il a refusé catégoriquement. Nous ne pouvions pas prendre de risques. Au Mozambique, nous serions en sécurité.

Le lendemain, nous avons pris un vol de Malaysia Airlines jusqu'à Johannesburg et de là une correspondance pour Maputo. Nous avons détesté ce dernier vol : le vieil appareil ressemblait davantage à un car interurbain qu'à un vol international. Deux heures plus tard, ils annonçaient l'atterrissage. On voyait des rues poussiéreuses, non asphaltées.

Dans l'aéroport détérioré de Maputo, un comité officiel nous attendait. Il était composé de cinq hommes grands et élégants, vêtus en costume-cravate. Après les salutations d'usage, ils nous ont conduits jusqu'au salon présidentiel de l'aéroport. Le lieu était vaste, avec des meubles anciens, pleins de poussière… quelle misère ! Nous étions stupéfiés. Personne n'osait ouvrir la bouche, mais nos visages déconcertés en disaient long. C'était un dimanche. Deux voitures, une Mercedes Benz dernier modèle et une Toyota Corolla toute neuve, sont venues nous chercher. Nous sommes partis en cortège vers le meilleur quartier de la ville, celui des ambassades, où se trouvait notre future résidence. Quant à l'avocat et sa famille, ils ont été logés à l'hôtel Polana Serena, le meilleur établissement de la ville.

En chemin, nous nous sommes rendu compte que nous arrivions dans un pays dévasté par la guerre. Les rues n'étaient que poussière. De part et d'autre, il n'y avait que des immeubles détruits, pleins d'impacts de balles de fusil, de roquettes. Très peu de véhicules circulaient, et ceux qui roulaient portaient l'étendard des Nations unies.

Durant le trajet, la voiture de Sebastián et Ángeles a eu un léger accrochage avec une autre voiture. Le conducteur est alors descendu pour constater les dégâts. Il est remonté et a repris la route. Lorsque mon fils a voulu savoir pourquoi il n'avait pas demandé les papiers à l'autre conducteur, afin de les présenter à son assurance, il lui a répondu qu'il n'y avait pas d'assurance et donc aucune manière de réclamer quoi que ce soit.

Dans le meilleur quartier de Maputo, il y avait des maisons de plain-pied. Rien n'était élégant, tout était banal. Nous sommes arrivés « chez nous », une maison qui semblait dater des années 1970, sur trois étages, avec des meubles en peau de tigre et des barreaux à toutes les fenêtres. Le comble, elle sentait mauvais.

« Nous avons installé des barreaux afin que vous vous sentiez en sécurité », a expliqué l'un des hommes du cortège.

Nous avons vite su que nos valises n'étaient pas arrivées et qu'elles s'étaient égarées, mais ils nous ont assuré qu'ils feraient de leur mieux pour que la compagnie aérienne nous les envoie dès que possible. La situation était carrément déprimante : nous étions dans un pays en guerre, dans une maison hideuse et sans vêtements.

J'essayais néanmoins de rester calme. Je suis allée à la cuisine pour préparer le dîner, mais le placard ne contenait que des œufs. Marleny est allée au supermarché voisin et a mis dans son panier quelques produits. Lorsqu'elle a voulu payer, on lui a rétorqué qu'elle ne pouvait prendre que la moitié des aliments parce qu'il fallait partager la nourriture entre tous. En résumé : il n'y avait pas grand-chose à manger. « Mauvais commencement », ai-je pensé et j'ai prié le Seigneur afin qu'il nous vienne en aide.

Pendant ce temps, assis à une table du jardin, Sebastián et Ángeles attendaient, dépités et déçus. Nous avons mangé du riz et des œufs, et sur ces entrefaites est arrivée la femme de l'avocat. Elle nous a invités à les rejoindre à l'hôtel. Là-bas, la nourriture ne manquait pas.

« Venez, venez, il y a même des glaces. »

Sebastián a tout de suite dit oui, moi j'ai proposé de réfléchir un peu et expliqué que nous devions prendre nos marques dans cette maison. Comme il n'en démordait pas, et face à son insistance, nous avons accepté l'invitation.

L'hôtel ressemblait à une oasis. Contrairement au reste de la ville, il était luxueux. Le gouvernement l'avait rénové pour accueillir la centaine de fonctionnaires des Nations unies qui participaient à la reconstruction du pays. Il y avait cependant un hic : malgré sa vue superbe sur la mer, il était interdit de se baigner car l'eau était infestée de requins. Les petits déjeuners se résumaient à de modestes œufs jambon-fromage, rien d'autre. Au déjeuner, on ne servait que du bœuf stroganoff.

Se loger coûtait une petite fortune et, avec l'argent que nous avions, nous ne pouvions rester là que deux ou trois semaines, ce qui pouvait nous coûter jusqu'à 30 000 dollars. En tout cas, nous avons décidé de passer cette première nuit sur place et de réfléchir à ce que nous ferions le lendemain. Avant de me coucher, je suis allée voir Ángeles et Sebastián. Mon fils était si déprimé qu'il prononça une seule phrase :

« Maman, je ne sais pas si je suis capable de rester ici. »

Le jour suivant, les valises n'étaient toujours pas arrivées. Je suis descendue au lobby où j'ai trouvé une boutique. Les seuls tee-shirts qu'ils vendaient étaient si chers que nous avons décidé de partir à la recherche d'un centre commercial. Au téléphone, nous avons demandé deux taxis, et deux voitures complètement délabrées sont arrivées. Dans la rue, les mauvaises odeurs étaient insupportables. Des dizaines d'enfants nous suivaient en faisant la manche. La misère était impressionnante.

Les taxis nous ont conduits dans le seul centre commercial de Maputo : une galerie aux locaux vides, sans marchandises. Finalement, nous avons trouvé des tee-shirts de mauvaise qualité, blancs et bleus, à l'effigie de Maputo. Nous en avons acheté un chacun en attendant que nos valises arrivent. On aurait dit que nous portions un uniforme.

Lors de notre périple en ville, nous nous sommes rendus dans la seule université qui fonctionnait. Nous nous sommes retrouvés dans une maison, avec quelques pupitres, où seule la médecine était enseignée. De plus, cet endroit était aussi la morgue où les étudiants réalisaient leurs travaux pratiques. Ça suffisait ! Nous sommes rentrés à l'hôtel avec le moral dans les chaussettes et déçus. Dans quelle galère étions-nous ? Ils nous avaient trompés.

Pour couronner le tout, les fonctionnaires qui nous avaient accueillis étaient aux abonnés absents. L'un d'entre eux nous a conseillé de nous reposer. Nous parlerions de notre avenir après les fêtes de fin d'année. Mais nous n'étions pas disposés à attendre jusqu'en janvier.

Tout était cauchemardesque. Personne n'avait l'air heureux et, le soir, la déprime s'est abattue sur nous tous. Ce moment si tendu a dégénéré en grave crise familiale quand Sebastián, qui était couché, a enlevé sa ceinture et m'a dit sur un ton menaçant :

« Maman, si nous ne partons pas, je me pends avec cette ceinture. Retournons en Colombie, parce que je préfère être tué là-bas plutôt que mourir de tristesse dans ce lieu déprimant. »

Mon fils ne plaisantait pas, si bien que, consciente que les choses ne se déroulaient pas comme prévu, je suis allée chercher l'avocat pour lui demander de faire le nécessaire pour quitter Maputo au plus vite. Me Fernández s'est mis en colère et m'a fortement réprimandée. Il m'a dit de ne pas faire attention au « Petit Prince », en parlant de Sebastián, parce que nous avions conclu un accord avec le gouvernement du Mozambique auquel nous avions donné une somme considérable. Il a conclu en me disant qu'aucun autre pays n'avait voulu nous recevoir, et qu'à cause d'un caprice nous allions perdre un an de négociation.

« Pour vous c'est facile de parler ainsi, demain, vous partez fêter le Nouvel An à Paris et, moi, je dois rester ici avec mes deux enfants et ma belle-fille », lui ai-je répondu, contrariée.

Je me suis mise immédiatement à chercher des billets d'avion, mais je ne savais pas où aller. Nous avons donc décidé d'utiliser les billets de retour à Johannesburg. Le problème, c'est qu'il n'y avait qu'un vol tous les quinze jours. L'avocat, sensible à notre drame, nous a proposé de rester à Maputo et de trouver des professeurs qui nous apprendraient l'anglais en attendant de trouver une autre solution. L'idée m'a semblé bonne. Je l'ai donc proposée à mes enfants qui l'ont immédiatement rejetée, car ils ne voulaient pas rester une minute de plus au Mozambique.

Les relations avec mon avocat se sont tellement tendues qu'il a menacé de ne plus nous aider. Selon lui, nous devions faire des efforts, vivre ici pendant au moins un an, avant de changer à nouveau d'identité. Mais Sebastián insistait : il ne supportait pas de rester dans cet endroit. Les chambres nous coûtaient cher et il n'y avait même pas la télévision.

Finalement, Me Fernández a compris la gravité de la situation. Il s'est rendu à l'aéroport pour acheter des billets. Il a eu de la chance. Il nous a appelés d'urgence en nous demandant de nous dépêcher. Un avion pour Johannesburg décollait trois heures plus tard. Ángeles jouait dans la piscine avec Manuela. Elles ont mis leurs habits sur les maillots de bain mouillés. Nous avons jeté dans nos valises tous les vêtements froissés et mouillés. Puis nous sommes partis sur les chapeaux de roues. Quel soulagement de laisser ce pays, même si nous ignorions notre point de chute final !

Le vol s'est déroulé sans encombre. À Johannesburg, nous nous sommes arrêtés devant les tableaux d'affichage des vols internationaux et nous avons pris la décision d'embarquer dans le premier avion pour Sao Paulo, au Brésil. Nous verrions ce que nous ferions ensuite. Au début, nous pensions retourner en Colombie, mais en même temps nous savions que nous allions courir de grands risques parce que l'accord acté avec les ennemis de mon mari nous obligeait à quitter le pays et à ne plus y revenir.

Pendant ce temps-là, en Afrique du Sud, à Maputo, notre avocat avait des problèmes avec les autorités, qui l'ont empêché de se rendre à Paris avec sa famille, soupçonné d'avoir participé à notre départ précipité. Finalement, et après s'être expliqué pendant des heures, il a réussi à récupérer les passeports et à prendre son avion pour la France.

Arrivés à Sao Paulo, nous sommes restés une nuit à l'hôtel. Le Brésil nous plaisait, mais la barrière de la langue compliquait les choses, parce que nous ne connaissions pas le portugais.

Après avoir longuement tergiversé et analysé la situation, nous avons décidé de nous rendre à Rio de Janeiro et de là à Buenos Aires, où nous pourrions peut-être commencer une nouvelle vie. Nous avons pris ce risque. J'ai appelé Astado à Medellín et je lui ai demandé de nous rejoindre en Argentine. Nous sommes arrivés à Buenos Aires à 3 heures du matin, le 23 décembre 1994.

Notre avocat est rentré en Colombie mi-janvier 1995. Il a aussitôt averti le parquet que nous avions intempestivement changé nos projets. Il a demandé plusieurs fois au procureur Valdivieso si nous serions bien à Buenos Aires. Celui-ci lui a répondu de ne pas s'inquiéter. L'État colombien avait évidemment toujours su où nous nous trouvions.

L'année 1995 commençait et nos lendemains demeuraient incertains. Comment construire un avenir au milieu de cette incertitude ? Nous ne le savions pas. C'est seulement parce que nous étions tous ensemble que nous avons pu faire les premiers pas à la recherche d'une nouvelle identité. L'Argentine nous a donné une seconde chance et, depuis le premier instant, nous avons décidé de la saisir. Nous étions plus que disposés à donner le meilleur de nous-mêmes, mais nous ne tarderions pas à découvrir que l'ombre de Pablo planait encore. Elle était toujours là.

10

Une seconde chance

Lors de la première pause, j'ai appelé chez moi comme à mon habitude lorsque je me rendais le soir au cours de coaching que j'avais commencé à suivre, mais cette fois-ci personne ne m'a répondu alors que ma mère, Juana et l'infirmière étaient censées s'y trouver. Bien que cela m'ait semblé bizarre, j'ai décidé d'attendre la fin de la journée. Je n'arrivais pas à me concentrer parce que, depuis le week-end, j'étais préoccupée par les appels menaçants des avocats du comptable, qui nous disaient que si nous ne quittions pas l'Argentine en laissant tout derrière nous, il divulguerait nos nouvelles identités.

À 23 heures, à la fin du cours, j'ai insisté, mais personne ne répondait. Une camarade m'a proposé de me raccompagner jusqu'à l'immeuble où nous habitions depuis deux ans, rue Jaramillo, dans le quartier Nuñez, au nord de Buenos Aires. Je suis montée jusqu'à l'appartement 17N, mais dès que j'ai appuyé sur la sonnette, l'employé de maison a jeté un coup d'œil depuis la porte latérale, pas la principale, et m'a adressé des signes désespérés pour que je rebrousse chemin.

J'ai fait demi-tour et je me suis dirigée vers l'ascenseur lorsqu'un de mes chiens est venu à ma rencontre. Je l'ai pris dans mes bras et, effrayée, je suis descendue jusqu'au rez-de-chaussée. Dans le hall, la seule chose qui m'est venue à l'esprit a été de me faufiler vers la pièce commune et de m'enfermer dans les toilettes. J'ai sorti mon portable et j'ai appelé mon notaire.

« Il se passe quelque chose de bizarre chez moi, lui ai-je dit, angoissée. La femme de ménage m'a dit de partir. Je ne sais pas qui est là, mais s'il vous plaît, appelez mon avocat en Colombie au cas où il nous arriverait quelque chose. J'ai essayé de le contacter plusieurs fois, mais il ne répond pas. S'il vous plaît, aidez-moi ! »

J'ai raccroché et j'ai décidé qu'il valait mieux que je sorte du bâtiment par la porte arrière. J'ai sonné plusieurs fois pour que le concierge m'ouvre. Rien, il ne m'ouvrait pas. J'ai insisté puis, en une seconde, j'ai été cernée par des policiers fédéraux qui criaient :

– Ne bougez plus, les armes, les armes !

– Quelles armes ? ai-je répondu, effrayée. C'est mon chien et ma sacoche !

Je leur ai montré que je n'avais que des livres et des papiers et me suis rendu compte à ce moment-là qu'ils étaient encore plus effrayés que moi.

– Remontons dans l'appartement, madame, m'ont-ils ordonné, sans cesser de pointer leurs armes vers moi.

Quel spectacle ! Cela faisait plusieurs heures que des policiers fouillaient à la recherche de quelque chose, sans savoir exactement eux-mêmes ce qu'ils devaient trouver. Ma mère, chez nous depuis quelques jours, était tétanisée. Juana, qui ce soir-là avait invité une amie à dormir à la maison, était dans sa chambre sans comprendre ce qui se passait. Ángeles et Sebastián, qui venaient d'arriver parce qu'on les avait invités à dîner, surveillaient les policiers afin qu'ils n'en profitent pas pour cacher de la drogue pour nous inculper ensuite de possession de stupéfiants. On savait qu'il y avait déjà eu des cas de ce genre en Argentine.

J'ai demandé à Sebastián ce qui se passait, et un des policiers m'a répondu que nous étions en état d'arrestation pour usage de faux documents. Les agents ne savaient pas vraiment quoi faire. Ils nous demandaient un papier, puis un autre, et on voyait bien qu'ils hésitaient et n'avaient pas une notion claire du motif d'une telle perquisition. Alors je me suis calmée et j'ai annoncé que j'allais me laver et me changer. Je me suis à nouveau enfermée dans les toilettes et j'ai rappelé le notaire, puis l'avocat.

J'ai pris de l'argent, mes papiers, ma brosse à dents et me suis préparée à partir. Après plusieurs heures de perquisition, ils m'ont dit de ne pas m'inquiéter, qu'ils étaient seulement en train d'enquêter. J'étais en réalité plus préoccupée par l'angoisse de maman et de Juana et par ce que j'allais expliquer aux parents de la camarade de ma fille au sujet de la présence de policiers chez nous. J'ai pensé au comptable. Il était sans doute à l'origine de tout ça. Jusqu'où la cupidité de cet homme, qui n'hésitait pas à détruire une famille pour de l'argent, pouvait-elle aller ?

Pendant ce temps, la télévision annonçait en direct l'arrestation de la « veuve blanche ». Toutes les chaînes donnaient les mêmes informations de dernière minute.

Ángeles a salué Sebastián, affligée que les policiers ne lui disent pas où ils nous emmenaient. Ils nous ont fait descendre et nous ont poussés dans deux véhicules différents qu'ils ont conduits comme des fous, à contresens le long de l'avenue Libertador, jusqu'à l'unité antiterroriste de la police fédérale argentine à Buenos Aires. Le cortège était suivi d'innombrables voitures toutes sirènes hurlantes. On se serait cru dans un film. Ángeles a chargé la femme de ménage de nous suivre en taxi, afin de savoir où nous allions.

Sebastián m'a raconté qu'il avait failli se jeter hors du véhicule parce qu'il pensait qu'il s'agissait de faux policiers. Le premier d'entre eux, celui qui lui avait dit qu'il était en état d'arrestation, était de toute évidence saoul, et son insigne était de si mauvaise qualité qu'il avait l'air faux.

Après avoir discuté avec les agents de l'identité sous laquelle ils allaient nous enregistrer en tant que détenus, ils nous ont confisqué argent, papiers et brosses à dents. Ils voulaient nous obliger à signer sous notre véritable identité, Escobar Henao, alors que nous leur soutenions que notre vraie identité était Marroquín Santos. Si nous signions sous nos anciens noms, nous étions passibles de poursuites pour usage de fausse identité. Il était presque 5 heures du matin le 16 novembre 1999. On nous a tout de suite enfermés dans de grandes cellules équipées de barreaux. Chacun la sienne.

J'étais tranquille, car le changement d'identité avait été effectué légalement en Colombie. J'étais la victime qui avait été escroquée et avait subi une extorsion de la part de son comptable et de ses avocats. J'avais d'ailleurs porté plainte contre eux. Mais si nous étions victimes, pourquoi étions-nous enfermés ?

Ce cirque ne pouvait pas durer plus de trois jours. Je n'imaginais évidemment pas ce qui nous attendait. Que la lune de miel que nous étions en train de vivre depuis notre arrivée en Argentine était sur le point de s'achever brutalement.

Un vrai paradis

À 3 heures du matin le 24 décembre 1994, nous avions débarqué à l'hôtel Bahuen Suite, au cœur de Buenos Aires. Alfredo Astado s'était occupé des réservations dès que nous l'avions appelé pour lui dire que nous ne restions pas au Mozambique. L'endroit m'a paru froid et obscur. Plus tard, j'ai su que cet hôtel avait abrité le centre des opérations du Secrétariat d'intelligence de l'État (SIDE).

J'ai décidé de ne pas y rester. Après un jour et demi de voyage, et malgré l'heure, nous sommes partis avec Sebastián à la recherche d'un autre toit. Nous avons pris un taxi et lui avons demandé de nous trouver un appart-hôtel bien situé. Il nous a déposés rue Guido, dans Recoleta, devant un vieil immeuble où nous avons trouvé ce que nous cherchions : une petite pièce, une cuisinette et deux chambres. Nous avons réglé un mois de loyer en avance. Nous avions un endroit sûr au moins pour les trente prochains jours, ce qui nous semblait une éternité. Cela faisait maintenant une décennie que nous vivions comme des nomades, sans savoir de quoi demain serait fait.

Nous avons dormi toute la journée et nous sommes réveillés à 17 heures avec le coup de fil d'Astado. À cause du décalage horaire, nous avons cru que le 24 était déjà passé, mais en fait non, c'était le réveillon de Noël 1994. Pablo était mort un an auparavant et nous étions extrêmement tristes. Nous nous sommes distribué nos cartes de vœux, une tradition familiale, un rituel que nous conservons encore aujourd'hui. Malgré notre mal-être, nous sommes sortis. La ville était décorée et nous sommes entrés dans le centre commercial Buenos Aires Design. Il était plein de gens heureux. Personne n'imaginait que la famille de Pablo Escobar se trouvait parmi eux. Nous nous sommes assis à une table en terrasse et avons mangé là. J'ai mis le peu de force et d'amour qu'il me restait pour accompagner l'incertitude et, finalement, nous avons réussi à passer un beau et affectueux moment.

Les deux premiers mois à Buenos Aires, nous n'avons fait que dormir. L'épuisement accumulé depuis tant d'années, les angoisses et les peurs, les cavales, les perquisitions, les attentats nous passaient l'addition. Astado nous rendait visite vers midi et nous suggérait de sortir, d'aller visiter la ville, mais nous n'en avions pas le courage. Fermer les yeux et oublier notre présent était la seule chose que nous souhaitions.

Le peu de fois où je suis sortie dans la rue, je pris toutes les publicités qu'on me donnait pour des cours de chant, de danse, de philosophie, d'histoire de l'art, de cuisine... L'idée était de voir comment nous allions reconstruire nos vies. Sebastián se plaignait de tous ces flyers que j'accumulais, mais ma priorité était d'organiser une vie normale, ce qui n'était pas facile puisque nous n'avions jamais eu de vie « normale ».

L'Argentine nous semblait cependant être un vrai paradis. Pour nous, cette sensation de tranquillité dans les rues était étrange. Bien que nous essayions de profiter de cette atmosphère de paix, de la verdure majestueuse des parcs, notre inquiétude ne diminuait pas. Dès que je voyais un policier, je changeais de trottoir. Jusqu'à quand cela allait-il durer ? Je me posais sans arrêt cette question.

Avant la fin de l'été, je me suis mise à chercher un collège pour Juana. J'en ai visité plusieurs, et je l'ai finalement inscrite au collège Jean Piaget. Pour être admise, il a fallu qu'elle prenne des cours de rattrapage où je l'ai accompagnée deux fois par semaine. Je l'attendais toujours à l'extérieur pour ne pas la laisser seule et parce que s'adapter à un nouveau pays et à un nouveau nom n'était pas chose facile pour elle. Pendant ce temps, Sebastián et Ángeles se sont mis à chercher une université et à prendre des cours d'informatique.

Lorsque nous avons quitté la Colombie, la *telenovela* « Café con aroma de mujer » cartonnait, aussi avons-nous décidé de nous en inspirer pour « construire » notre propre légende. Lorsque les gens nous posaient des questions, nous disions que nous étions Colombiens, originaires de Manizales, que nous cultivions du café et que nous avions dû abandonner notre pays à cause des menaces de séquestration qui pesaient sur nous. Mon mari, Emilio Marroquín, était mort dans un accident de voiture.

Tous les soirs, nous nous réunissions pour créer petit à petit cette histoire à laquelle nous ajoutions, en fonction de nos besoins, de plus en plus de détails. En Argentine, les gens posent beaucoup de questions et cela nous gênait. Ce fut, en réalité, notre premier choc. Ici, n'importe qui vous demande pourquoi vous êtes là, d'où vous venez, avec qui vous êtes, combien de temps vous pensez rester. Tout cela nous paralysait. Avec notre paranoïa, nous le prenions pour quelque chose de personnel, il fallait qu'on prépare nos réponses afin de se mettre dans la peau de nos nouvelles identités.

L'époque du luxe et des dépenses était révolue

L'Argentine nous a remis les pieds sur terre. L'époque du luxe et des dépenses inconsidérées était révolue, et nous devions faire attention à l'argent qu'on nous avait permis de sortir de Colombie. Comme n'importe qui, nous devions chercher de quelle manière nous pourrions gagner de l'argent pour couvrir nos besoins quotidiens. D'autant qu'à cette époque-là l'Argentine faisait partie des cinq pays les plus chers au monde, avec un peso au même prix que le dollar. Vivre en Suisse aurait été comparable.

C'est à Buenos Aires que Sebastián a appris à prendre le bus. Ángeles devait s'occuper de presque tout : les courses, les factures, le matériel scolaire de Juana, parce que nous n'avions plus nos employés. Quand Sebastián et Ángeles se sont installés ensemble, il a fallu que je m'y mette et j'avoue que c'est toujours difficile pour moi.

Sebastián et sa compagne ont fini par trouver leur voie : mon fils a commencé à étudier le dessin industriel à l'Institut ORT et Ángeles s'est inscrite en publicité à l'université de Belgrano. Auparavant, je me suis consacrée à la recherche d'un appartement. Mais c'était impossible de louer quelque chose sans garantie : je n'avais ni compte bancaire ni carte de crédit.

Heureusement que nous avons rencontré Ingrid, une Argentine qui nous a prêté son petit logement quelques mois, puis s'est portée garante pour nous auprès d'une agence immobilière. En mars 1995, nous avons emménagé dans l'appartement des rues 11 de Septiembre et Juramento, à Belgrano, où nous avons vécu quelques années. Il y avait deux chambres et un petit studio meublé de deux lits doubles et d'un bureau avec une bibliothèque, un Clic-Clac noir et des fauteuils qui se transformaient en lits. Pour les repas, nous n'avions qu'une table de cuisine, abandonnée par les propriétaires. Nous avons décidé de tout laisser en l'état, car nous nous souvenions qu'à l'époque des planques, à chaque fois que nous commencions à décorer un endroit, il fallait l'abandonner en vitesse.

Nous avons acheté trois bicyclettes, qui n'ont tenu que deux mois parce qu'un voisin préoccupé par le nettoyage du parking les a jetées. Comme nous ne voulions pas nous faire remarquer, nous n'avons rien dit. Il n'était pas question de le dénoncer.

S'adapter à l'Argentine n'a pas été chose facile. Un jour, il m'est arrivé une mésaventure qui me fait rire aujourd'hui. J'étais dans le bus à mi-chemin entre Belgrano et Santa Fe, lorsque le conducteur a marqué un arrêt. Des gens sont montés, d'autres sont descendus quand, soudain, j'ai entendu un bruit semblable à celui d'une bombe, ou à une rafale de mitraillette. J'ai fermé les yeux : je pensais qu'on m'avait tuée. Au bout d'un moment, le chauffeur est venu me voir et m'a demandé où je descendais. Il pensait que je m'étais endormie. J'ai regardé autour de moi : je ne comprenais pas pourquoi je n'étais pas blessée. Je suis descendue, à 100 mètres de chez moi, et je suis arrivée à la maison en pleurant. C'est seulement en racontant à mes enfants ce qui venait de m'arriver que j'ai compris que le bruit provenait d'un train, car, à Buenos Aires les voies ferrées passent souvent au-dessus des avenues.

Pour Juana, notre nouvelle vie a été difficile à assumer. Elle rentrait du collège en demandant pourquoi elle ne pouvait pas s'appeler Manuela. J'essayais de lui expliquer que c'était pour éviter les menaces de séquestration mais, à dix ans, elle ne pouvait pas comprendre. Comme elle pleurait parfois tout l'après-midi et qu'elle déprimait, on m'a suggéré de l'initier à la musicothérapie. Cela a été très efficace, car grâce à sa voix elle a participé à plusieurs représentations et concerts pour enfants, ce qui lui a permis de s'amuser un peu, de se faire des amis et de mener une vie à peu près normale.

Cependant, un soir, elle est rentrée de l'école effrayée parce qu'un camarade de classe avait lu dans un journal que l'institution dans laquelle ils se trouvaient avait reçu des menaces d'attentat, car c'était un centre juif. Une autre fois, alors qu'Ángeles l'avait récupérée à la sortie de l'école, son enseignante lui a raconté que Juana avait mal vécu un exercice d'évacuation et que c'était, selon elle, sans doute parce que la petite n'était pas habituée à ce genre d'exercices. Mais en chemin, Juana a demandé à Ángeles si c'était à cause d'elle qu'il y avait ces menaces.

Malgré nos efforts pour nous insérer dans ce monde, les choses n'étaient pas évidentes. Il y avait aussi des tensions entre nous. Nous étions dans un appartement trop petit et nous nous disputions beaucoup. Si bien qu'un jour Sebastián nous a dit qu'il fallait qu'on laisse de côté le clan Escobar et qu'on s'investisse dans notre nouvelle vie, dans notre avenir.

J'ai donc décidé d'aller consulter une psychologue, même si c'était bizarre de parler à quelqu'un de notre vie.

Sebastián a remis cela plusieurs fois en question. De mon côté, je le ressentais différemment. Je voyais qu'entre les lignes il y avait plein de choses de ma vie que je pouvais résoudre, comme le deuil de Pablo, par exemple. Nous l'avons donc fait, mais en nous mettant d'abord d'accord sur la cohérence de notre histoire. Nous nous sommes retrouvés dans une cafétéria pour bien nous préparer : nous étions de Manizales, mon mari était mort dans un accident, etc. Sebastián est entré chez la psychologue à reculons et n'a rien dit de la séance, comme s'il voulait s'enfuir. Ça nous a quand même aidés.

Cette année d'adaptation a été très difficile. Nous n'avions pas de voiture. Nous menions une vie assez simple, mais la Colombie nous manquait, et notamment la nourriture. Sur les étals des épiceries, nous cherchions nos fruits et légumes, introuvables. Jusqu'au jour où je suis tombée sur des bananes plantains dans un supermarché Jumbo. J'en ai acheté six caisses. Je n'en revenais pas. Cela faisait plus d'un an que je n'en avais pas vu une seule. J'ai préparé tellement de *patacones*[1] pour en manger et en congeler que je ne savais plus où les mettre. Je me suis même liée d'amitié avec le concierge pour qu'il m'en garde un peu dans son réfrigérateur.

Début 1996, ma mère et une de mes sœurs, Isabel, nous ont rendu visite. Pour des raisons de sécurité, elles ont voyagé vers un autre pays où elles ont acheté les billets pour la capitale argentine. Pendant plusieurs années, afin d'éviter d'être suivie, ma famille ne faisait pas le voyage

1. Petite galette composée de banane plantain qui accompagne souvent les plats.

directement depuis la Colombie. Il leur est même arrivé de s'infliger trois escales avant d'atterrir à Buenos Aires.

Lorsque quelqu'un venait nous voir, c'était compliqué parce qu'il fallait qu'il change aussi de nom. La fois où Isabel était là, une amie nous a demandé, étonnée, pourquoi nous ne portions pas le même nom de famille. Nous n'y avions pas pensé et nous avons dû improviser et inventer un nom composé.

Lors d'un séjour de ma maman, nous avons vécu une histoire amusante qui montre combien il est difficile de s'adapter à une nouvelle culture. Un samedi après-midi, plusieurs amies m'ont invitée à danser dans une discothèque, et ma mère, bienveillante, a dit qu'elle et Isabel pouvaient garder mes enfants. À Buenos Aires, on a pour habitude de sortir faire la fête à minuit et d'aller d'un endroit à un autre. Nous étions dans une discothèque connue lorsque soudain on nous a apporté du chocolat chaud avec du pain et des viennoiseries. Étonnée, j'ai demandé pourquoi ce chocolat et la réponse m'a laissée sans voix :

« Parce que c'est l'aube, María Isabel. »

Je n'arrivais pas à le croire. Je suis sortie et j'ai effectivement vu que le soleil brillait. Connaissant ma mère, j'ai tout de suite pensé qu'elle serait furieuse parce que pour elle une veuve ne devait absolument pas rentrer à la maison au petit matin. J'ai couru jusqu'à la maison, mais plus je courais, plus le soleil brillait. Je suis arrivée à 9 heures, j'ai ôté mes chaussures, monté tout doucement les escaliers, mais, au deuxième étage, elle m'attendait. J'ai essayé de lui donner une explication, mais elle ne m'a pas laissé parler :

« Je ne veux rien entendre, tu es une dévergondée », a-t-elle crié avant de fermer la porte de sa chambre.

À trente-cinq ans, j'avais encore peur de ma mère. Heureusement qu'une demi-heure plus tard, comme prévu, la Dre Hebe San Martín et un collègue sont arrivés pour une séance de thérapie familiale. Ils ont appris ce qui s'était passé, et ils ont orienté la séance sur le manque de valeurs et sur le respect que doivent avoir les parents envers leurs enfants. Ils ont pu expliquer à ma mère que cela se passait ainsi dans la culture *gaucha*[1], que c'était normal que les jeunes et les adultes rentrent à midi après une nuit de fête. Sans leur intervention, ma mère était si furieuse qu'elle pensait repartir le jour même en Colombie.

J'ai aussi connu dans cet appartement une des plus grandes peurs de ma vie : un après-midi, un policier fédéral a demandé dans l'interphone à parler à Sebastián.

« Je descends », lui ai-je répondu, tout en demandant à mon fils de se cacher dans le parking pendant que je vérifiais de quoi il s'agissait.

J'ai pris l'ascenseur, paniquée à l'idée qu'on nous ait découverts.

Le policier a dû remarquer ma pâleur et ma voix stressée. Il était là pour encaisser une facture que Sebastián et un de ses amis devaient au club de tir fédéral, où ils s'étaient rendus une fois. Il n'était au courant de rien. Il a laissé la facture que je lui ai promis de régler au plus vite. Je me suis sentie revivre, et après avoir surmonté ma peur j'ai demandé à Sebastián de faire plus attention :

1. Les *gauchos* sont des gardiens de grands troupeaux en Amérique du Sud. Ici, culture *gaucha* renvoie à la culture argentine.

n'importe quel oubli pouvait mettre en danger tout ce que nous étions en train de construire. Il n'était allé qu'une seule fois à cet endroit, pour faire plaisir à un copain qui l'avait invité à plusieurs reprises. Cependant, nous avons convenu que ce serait la première et dernière fois. Il ne fallait pas qu'on le voie manier des armes, même en club sportif.

Nous déménagions rigoureusement tous les deux ans pour changer d'environnement, de voisins, de relations, et pour limiter les risques d'être reconnus et découverts. Pour nos courriers, nous avons mis en place avec ma famille une ligne postale qui passait par les États-Unis et le Canada, avant d'atteindre la Colombie. À chaque destination, nous changions les timbres pour éviter qu'on trouve où nous étions et effacer toute trace. De même, nous appelions très peu et seulement d'une cabine téléphonique. En réalité, on essayait de disparaître, de se fondre dans la masse, et chaque pas que nous faisions était entouré des précautions nécessaires pour préserver notre grand secret.

Il fallait notamment faire attention à ce que notre séjour temporaire en Argentine ne devienne pas illégal. Nous devions donc traverser, tous les trois mois, la frontière avec l'Uruguay afin de rentrer à nouveau en Argentine avec un visa touristique. Mais ces allers-retours n'étaient pas sans risques, aussi avons-nous décidé d'effectuer les démarches pour obtenir un permis de résidence. C'est là que j'ai rencontré l'avocat Tomás Lichtmann, recommandé par ma thérapeute. Les démarches auprès de la direction de l'immigration étaient compliquées. Les documents que nous réclamions à la Colombie étaient inutiles s'ils n'étaient pas sous nos nouveaux noms. Il a donc été nécessaire, pour certains papiers, de passer par le parquet colombien. Quant aux bulletins scolaires de mes enfants, il a fallu les modifier discrètement, afin que leur nouvelle identité apparaisse sur les photocopies. Évidemment, chaque fois que nous faisions la queue devant un bureau pour présenter un papier, nous avions peur d'être reconnus ou trahis par nos empreintes digitales et qu'une alerte rouge d'Interpol se mette à sonner. Nous avons malgré tout pris ce risque. Nous voulions devenir résidents et prendre racine dans ce pays.

Nous étions au milieu de ces démarches, lorsqu'un jour ma mère nous a appelés de Medellín, désespérée par l'addiction incontrôlable de mon frère Fernando aux drogues. Cela faisait quarante ans qu'il était tombé dedans, et je me sentais éminemment coupable de son état et de l'enfer que lui et sa famille vivaient. Je l'avais plusieurs fois accompagné dans des cliniques de désintoxication et j'avais pu me rendre compte de l'épouvantable drame enduré par ces personnes dépendantes.

Sans trop réfléchir, j'ai proposé à ma mère de m'envoyer Fernando afin de voir comment nous pouvions l'aider ici. Le célèbre psychiatre Kalina pouvait le prendre en charge.

Fernando est arrivé quelques jours plus tard pour se soumettre à une série d'examens avant d'intégrer la clinique du psychiatre. Tout est tombé à l'eau lorsque Fernando a compris qu'il serait hospitalisé. Il ne voulait pas en entendre parler, cela le mettait dans tous ses états, et il a commencé à raconter n'importe quoi. Hors de lui, sans mesurer les conséquences de ses actes, il a confié au spécialiste que sa sœur était l'épouse de Pablo Escobar. Le Dr Kalina m'a immédiatement convoquée, et j'ai compris que la situation était très périlleuse. Fort heureusement, le médecin m'a écoutée avec bienveillance.

– Monsieur, mon frère dit à tout le monde que nous sommes de la famille du président, que nous faisons partie de la guérilla, que nous appartenons à la meilleure famille de Colombie… La drogue le fait délirer et nous ne savons plus quoi faire.

Le Dr Kalina me voyait pleurer à chaudes larmes et a profité d'un silence pour me réconforter :

– Du calme, madame, si vous n'êtes pas l'épouse de cet Escobar, ne souffrez pas, laissez-le parler.

Je suis sortie de la clinique, j'ai appelé la Colombie et j'ai demandé qu'on vienne chercher Fernando parce qu'il pouvait trahir nos identités. Trois jours plus tard, une de mes sœurs et son mari sont arrivés et l'ont emmené à La Havane, à Cuba. Il n'a pas non plus tenu et a fini par retourner à Medellín.

Ce danger surmonté, on m'a recommandé peu de temps après une coach psychologue, propriétaire d'une institution, L'École de la vie, sur l'avenue Independencia. J'ai toujours été attirée par la psychologie, si bien que j'ai commencé à suivre ses cours de coaching, mais ce n'était pas facile parce qu'il fallait dissimuler ma vraie vie et raconter à mes camarades celle de quelqu'un d'autre. Une vraie odyssée ! Les gens se rendaient compte que je parlais peu, généralement à voix basse, et ils me le faisaient observer. Ils prétendaient que je semblais absente et ils avaient raison. L'angoisse qu'on puisse me reconnaître me hantait. J'ai malgré tout réussi à finir mes études de coaching ontologique.

Avec le temps, il a fallu travailler et gagner de quoi améliorer notre quotidien. Mon avocat de l'époque,

Tomás Lichtmann, m'a conseillé de me présenter aux autorités comme une migrante possédant un petit capital. Pour officialiser ce statut, je devais investir 100 000 dollars pour développer un projet qui procurerait du travail à des Argentins. Il m'a présenté un comptable, par ailleurs propriétaire d'une petite agence immobilière, pour qu'il me fasse une comptabilité conforme à la loi, condition indispensable pour déposer cette demande de résidence.

Le comptable a commencé par nous aider en nous trouvant un logement en dehors de Buenos Aires. Je sentais que ma famille avait besoin d'un endroit paisible, loin du bruit de la grande métropole, pour souffler de temps en temps et retrouver un peu de quiétude. Je suis arrivée à la maison en leur annonçant : « J'ai investi dans la santé, j'ai investi dans la santé. » Ils m'ont regardée sans comprendre. C'est ainsi que j'ai acheté une maison au Club Campos de Golf Las Praderas de Luján, dans laquelle nous avons passé, pendant des années, plusieurs étés et tous nos week-ends. Sebastián me demandait pourquoi j'avais commis cette folie d'acheter une maison hors de Buenos Aires, alors que je n'avais même pas de voiture pour m'y rendre. Au début, nous en avons loué une, avant d'acheter à crédit une petite Mazda 121 dans laquelle nous nous entassions avec nos quatre chiens.

L'achat de la maison ne s'est pas fait sans tricherie, une pratique lamentablement commune en Argentine et dont nous avons été victimes. Il était convenu avec les anciens propriétaires qu'ils me vendaient la maison meublée et nous avons fait l'inventaire des objets qu'ils reprenaient. Ils nous laissaient le reste des meubles, dont un grand piano noir à queue de la marque Steinway & Sons. Le couple n'a cependant pas hésité à l'échanger contre un piano bas de gamme fabriqué en Chine qui ne ressemblait même pas à l'original. J'ai eu beau réclamer, le propriétaire a été tellement irrespectueux, mal élevé et grossier qu'une fois les documents signés j'ai décidé de me consacrer à ma famille et de profiter de cet espace en oubliant ce mauvais épisode.

En nous aidant, en tant que famille étrangère, le comptable a gagné notre confiance et notre amitié. Si bien que nous l'avons consulté pour tout. On a même pris l'habitude de l'inviter chez nous. Il venait avec sa femme, sa fille et deux employés de l'agence immobilière. Il a ainsi intégré notre cercle intime. Juana l'aimait beaucoup, ce qui, quand les problèmes sont arrivés, s'est transformé en une source d'ennuis parce qu'il la manipulait facilement en sachant qu'elle était mineure.

Comme les services de l'immigration exigeaient que je présente un plan d'investissement, j'ai commencé à chercher, avec le comptable, des terrains en vente. J'ai décidé d'en acheter un qui, apparemment, n'avait aucun avenir puisqu'il se trouvait dans une zone peuplée de gens à la rue, de gens qui vivaient du ramassage de cartons, et de chauffeurs. Un endroit où personne n'avait envie d'aller. Mais j'ai toujours su que j'avais du flair en matière d'immobilier, et j'ai compris très tôt que ce secteur, proche du Rio de la Plata, serait vite saturé étant donné le boom des appartements de luxe, des restaurants et des bureaux, qui le désignait comme l'un des futurs meilleurs endroits de Buenos Aires. Le temps m'a donné raison. J'ai acheté, à l'angle de l'avenue Ingeniero Huergo et de la rue Estados Unidos, le plus petit terrain, d'un pâté de maisons seulement, soit 223 mètres carrés. Je l'ai payé 200 000 dollars, et peu de temps après j'ai su que le comptable avait gonflé le prix de vente pour augmenter sa commission.

Notre argent a permis de payer ce terrain, mais pas de développer le projet exigé par les services de l'immigration. Aussi avons-nous décidé de le revendre en 1998. Nous avons alors entamé des négociations avec la multinationale Shell. Elle était intéressée et voulait l'acheter pour 500 000 dollars. C'est à ce moment précis que la chaîne People & Arts a commencé à faire la publicité d'un documentaire sur la vie de Pablo Escobar. Paniqués, nous redoutions que nos visages apparaissent à l'écran.

Au milieu de cette agitation, un soir, sous prétexte qu'il voulait me parler, le comptable m'a donné rendez-vous au restaurant Cló Cló, sur la Costanera. À ma grande surprise, au milieu du dîner, il a commencé à hausser le ton et, de manière agressive, m'a dit qu'on l'avait trompé et qu'il savait parfaitement qui nous étions. Il le savait grâce à une interview que nous avions accordée quelques années plus tôt à l'hôtel Tequendama, à Bogotá, et qui avait été publiée dans une revue argentine.

Je suis restée muette. J'ai trouvé une excuse pour aller aux toilettes. J'ai appelé Sebastián et il m'a suggéré de rentrer chez nous avec le comptable. Une fois sur place, mon fils lui a raconté notre histoire en détail. Le comptable s'en est ému. Nous avons pleuré ensemble et il nous a assuré qu'il nous aiderait.

Quelques jours avant la diffusion du documentaire sur Pablo, nous avons décidé de fermer l'appartement et de déménager nos meubles dans une cave, au cas où. Au peu d'amis que nous avions, nous avons annoncé que je partais avec ma mère, présente à ce moment-là, mes deux enfants, les chiens et les valises, et que nous nous installions au bord de la mer jusqu'à la fin de l'été. Ángeles a dû à nouveau effectuer le déménagement toute seule parce que, pour des raisons de sécurité, nous avions besoin de nous éloigner au plus vite de cette ville. Elle pourrait nous rejoindre une fois que tout serait en ordre.

Au milieu de tant d'incertitude, avant de partir pour la côte, j'ai commis une des plus graves erreurs de ma vie : j'ai laissé au comptable un pouvoir et des documents signés en blanc pour que son agence immobilière puisse avancer dans le processus de vente du terrain et de la maison de Luján. Je ne savais pas encore que ses intentions étaient malhonnêtes et qu'il était en train de tout manigancer pour nous spolier.

Nous avons loué une petite maison à Carilo, à 360 kilomètres de Buenos Aires. Elle était éloignée de la plage et nous y avons passé le réveillon de 1998 pour éviter que nos connaissances fassent la relation entre nous et l'histoire de Pablo. Heureusement que ma mère nous a accompagnés. Pour mes enfants, sa présence était un cadeau. Elle avait beaucoup d'humour et aimait jouer aux cartes avec eux. Nous nous sommes amusés, nous avons cuisiné, marché dans les bois, joué avec les chiens et attendu de voir s'il se passait quelque chose. Dans la maison, nous n'avions pas de télévision câblée, si bien que nous n'avons pas vu le documentaire. En revanche, nous regardions les informations au cas où elles en parleraient.

Ces jours de vacances ont été interrompus par une visite inattendue du comptable. C'est là que ses mauvaises intentions sont apparues au grand jour. Il exigeait qu'on lui verse 20 000 dollars mensuels pour « veiller » sur nous, le prix du risque pour travailler avec une famille comme la nôtre.

« Vous savez parfaitement que je ne suis pas en mesure de vous verser cet argent, ai-je répliqué. Qu'est-ce qui vous arrive ? De plus, vous n'avez nullement besoin de veiller sur nous, ma sécurité c'est mon changement d'identité. »

Le comptable nous a dit de ne pas nous en faire, qu'on en reparlerait plus tard, et il est parti. Il était convaincu que nos nouvelles identités étaient fausses. Il ignorait que le processus légal par lequel nous les avions obtenues était notre unique atout. Le temps s'est écoulé et il n'a plus donné signe de vie : il ne répondait même plus au téléphone. J'étais très préoccupée, car notre argent se trouvait entre ses mains, si bien que je me suis déplacée jusqu'à son bureau où m'attendaient ses associés et ses complices qui m'ont raconté qu'il avait été hospitalisé, et ne pouvait recevoir personne. Désespérée, j'ai eu l'idée de l'appeler sur son portable. Il m'a répondu. Tout n'était que mensonge !

– Vous n'étiez pas censé être en soins intensifs ?

– María Isabel, comprends-moi, je suis seulement en train de prendre des précautions, le temps que les choses soient plus claires. Appelle ton avocat.

– Rendez-moi ce qui m'appartient et nous ne nous reverrons plus.

Au téléphone, Me Lichtmann m'a fait comprendre que « les pommes de terre étaient chaudes ». En clair, il ne voulait plus nous aider, sachant désormais qui nous étions. Je suis allée le voir, j'ai pleuré, supplié de ne pas me laisser seule avec deux adolescents et la petite. Rien n'y a fait. Il nous a littéralement abandonnés alors qu'il nous avait personnellement recommandé le comptable comme étant un « bon garçon de quartier ».

Même si la situation était tendue, j'ai décidé de fêter les quinze ans[1] de Juana. Sebastián, ma mère, mes frères et sœurs n'étaient pas d'accord pour que j'organise une fête. Je pensais au contraire qu'après tant d'années de douleur et de tristesse ça pouvait être une bonne idée, si bien qu'avec quelques amis et la famille, débarquée de Colombie, nous avons fêté l'anniversaire de ma fille au Circulo Italiano (« Cercle italien »).

La professeure de musique de Juana était une amie des directeurs de l'orchestre symphonique du théâtre Colon. Grâce à elle, ils ont joué une valse pour un tarif raisonnable. Le directeur de l'association m'a dit que jamais personne à Buenos Aires ne lui avait demandé d'interpréter ce classique et, comme il n'avait eu que des garçons, il n'avait jusque-là jamais pu le jouer pour quelqu'un. Résigné, Sebastián avait passé des heures entières à apprendre la valse et ce fut terriblement émouvant de le voir danser avec sa sœur. Juana a aussi chanté et, pendant quelques heures, tout était paisible.

À minuit, des policiers se sont présentés au Circulo Italiano. J'ai eu une peur bleue. Une de mes tantes, venue de Colombie, s'est approchée de moi ; ils voulaient me voir. En sortant, j'ai senti mon cœur battre à toute vitesse.

« Bonsoir madame. C'est pour vous dire qu'il y a des voitures mal garées. »

---

1. La fête des quinze ans des jeunes femmes est une tradition bien ancrée en Amérique latine.

Ce n'était rien de plus. Juste ça. La fête s'est terminée tranquillement. En regardant Juana, j'ai songé qu'à son âge j'étais déjà mariée à Pablo. Comment, n'étant encore qu'une enfant, avais-je pu avoir une relation avec un homme plus âgé ? Je dévisageais ma fille et son innocence me surprenait, comme sa façon de parler et d'agir. J'ai subitement compris la douleur ressentie par mes parents devant ma rébellion, si jeune.

Mes rapports avec le comptable ont empiré. J'ai essayé de négocier avec lui pendant une grande partie de l'année 1999. Mais à chaque fois que nous nous approchions d'un accord, il finissait par en changer les termes. Son ambition était démesurée et il en voulait toujours davantage. Finalement, mes efforts se sont avérés inutiles. Moi qui avais tout fait pour préserver la nouvelle vie que nous avions construite, en faisant attention à ne jamais dévoiler nos véritables identités, je me retrouvais entre le marteau et l'enclume à cause de lui. Une nuit, je m'en suis ouverte à Sebastián et à Ángeles :

– Nous n'avons que deux possibilités : quitter ce pays ou porter plainte contre le comptable. Qu'en pensez-vous ?

– Mère, es-tu prête à faire de la prison ? m'a demandé mon fils.

– Oui, Seba, parce que nous n'avons rien fait hors de la loi, donc nous n'irons pas en prison pour ça.

Le lendemain, je suis allée chez mon avocat et je lui ai demandé de m'accompagner au palais de justice. Je me suis jetée à l'eau et, en octobre 1999, j'ai porté plainte contre le comptable et ses associés devant le tribunal 65 de la capitale fédérale. J'ai annoncé à la juge que j'étais la veuve de Pablo Escobar, que l'État colombien avait modifié nos identités et que, depuis onze mois, j'étais menacée par ces personnes qui m'avaient par ailleurs volé plusieurs propriétés.

Dans ce bureau, j'ai raconté toute l'histoire. Lorsqu'il a appris qui nous étions, le comptable nous a coupés de notre entourage. Il a commencé par raconter notre histoire aux mamans des camarades de classe de Manuela en leur signalant que j'étais un danger et qu'il ne fallait plus m'approcher. Ensuite, il est allé voir la notaire, Susana Malanga. Il lui a fait si peur qu'elle s'est enfuie en courant. J'ai aussi confié à la juge que, dans un moment de désespoir, j'avais acheté un téléphone pour enregistrer les mensonges qu'il inventait pour me terroriser, par exemple que ses principaux clients étaient des trafiquants de drogue prêts à agir contre moi. J'ai gardé dans une enveloppe scellée les enregistrements de toutes ces atrocités qu'il m'a dites et je les ai déposés chez deux notaires de Buenos Aires comme preuves. Le comptable a riposté en engageant un grand avocat argentin qui m'a plusieurs fois menacée de révéler notre identité si nous continuions à réclamer notre dû.

Alors que la bataille faisait rage, les autorités ont eu vent de l'affaire. À en croire le dossier, début octobre 1999, Roberto Ontivero – un sous-officier de la police – a assuré qu'il m'avait identifiée par hasard à un feu rouge entre Cabildo et Juana Azurduy, à partir de photos qu'il avait vues vingt ans plus tôt à la Division des drogues dangereuses. Là, j'apparaissais comme étant Victoria Eugenia Henao, épouse de Pablo Escobar. L'enquête mentionne qu'Ontivero a noté la plaque d'immatriculation de ma camionnette et qu'il a découvert à qui elle appartenait : la compagnie uruguayenne Inversora Galestar SS, qui était à mon nom, María Isabel Santos Caballero. Il a donc pensé que j'avais illégalement changé d'identité. Avec ces renseignements, Ontivero, qui comme par hasard n'habitait pas loin de chez moi, a pu vérifier qu'une Colombienne vivait bien là avec sa fille et un couple de jeunes.

Ces éléments en poche, Ontivero aurait informé le commissaire Jorge « el Fino » Palacios, son supérieur hiérarchique, chef du Département d'unité d'investigation antiterroriste (DUIA), branche de la police fédérale argentine, qui à son tour a notifié tout cela au juge fédéral Gabriel Cavallo. C'est ainsi que la justice a couvert la supposée origine licite des investigations ouvertes « pour corroborer l'existence, ou pas, d'activités illégales en rapport avec le blanchiment d'argent ou avec d'autres conduites notifiées par la loi des stupéfiants ».

Le dossier précise que Cavallo a décidé de nous interpeller le lundi 15 novembre 1999, quand il a su qu'un programme de télévision allait révéler que la veuve de Pablo Escobar résidait à Buenos Aires. L'opération a été menée par « el Fino » Palacios et quinze de ses agents.

C'est ainsi que nous avons été incarcérés, Sebastián et moi. Lors de nos deux premières semaines de captivité, nous avons été emmenés de cellules en cellules à Buenos Aires, signe évident qu'ils ne savaient pas trop quoi faire de nous. Une nuit, nous avons été gardés au palais de justice, dans un vieil édifice sale et plein de rats. Jusque-là, on ne nous avait pas permis de nous laver. J'ai supplié le juge pour qu'on nous apporte du linge propre et de la nourriture. Il a accepté. Une nuit, je me suis retrouvée dans une cellule immense et, à 2 heures du matin, j'ai pu me laver avec une eau gelée qui m'a tout de même réconfortée. Vers 4 heures du matin, plusieurs femmes ont intégré la cellule, plus terrifiantes les unes que les autres. Au milieu de leur colère et des insultes qu'elles proféraient contre les gardes, elles ont commencé à raconter les raisons de leur présence : j'ai tué mon mari parce qu'il me trompait ; j'ai volé untel ; j'ai poignardé un mec… Chaque histoire était pire que la précédente. Mon Dieu, qu'allais-je dire lorsque ça serait à mon tour de parler ? Fort heureusement, des gardes sont apparus et m'ont emmenée au tribunal fédéral pour prendre ma déposition.

Là-bas, les cellules étaient plus petites. Une dalle en ciment faisait office de lit, mais je ne pouvais pas m'y allonger puisqu'elle ne mesurait pas plus de 1,30 mètre. Nous y sommes restés une journée entière. On m'a proposé plusieurs fois du maté[1], mais je n'en ai pas voulu. L'après-midi, on nous a servi un hamburger dont la viande semblait avariée, sa couleur avait tourné. J'ai bu beaucoup d'eau. J'avais si faim que j'ai finalement accepté le maté avec du pain. Mon fils en revanche n'a rien mangé pendant quatre jours, parce qu'il avait peur qu'on l'empoisonne. Quand il n'en pouvait plus, il a demandé de l'eau. Les gardes l'ont servi dans un cendrier. Tout n'était que cris. À chaque fois qu'on nous ramenait dans notre cellule, on voulait nous faire signer sous nos anciens noms. Nous refusions et les discussions étaient intermi-

1. Énergisant et antioxydant, le maté est une boisson populaire en Amérique du Sud, qui se prépare en faisant infuser des feuilles de yerba maté. Contrairement à la croyance populaire, le thé et le maté sont deux plantes différentes.

nables et horribles. Ils nous considéraient encore plus mal que des animaux.

La situation était consternante. J'ai demandé avec insistance au juge qu'il nous envoie dans une prison de droit commun, car nos vies étaient en danger. J'ai précisé que, s'il nous arrivait quelque chose, il en serait le seul et unique responsable et nos avocats le feraient savoir aux journalistes. J'ai tellement insisté que le juge a accepté de nous transférer à la Superintendance des drogues dangereuses, sur l'avenue Belgrano, à côté du palais du Congrès argentin.

Pendant les trois premiers mois, on ne m'a pas laissé sortir de ma cellule de deux mètres de long sur un mètre et demi de large, équipée d'une froide dalle blanche en ciment de 70 centimètres et de latrines. Sur les murs sales et dégradés, on pouvait lire des phrases écrites par des détenus désespérés. Tout au long de ma captivité, les lumières restaient allumées en permanence pour me surveiller et sûrement détruire mon moral, car personne ne peut se reposer dans un cachot baigné d'une telle lumière blanche.

L'atmosphère était tendue et déprimante. Au début, on me traitait mal et on m'insultait. Mon fils vivait la même chose. Je pouvais voir ses yeux et lui parler de loin à travers le petit rectangle de la porte par lequel les gardiens surveillaient les détenus lors de leurs rondes. On aurait dit que dans cette cellule se trouvait Pablo Escobar, pas moi. Au cours de ces mois, beaucoup de policiers et de fonctionnaires de la ville sont passés nous « voir ». Ils ne pouvaient rater l'occasion d'observer la veuve d'Escobar sous les verrous. J'avais l'impression d'être un singe de zoo enfermé dans une cage.

Anéantie par le manque de liberté, j'ai proposé aux gardiens de m'autoriser à nettoyer les cellules vides. Ils ont heureusement accepté, et j'ai pu enfin sortir un peu de la mienne. À 11 heures du matin, j'allais aux toilettes remplir les seaux d'eau et je récurais chaque cellule avec de la lessive. Je faisais jusqu'à cinquante voyages, mais ça m'était égal, cela m'occupait, parfois jusqu'à 15 heures. J'étais contente de ne pas rester enfermée. Avantage non négligeable, quand j'avais terminé, je pouvais prendre une douche que je prolongeais le plus longtemps possible.

Ce travail intensif et régulier m'a permis de faire connaissance avec les gardiens. Petit à petit, ils se sont rendu compte que je n'étais pas une folle ni une criminelle, mais un simple être humain. Sebastián étant toujours enfermé dans la même prison que moi, je lui ai plusieurs fois proposé, à travers le fenestron de sa cellule, de venir m'aider. Il a toujours refusé, répondant qu'il était en train de lire tranquillement.

« Mère, c'est vous qui avez voulu faire la bonne, moi je ne vais pas nettoyer un endroit dans lequel on nous détient injustement. »

Alors que j'essayais de surmonter cette épreuve, les choses se compliquaient à l'extérieur. La presse argentine était dure avec nous. Les médias publiaient infamies et infox et personne, dans ma famille, n'était préparé à ça.

La plus meurtrie, c'était Juana. En lisant le journal, elle a appris que sa famille millionnaire du secteur du café était en réalité celle d'un grand trafiquant de drogue. Nous ne lui avions évidemment jamais dit ce que son père faisait. Les élèves du collège commencèrent à la harceler, et leurs parents ont exigé son exclusion. En même temps, les professeurs refusaient d'enseigner à la fille de Pablo Escobar. On l'a renvoyée sans compassion. Ma fille a subi un choc émotionnel intense : elle ne comprenait pas pourquoi les adultes la rejetaient. Juana ne connaissait pas son histoire. Pendant des années, nous lui avions caché la vérité, il est vrai qu'elle n'a jamais demandé pourquoi nous avions besoin de nous cacher. Elle ne faisait qu'obéir. Elle était trop petite lorsque Pablo nous a entraînés dans sa tragédie. Mais cette cruauté des adultes a provoqué chez elle un grand et douloureux désordre émotionnel.

Juana a sombré dans une profonde et préoccupante dépression, si bien que le psy a demandé au juge qu'elle puisse m'appeler pour me parler. Nous nous téléphonions au moins cinq fois par jour et elle, en pleurs, me faisait tout un tas de reproches : ce n'était pas possible d'être aussi idiote, de m'être mariée avec un homme comme lui, comment avais-je pu choisir ce mari et pourquoi lui avais-je menti pendant toutes ces années ? Je ne savais plus quoi faire ni quoi dire. J'avais essayé de la protéger et, maintenant que tout éclatait au grand jour, je réalisais combien je m'étais fourvoyée. C'est vrai que je n'avais jamais eu le courage de lui expliquer la tragédie que nous avions vécue en Colombie.

Notre drame familial était inénarrable. Ángeles et ma mère ont dû se débattre pendant plusieurs jours avec Juana jusqu'à ce que mes sœurs arrivent de Colombie pour les soutenir. Ma mère souffrait de diabète et avait déjà eu des ischémies cérébrales. L'angoisse n'arrangeait rien, bien au contraire. La pression médiatique a coupé Ángeles de ses amies à l'université. Tout le monde nous fuyait.

Même nos quatre chiens, dont un caniche venu avec nous de Colombie pour que Juana ne déprime pas trop, étaient en train de mourir de tristesse. Le vétérinaire m'a recommandé de dormir avec un tee-shirt et de leur envoyer pour qu'ils sentent mon odeur.

Au fur et à mesure que les jours passaient, le processus judiciaire se mettait en place. Sebastián et moi étions interrogés par les enquêteurs pendant de longues heures sur les documents saisis par la police le jour de notre arrestation ; la plupart étaient des brochures concernant des édifices que je visitais pour ne pas oublier mes connaissances en architecture et en décoration. Mais le juge Cavallo était persuadé que ces immeubles m'appartenaient. Il en était même arrivé à convoquer tous les constructeurs et les architectes dont les noms figuraient sur ces brochures distribuées dans la rue. Le juge s'était imaginé un tel cinéma sur moi et ma famille qu'il ne pouvait plus être impartial.

Chaque fois que j'entrais dans son bureau, il me jetait un regard noir de colère et m'appelait par mon prénom de naissance, Victoria Eugenia, sa façon de me traiter de menteuse. Il ne m'a jamais appelée María Isabel. Il disait que je les avais trompés et que si je lui donnais des informations sur mes comptes bancaires en Colombie et à l'étranger il me relâcherait. Je me sentais de plus en plus impuissante face à ses demandes absurdes. Je ne pouvais pas lui donner des informations qui n'existaient pas.

Les jours passaient et l'instruction n'en finissait pas. Ma sœur Isabel m'a rendu visite, mais elle n'a pas supporté la cellule – je n'oublierai jamais sa tête lorsqu'elle est entrée. Nous avons dû aller dans une pièce réservée aux visiteurs. Ma mère est aussi venue me voir à plusieurs reprises avant de retourner en Colombie. Un jour, alors qu'elle était avec moi, j'ai commencé à enregistrer une cassette pour le psychiatre de Juana, mais c'était tellement long que lorsqu'elle a voulu partir les gardiens l'ont retenue. Ils pensaient que cet enregistrement contenait des informations qu'ils pourraient utiliser contre moi. Et pour couronner le tout, un de mes avocats a annoncé de façon imprudente que mes sœurs seraient aussi détenues. Résultat : l'une d'entre elles est rentrée en courant en Colombie et a pris ma mère avec elle.

Un mois après notre arrestation, il y a enfin eu une bonne nouvelle : le 19 décembre 1999, Sebastián a été remis en liberté. Il n'aurait jamais dû être incarcéré, puisqu'il n'avait jamais travaillé avec le comptable, ni réalisé la moindre opération. Cela a été difficile pour lui de me laisser seule en prison. Nous avons pleuré ensemble, je l'ai serré dans mes bras et lui ai dit qu'il devait faire preuve de courage, que tout allait s'arranger et que le plus beau cadeau qu'il pouvait me faire était de commencer ses études d'architecture à l'université de Palermo. Mais il n'était pas en mesure d'étudier avec la quantité de problèmes que nous avions sur le dos. Néanmoins, un jour, il a comblé mes espérances : il est venu me voir en prison avec sa carte d'étudiant.

À Ángeles, qui a été comme une fille pour moi, j'ai dit qu'il était important de faire des études de coaching pour s'armer et faire face à des moments aussi durs que ceux que nous étions en train de vivre. De plus, cela allait lui permettre de renouveler son cercle d'amis. Elle a invoqué les mêmes arguments que Sebastián, mais a fini elle aussi par m'écouter.

Les compétences que j'avais moi-même acquises en coaching m'ont permis d'établir des relations aimables avec les gardiens. Je leur posais des questions sur leur vie et les écoutais avec attention, si bien que de délinquante je suis devenue thérapeute et conseillère. Fruit de ces relations : ils m'ont permis de descendre au deuxième étage, dans une cellule plus grande équipée de toilettes décentes, d'un petit évier et d'une kitchenette. J'ai pu mettre mon matelas par terre et obtenir un peu plus de confort.

L'enfermement et mon état émotionnel faisaient que je mangeais énormément. Je demandais à Ángeles de m'apporter de plus en plus de nourriture. Cinq mois plus tard, je pesais 120 kilos. Préoccupée, Ángeles m'a dit un jour que si je n'arrêtais pas de manger, la prochaine fois qu'elle m'apporterait du linge, elle viendrait avec un drap pour que je m'enroule dedans, car plus rien ne m'allait. J'ai alors pris conscience du mal que j'infligeais à ma santé. Heureusement qu'un prisonnier, qui logeait en face de ma cellule, m'a donné la recette d'une soupe pour perdre du poids. Avec le maté et les séances de yoga que je faisais matin et soir dès lors qu'ils m'ont autorisée à regarder la télévision, j'ai réussi à perdre la moitié du poids que j'avais pris.

La lumière de la cellule étant toujours allumée, je lisais et j'écrivais beaucoup. De plus, pour rester enfermée le moins de temps possible, je faisais tout. Je me suis portée volontaire pour repeindre les cellules, laver les rideaux et faire la cuisine pour les gardiens. Le soir, lorsqu'ils finissaient leur ronde, afin de vérifier qu'il ne manquait personne à l'appel, j'invitais à ma table le chef et son subalterne. J'aidais aussi les gardiennes à se maquiller quand elles avaient un événement important après leur travail. Il arriva ainsi un moment où ma cellule était devenue une consultation thérapeutique dans laquelle défilaient les gardiens de la Superintendance des drogues dangereuses.

Pendant ce temps, le procès judiciaire intenté à mon encontre avançait très lentement. Le procureur fédéral Eduardo Freiler a été nommé pour prendre en charge l'affaire ; le ministère public argentin a alors consenti à réclamer auprès de son homologue colombien toutes les informations concernant nos identités. La réponse a été rapide et sans ambiguïté : notre changement de noms avait été fait en toute légalité afin que nous puissions sortir du pays. Cependant, les médias ont assuré que les deux gouvernements étaient arrivés à un accord pour nous permettre de rentrer de façon clandestine en Argentine. C'était évidemment complètement faux.

Un nouveau vent a enfin soufflé en notre faveur lorsque le procureur fédéral a repris tous les documents saisis, nos différentes déclarations et n'a pas trouvé suffisamment d'éléments pour nous inculper. Il a alors demandé au juge Cavallo de nous acquitter.

Face à la pression, Cavallo a consulté la salle I de la chambre fédérale afin qu'elle analyse le bien-fondé de l'enquête et qu'elle nomme un autre procureur que Freiler, qui avait osé remettre en question ses manquements lors de ce procès.

En un temps record, mon cas est passé entre les mains de sept procureurs différents. Le procureur Carlos Cearras a été obligé d'engager une procédure orale, avec de sérieuses réserves qu'il a notifiées par écrit face au manque d'éléments à charge ; il a en conséquence modifié le chef d'inculpation, ce qui a facilité ma remise en liberté. Je n'étais plus considérée comme la dirigeante d'une association illicite, comme le prétendait avec véhémence le juge Cavallo. Si bien que le vendredi 5 avril 2001, il n'a pas pu faire autrement que de me libérer.

Ce qui s'est produit dans la foulée nous a été favorable, car le prestigieux procureur Jorge Aguilar a non seulement ratifié notre innocence devant les trois juges qui composaient le tribunal fédéral, mais il a de surcroît accusé le juge Cavallo de privation illégitime de nos libertés, d'abus de pouvoir et de forfaiture. Il a estimé que tous nos droits avaient été bafoués.

Un de mes avocats, Ezequiel Klainer, a annoncé la nouvelle à Sebastián juste au moment où il arrivait à l'université pour mettre en suspens son année d'architecture afin de se consacrer à ma défense. L'avocat a ajouté que le juge avait exigé une caution de 200 000 dollars. Si on ne la payait pas, je ne pourrais sortir de prison. Ce à quoi mon fils a répondu, en le remerciant, qu'au moins on m'avait rendu ma liberté. Il devait maintenant réunir l'argent pour que je puisse effectivement sortir de prison.

Il était à la fois heureux et soucieux, car nous n'avions pas une telle somme. Il a tenté de m'appeler plusieurs fois à la prison, mais le téléphone était occupé en permanence. La journée s'est écoulée tranquillement jusqu'à ce qu'un gardien me dise que j'avais un appel de Medellín. C'était Astado, qui me félicitait d'avoir retrouvé ma liberté. Étonnée, je lui ai dit :

« De quelle liberté tu parles Alfredo ? On ne m'a rien dit. »

Je ne savais pas trop quoi penser, car rien n'avait été annoncé officiellement et les journaux télévisés n'en parlaient pas. Je me suis concentrée sur mes cours de coaching.

Les heures s'écoulaient sans que l'argent de la caution soit réuni. Sur les marches du palais de justice, Sebastián avait rencontré Ricardo Solomonoff, un autre de mes avocats, rentré à Buenos Aires après un séjour dans le sud du pays.

Il a dit à Sebastián de ne pas s'angoisser, il était d'accord pour nous prêter cet argent.

– Maître, sachez que je ne peux en aucun cas vous garantir que je pourrai vous rendre un jour cet argent, et je n'ai pas envie de me fâcher avec vous, lui a dit mon fils, conscient de l'état de nos finances. Je sais qu'il s'agit de la liberté de ma mère et n'importe qui à ma place l'accepterait sans réfléchir…

– Votre mère sort aujourd'hui Sebastián, autrement, lundi prochain, Cavallo va inventer un nouveau délit pour la maintenir en prison. Je monte annoncer que le paiement se fait aujourd'hui même. Attendez-moi pour qu'on aille chercher l'argent ensemble.

Mais le juge Cavallo a refusé de recevoir l'argent parce qu'on était vendredi et qu'il ne pouvait pas le laisser dans son bureau.

En colère, Solomonoff a rédigé une lettre sommant Cavallo d'ordonner à la Banco de la Nación Argentina de recevoir l'argent, sinon il porterait plainte pour privation illégitime de liberté. Le juge s'y est plié à contrecœur et a demandé à la caisse centrale de la banque de rouvrir ses portes afin que l'argent de la caution, une fois recompté, puisse être déposé dans un guichet sécurisé.

À 22 heures, l'avocat et mon fils sont arrivés à la porte de la Superintendance des drogues dangereuses. Ils avaient l'air épuisés. De mon côté, je n'y croyais pas. Sebastián m'a embrassée, nous avons pleuré, très émus tous les deux ; il m'a dit de m'habiller, de prendre mes affaires, parce que nous partions. J'ai prié et remercié le Seigneur.

J'ai raconté à Solomonoff que Cecilia Amil Martin, secrétaire de Cavallo, était venue me voir pour connaître la vérité sur l'origine de l'argent de la caution. L'avocat s'est mis en colère, il n'arrivait pas à croire que je puisse encore être victime d'actes arbitraires alors que j'étais sur le point de retrouver ma liberté.

Les démarches administratives ont duré plus de deux heures, jusqu'à ce que finalement je signe le papier qui me rendait libre. Je suis descendue dans ma cellule, je l'ai regardée une dernière fois, j'ai fermé la porte, le cadenas et je suis partie. J'ai quitté cet autre enfermement, très différent de celui que j'avais vécu aux côtés de Pablo, mais sans doute le plus douloureux.

J'ai été en liberté conditionnelle jusqu'au 14 novembre 2005, date à laquelle le tribunal a classé l'affaire. Le 31 août 2006, la Cour de cassation a confirmé le jugement. En résumé : quelqu'un avait voulu vendre notre anonymat en échange d'argent et d'un emploi dans l'administration judiciaire. J'ai été punie et privée de ma liberté pendant dix-huit mois simplement parce que j'étais la veuve de Pablo Escobar.

Le plus drôle, si j'ose dire, c'est que personne ne s'est soucié du harcèlement moral dont j'ai été victime de la part de quatre hommes : un avocat, un comptable et deux employés. Pendant dix mois, j'avais été victime de leurs intimidations parce qu'ils me savaient vulnérable, seule avec une enfant et deux adolescents. J'ai été si bête que je leur ai signé des documents en blanc qui leur ont permis de me déposséder de ce qui m'appartenait. Ils ont extorqué mes biens, m'ont menacée de mort, m'ont obligée à sortir du pays, m'ont aussi fait croire qu'ils « chargeraient » mes voitures de cocaïne pour qu'on nous arrête…

Le comptable a tout de même fini par être inculpé pour blanchiment d'argent. Ils l'ont enfermé à Devoto, où les prisonniers l'ont pratiquement lynché pour s'en être pris à la veuve de Pablo Escobar. Ensuite, il a été transféré au même endroit que nous, mais à l'étage supérieur. C'était désagréable de savoir qu'il se trouvait si près.

Un jour, j'ai dû monter et je l'ai vu, avec ses yeux injectés de sang, il fumait beaucoup. Sur son visage se lisait l'angoisse. Je n'ai pas voulu lui parler. J'avais trop de rancœur, je ne comprenais pas comment il avait pu en arriver là. Mais ce qui est sûr, c'est qu'il n'avait jamais pensé qu'on l'arrêterait lui aussi, car il s'était a priori entendu avec le juge Cavallo : il livrait la veuve de Pablo Escobar avec tous ses millions de dollars et ne serait pas ennuyé. Déçu de ne pas trouver une telle fortune, le juge a dû le faire arrêter.

Le comptable a utilisé la même stratégie que moi pour ne pas rester toute la journée enfermé. Il s'est porté volontaire pour peindre les murs. Heureusement, nous ne nous sommes jamais croisés. Il est resté deux ans en prison et en est ressorti deux mois après moi. Il y a quelque temps, je l'ai revu à la sortie d'un supermarché. Il m'a fait signe, mais je lui ai tourné le dos et j'ai poursuivi mon chemin. L'État argentin nous avait rendu les propriétés que le comptable et ses associés nous avaient volées.

La nuit où j'ai recouvré ma liberté, je suis retournée à mon appartement de la rue Jaramillo. J'étais à nouveau sous le même toit que mes enfants et mes quatre chiens. Je n'oublierai jamais le moment où j'ai pris Juana dans mes bras. Sebastián était tellement épuisé par tout ce qu'il avait dû gérer ce jour-là qu'il n'arrivait même pas à tenir debout. Plusieurs amis sont venus nous rendre visite pour m'embrasser. J'ai reçu des milliers d'appels de Colombie.

Cette nuit-là, j'ai décidé de ne pas me coucher, parce que cela faisait pratiquement deux ans que je n'avais pas vu le lever du soleil. À l'aube, j'ai pris des photos du paysage et j'ai remercié Dieu d'être à nouveau libre. J'ai mis du temps à pouvoir de nouveau dormir avec la lumière éteinte.

11

Le fantôme de Pablo ne nous laissera jamais en paix

« María Isabel, va sur Internet, lis ce qu'*El Tiempo* publie et on en parle plus tard. »

Un frisson m'a traversée lorsque l'éditeur de mon livre m'a fait comprendre, d'un ton grave, qu'il y avait de mauvaises nouvelles. Nous étions le 22 octobre 2017. Le titre de l'article : « L'argent des narcos qui embarrasse la veuve Escobar et "Chicho" Serna ». Sous-titre : « Un millionnaire argentin accuse le footballeur et les héritiers du capo de toucher de l'argent de José Piedrahíta. » Le tout illustré d'une photographie me montrant avec mon fils Sebastián.

Je ne me suis jamais opposée à la diffusion de la vérité sur la vie de Pablo ou celle de notre famille. C'est pourquoi j'ai décidé de la raconter dans ce livre. J'ai attendu un quart de siècle avant d'oser écrire. Mon silence a également permis à une partie des médias de mentir sur ma famille et sur moi.

Je n'ai donc pas été surprise par le ton de l'article, car ce n'était pas la première fois qu'ils disaient n'importe quoi.

C'est triste de voir comment les soupçons circulent sur nous et à quel point nous sommes attaqués.

L'article affirmait que l'homme d'affaires et avocat argentin Mateo Corvo Dolcet, en détention à ce moment-là, aurait dit à la justice qu'il nous avait versé une importante somme d'argent pour l'avoir présenté à José Bayron Piedrahíta, un propriétaire terrien et homme d'affaires colombien de renom arrêté le 29 septembre 2017 à la demande d'un tribunal américain. La justice le poursuivait pour avoir soudoyé un agent fédéral afin de classer son dossier.

L'article indiquait également que nous devions connaître Piedrahíta et l'origine de son argent. Enfin, le journal affirmait que, dans les semaines à venir, un juge argentin nous appellerait et que nous finirions sûrement en prison.

Dans les éditions suivantes, ils sont même allés jusqu'à la condamnation : « Le dossier qui a coulé les Escobar. Des enregistrements et des documents prouvent qu'ils faisaient partie d'une opération de blanchiment d'un puissant patron. » Mais après le droit de réponse de Sebastián, ils ont rectifié : « Zéro enregistrement de la veuve. *El Tiempo* a établi qu'il n'y a pas eu de preuves comme indiqué initialement. Les numéros des Escobar ne figurent pas dans les neuf portables que la justice a recueillis. »

Le 14 mai 2018, lorsque Sebastián et moi avons été convoqués dans le cadre de cette enquête, nous avons décidé de déposer par écrit. Voici ce que j'ai affirmé :

> « Je comparais devant vous pour expliquer qui je suis, quelles sont mes activités depuis mon arrivée à Buenos Aires il y a vingt-cinq ans, mon absence de participation à une quelconque action répréhensible, à quelque degré que ce soit, liée à Mateo Corvo Dolcet, José Bayron Piedrahíta Ceballos ou toute autre personne, parce que je ne suis jamais intervenue dans une activité illégale, ni ici, ni en Colombie, ni ailleurs, pas même pendant les années où je

vivais avec celui qui était mon mari, Pablo Emilio Escobar Gaviria.

Il est malheureux de devoir me défendre au sujet de ce passé cruel et dévastateur, non seulement parce que cela implique de rouvrir des plaies dont le traumatisme est toujours présent, mais aussi parce que, étant la "veuve de...", j'ai déjà vécu un passage intolérable devant les tribunaux fédéraux de ce pays, dans une affaire pour laquelle j'avais été injustement détenue, simplement parce que j'ai été mariée à Pablo Escobar.[...]

Je me réveille encore la nuit, en sursaut, à cause de la peur que nous avons vécue en Colombie, et c'est l'une des raisons pour lesquelles j'ai une immense gratitude envers l'Argentine. Vivre dans ce pays nous a redonné le goût de la vie et m'a permis d'éduquer mes enfants, de les aider à grandir et à devenir adultes. Ici, nous étudions, travaillons, et la vie m'a fait le grand honneur d'être grand-mère. Je raconte une partie de ma lutte quotidienne, qui m'a amenée à me souvenir des pires années de ma vie, dans un livre, pour que, si possible, mon petit-fils soit un enfant argentin heureux avec des ancêtres en Colombie, et non pas "le petit-fils de...".

Depuis que nous nous sommes installés en Argentine, j'ai travaillé comme tout le monde. Je ne suis pas et je n'ai jamais été l'héritière des millions de dollars de mon mari comme le mythe le dit. L'État colombien a confisqué cent pour cent des biens et des propriétés qui appartenaient à mon mari après que ses ennemis se sont servis. S'il n'en avait pas été ainsi, l'État colombien ne nous aurait jamais protégés mes enfants et moi.

Je vous demande de croire, Votre Honneur, que nous avons également été victimes de ces horreurs. Promue par le gouvernement colombien comme symbole de paix, j'ai rencontré les cartels du pays pour participer à l'arrêt de la guerre que

Pablo Escobar avait engagée contre l'État et les cartels rivaux. Ces réunions ont été capitales pour le pays. Elles ont permis d'éviter de nouvelles effusions de sang et de sauver la vie de nombreux Colombiens [...]. Votre Honneur, sachez que mes enfants et moi avons été victimes d'un attentat le 13 janvier 1988, au cours duquel 700 kilos de dynamite ont explosé au-dessus de nos têtes.

Quand Pablo Escobar a commencé la guerre, j'ai entendu dire que c'était contre le cartel de Cali. À sa mort, quarante chefs de cartels de différentes villes sont apparus, je ne les connaissais même pas. Et j'ai dû négocier avec eux, à la demande et sous la protection du gouvernement.

Gardez à l'esprit, Votre Honneur, que jamais, jamais, jamais, je n'ai rencontré M. José Piedrahíta. Il ne s'est jamais assis à une table de négociation, personne n'a jamais prononcé son nom devant moi. J'ai connu José Piedrahíta quatorze ans après la mort de mon mari et en dehors de tout contexte lié au trafic de drogue ou aux activités de mon mari.

J'ai travaillé dur pour élever mes enfants. Ils ont terminé leurs études et sont diplômés de l'enseignement supérieur. Sebastián a été courageux et il a réussi. Il est un fils et un frère dévoué et attentionné.

En 1999, j'ai été spoliée par un comptable à qui j'avais avoué mon identité. J'ai reçu des menaces constantes. L'histoire, malheureusement, se répète aujourd'hui avec ces poursuites. Je n'ai plus revu Mateo Corvo Dolcet depuis plusieurs années. J'ai obtenu mon diplôme de coach en organisation et j'ai occupé divers postes nationaux et internationaux dans cette discipline. Je vis simplement, je me lève tous les jours comme n'importe quelle citoyenne et je travaille. Depuis vingt-cinq ans, je suis locataire parce que je n'ai pas les moyens d'acheter un logement. Le seul bien que j'avais, je l'ai vendu et j'ai transmis l'argent à mes enfants, comme je l'ai déclaré au Trésor national. J'ai vécu avec Pablo Escobar entre mes quinze et mes vingt-deux ans seulement. Cela fait vingt-cinq ans qu'il est mort et je vis toujours en exil depuis vingt-quatre ans. Il n'est plus à mes côtés depuis trente-cinq ans, mais je suis encore poursuivie. L'État colombien, la DEA, la CIA, Interpol ont enquêté sur moi, parce que je suis la veuve de Pablo Escobar, et leur unique conclusion est que j'ai toujours été et suis encore étrangère à toute conduite criminelle. Je n'ai aucun antécédent criminel dans ce pays et dans aucun autre. J'ai consacré mon temps à être mère et, en Argentine, à étudier et à travailler.

Pablo Escobar nous a laissé en héritage l'horreur et la guerre. Rien d'autre. J'ai fait profil bas, je vis comme une citoyenne lambda, mais sans me cacher. Mon fils, Juan Sebastián Marroquín, a aujourd'hui quarante et un ans. Il y a dix ans, il a trouvé la force de montrer son visage au monde, de demander pardon pour les atrocités commises par son père. Il a écrit deux livres, *Pablo Escobar, mi padre* et *Pablo Escobar in fraganti*, qui sont traduits en quinze langues, et réalisé deux documentaires, *Pecados de mi padre* et *Escobar Exposed*[1]. Pour cela, il a été invité par l'ONU à célébrer la Journée mondiale de la paix en 2010, et depuis plus de cinq ans il donne des conférences à travers le monde sur le trafic de drogue, montrant la bonne voie aux jeunes. Il a réuni jusqu'à six mille deux cents jeunes en une seule conférence. Rien qu'au Mexique, plus de cent mille jeunes ont entendu son témoignage.

Il a retenu la leçon et n'oserait jamais prendre le chemin illégal de Pablo, même un tout petit peu. À la fin de son livre, il a remercié son père de lui avoir montré la voie à ne surtout pas suivre. Ma fille, Juana, trente-trois ans, vit toujours dans la peur. Elle n'est pas sortie de la terreur que la

1. Sorti en France sous le titre *Moi, fils de Pablo Escobar* [NDT].

guerre a laissée dans notre famille. L'horreur l'accompagnait avant même sa naissance, lorsque j'étais enceinte. Malheureusement, elle a aujourd'hui l'impression de ne pas avoir sa place dans ce monde car, malgré son bon comportement, la discrimination ne lui permet pas de grandir et la douleur la suit comme son ombre.

Je me suis lancée dans une activité immobilière par le biais d'une société, Nexo Urbano SA, nom passe-partout, parce que mon nom était déjà connu et pouvait nuire à l'image commerciale du projet. Quand j'ai développé cette activité, Sebastián était déjà architecte. Le projet qui nous a réunis est celui qu'il avait conçu pour le terrain qui m'appartenait sur l'avenue Ing. Huergo 913/15, et qui m'a été restitué par décision de justice. C'est dans ce contexte, en 2007 me semble-t-il, que j'ai à nouveau rencontré Mateo Corvo Dolcet lors d'un événement professionnel. Il m'a dit qu'il n'était plus avocat et qu'il s'occupait d'immobilier, en particulier du développement de son propre projet à Pilar.

Cordial comme toujours, il m'a demandé des nouvelles de Sebastián. Nous avons convenu de rester en contact, car nous pouvions unir nos forces pour nos activités commerciales. Mateo m'a dit, notamment, qu'il avait besoin d'investisseurs pour développer un projet immobilier ambitieux.

J'ai pensé qu'il était intéressant d'organiser un salon à Medellín, la ville d'où je suis originaire et où je pouvais trouver des investisseurs, car le marché immobilier argentin était attirant. Je voulais le faire pour obtenir un financement pour le projet de Sebastián sur mon terrain de l'avenue Huergo. Son activité en tant qu'architecte et ses excellents résultats l'avaient lié à l'architecte de renom, alors président de la Société centrale des architectes, Daniel Silberfaden. Silberfaden a proposé de participer à l'événement à Medellín et de promouvoir son activité et ses projets, ce que Sebastián a accepté avec plaisir.

Lorsque je suis allée en Colombie, j'ai séjourné dans la maison de ma famille, comme je l'ai toujours fait, tandis que Silberfaden a logé dans l'hôtel où se déroulait le salon. C'est l'un des plus cotés de Medellín. Je dispose, dans mes archives, de quatorze photographies de cet événement où l'on voit Silberfaden sur place et dans la ville de Medellín. J'ai aussi un CD contenant la présentation de nos différents projets immobiliers dans lesquels les participants pouvaient investir. Je demande à la cour de les regarder et de les analyser. Est-il sérieux de soutenir que mon fils et moi-même avons bénéficié de 100 000 dollars provenant du trafic de drogue ? J'ai invité à cet événement le président de la Société centrale des architectes de Medellín, Diego León Cierra, qui n'a malheureusement pas pu participer en raison de problèmes d'agenda. J'ai demandé à mes amies et à mes sœurs de m'aider à convoquer des investisseurs reconnus. Lors du salon, avec Silberfaden, nous avons organisé deux réunions par jour, pendant trois jours. J'ai pu les reconstituer en consultant un ancien agenda. Il y avait une réunion sous forme de petit déjeuner et une autre au moment du thé.

Chaque réunion a rassemblé une quinzaine de personnes. C'étaient des promoteurs, dont certains avaient cinquante ans d'expérience dans le secteur de l'immobilier. Le célèbre architecte colombien Laureano “Nano” Forero et de nombreuses personnalités de haut niveau y ont assisté, entre autres. Au total, les six réunions ont rassemblé une soixantaine de personnes (architectes, promoteurs, hommes d'affaires et banquiers).

À la fin de chaque réunion, les gens venaient nous saluer et nous poser des questions sur les opportunités immobilières en Argentine. Comme l'a expliqué une de mes sœurs dans son témoignage, Piedrahíta a assisté à l'événement avec sa femme. Je l'ai connu à ces réunions et il s'était présenté comme le gérant de Frigorífico Subagauca.

Sa solvabilité et l'importance de son entreprise étaient reconnues en Colombie. Presque tous ceux qui ont participé à la réunion le connaissaient. Ses entreprises d'élevage étaient citées dans les revues économiques de la région. Piedrahíta nous a félicités pour notre présentation et a montré de l'intérêt. Il a pris nos coordonnées.

Je ne le reverrais pas avant la fin de l'année 2007. Il est venu en Argentine à l'occasion d'une foire aux bestiaux. Il m'a appelée et nous avons discuté pendant une heure. Il souhaitait investir dans le pays. Il voulait que je lui trouve des options, qu'il analyserait dans les mois suivants, à son retour. Il l'a fait début 2008, avec toute sa famille. J'avais cherché plusieurs projets d'investissement, en premier lieu évidemment celui de Sebastián et de Silberfaden sur mon terrain, mais aussi ceux de Silberfaden, celui de Corvo Dolcet et quelques autres.

Quand Piedrahíta a débarqué à Buenos Aires en compagnie de sa famille, je l'ai présenté à mon fils et nous avons partagé quelques déjeuners ensemble. Piedrahíta indiquait clairement qu'il souhaitait investir personnellement, qu'il était sérieux, qu'il avait des fonds, et qu'il n'excluait pas de s'installer ou d'acquérir une résidence à Buenos Aires. Je pense que la raison pour laquelle cela ne s'est pas réalisé est que sa famille ne s'est pas adaptée à la vie en Argentine. Piedrahíta nous a expliqué bon nombre de ses activités philanthropiques en Colombie, toutes à titre personnel. À cette époque, l'un des médias incontestablement éminents et respectés de Colombie a évoqué son entreprise d'élevage comme l'une des plus importantes de la région. Je joins le magazine *La Revista Semana* contenant l'article intitulé "Avec une marque régionale", daté d'octobre 2007.

Ainsi, j'ai présenté différents projets à cet agriculteur médiatisé. Je l'ai fait en tant qu'agent immobilier, rôle que j'assumais, comme je l'ai dit, à travers la société Nexo Urbano SA.

Je lui ai tout d'abord montré le projet de Sebastián et Silberfaden mais, malheureusement, cela ne l'a pas intéressé. Je l'ai ensuite présenté à un constructeur local de renom. Puis, je l'ai mis en contact avec Mateo Corvo, avec lequel il a eu un rendez-vous dans la zone hôtelière de Puerto Madero, où Piedrahíta séjournait avec sa famille.

Après mes retrouvailles avec Mateo, connaissant ses projets, j'ai encouragé Sebastián à renouer avec lui, car je pensais que cela lui offrirait des opportunités professionnelles. Le contact a été repris à cette époque, et même après la présentation de Piedrahíta, mais uniquement pour des projets du studio d'architecture de Sebastián. De toute évidence, Corvo, avant la réunion, a précisé que les contacts avec tout investisseur potentiel faisaient partie de mon travail de courtage immobilier et que le pourcentage de la commission, en cas de succès, serait compris entre quatre et cinq pour cent. Corvo a accepté sans hésiter.

Ce dernier et Piedrahíta se sont rencontrés et se sont montrés enclins à faire des affaires ensemble. J'insiste, la solvabilité dont a fait preuve Piedrahíta, son dévouement à la famille, sa façon de régler ses dépenses – toujours avec une carte de crédit – ne pouvaient laisser présager que cet homme était associé à une activité illégale. Il parlait des efforts consentis pour créer sa société d'élevage, qu'il exploitait avec succès. J'ajoute ici des documents que j'ai obtenus de différentes entités en Colombie, qui valident l'intégrité de l'activité de Piedrahíta. Ce dernier a décidé d'investir dans le projet Pilar. Les détails de cet investissement m'étaient absolument étrangers et étaient gérés par Corvo Dolcet et Piedrahíta. Corvo m'a expliqué que ce serait un investissement progressif. Nous avons convenu qu'il recevrait pour tout type d'investissement réalisé par Piedrahíta en Argentine quatre et demi pour cent.

Je dois préciser, Monsieur le juge, qu'au-delà de l'imagination populaire, notre famille vit des fruits de son propre travail.

Donc, mon principal intérêt était que ce fermier colombien, renommé et prospère, achète ma terre. Ainsi, je pouvais transmettre une partie de l'argent à mes enfants pour qu'ils achètent leur propre maison. J'ai réussi à le faire des années plus tard, avec la vente du bien à quelqu'un d'autre. Lorsque cette entreprise a échoué, en tant qu'intermédiaire, j'avais quand même l'intention de proposer à Piedrahíta d'autres opportunités immobilières dans lesquelles les promoteurs ont reconnu ma participation. Piedrahíta était-il la seule personne intéressée pour investir dans les projets de Corvo Dolcet ? Eh bien non, j'ai présenté d'autres personnes qui, pour diverses raisons, n'ont finalement pas investi, mais étaient sérieusement intéressées.

Elles sont allées sur place, elles se sont rencontrées et je pense que certaines ont même négocié avec Corvo. Mon fils a des courriels qui prouveront cela. Je rappelle à la cour qu'à cette époque Sebastián était architecte et designer industriel, et pour cette raison il pouvait être mis en relation avec mes contacts professionnels. À cette époque, mon fils avait noué une profonde amitié avec un étudiant étranger d'origine équatorienne, l'architecte Rafael Carrasco. Ils ont monté ensemble le studio d'architecture Estudio-Box, qui allait finalement s'appeler BOX Arquitectura Latinoamericana. Grâce à Rafael, nous avons rencontré le directeur d'une entreprise de New York, aux États-Unis. Par mon intermédiaire, ce dernier s'est rapproché de Mateo Corvo pour investir, même si finalement l'affaire n'a pas été conclue. Ensuite, après avoir présenté Piedrahíta et Corvo Dolcet, j'ai pratiquement arrêté de les voir. Je me suis désengagée de Corvo Dolcet, car il n'a jamais été clair dans les comptes. Il me versait des petits transferts d'argent qui ne dépassaient jamais 5 000 dollars et, au fil du temps, il le faisait même à contrecœur.

Au début de l'année 2011, Mateo Corvo et moi avons rompu toute relation. Les efforts de Sebastián et l'intérêt de Corvo pour mener à bien le projet architectural que Sebastián avait conçu avec son partenaire ont conduit Corvo Dolcet à me verser quatre et demi pour cent de l'investissement de Piedrahíta, c'est-à-dire 101 950 dollars.

Au départ, j'ai subi des pressions pour que ce montant me soit payé en actions de l'entreprise Ínsula Urbana. J'ai refusé. Finalement, le solde a été réglé au début de l'année 2011. Comme je l'ai dit, j'ai su que cette cession n'était pas proportionnelle à l'investissement de Piedrahíta. Puis, Corvo a dit à Sebastián qu'il voulait enregistrer ce paiement, alors il a rédigé le document que vous avez trouvé chez lui, signé par Sebastián parce que je n'étais pas présente. Ce document n'aurait pas dû être signé par mon fils, car il n'a pas participé à la médiation qui a donné lieu à la commission mais, apparemment, Corvo lui a demandé de le faire comme une sorte de garantie de non-réclamation ultérieure.

C'est ma seule participation aux événements, légale à tous points de vue. L'absence de détails complémentaires tient au fait que plus de dix ans se sont écoulés depuis le jour où j'ai présenté Corvo Dolcet à Piedrahíta. Puis j'ai perdu contact avec Corvo. Sebastián a gardé le lien un peu plus longtemps pour essayer de faire avancer ce projet. Et lorsqu'il a vu que c'était impossible, il a également cessé d'avoir des contacts avec lui. En même temps, Sebastián a commencé son travail d'écrivain, de conférencier et de producteur de documentaires, avec tant de succès, d'effet et de satisfaction qu'il a abandonné sa profession d'architecte. L'immobilier n'a pas non plus été payant pour moi, alors Nexo Urbano SA a cessé d'exister.

À partir de là, j'ai commencé à me spécialiser dans le domaine du coaching et, en octobre 2016, j'ai signé un contrat avec la maison d'édition Planeta pour écrire mon premier livre, ce qui m'a également permis de démarrer mon travail de conférencière. J'ai lu les informations des médias sur mon supposé lien avec cette affaire et tous les cauchemars ont ressurgi. Malgré cela, j'ai confiance en votre jugement et vous prie de constater l'absence de tout comportement répréhensible de ma part. En ce qui concerne la composition de mon patrimoine, les médias, à partir de l'ordonnance de poursuite de Mateo Corvo Dolcet, sont allés jusqu'à signaler que toute l'entreprise était à moi ! »

***

Le lendemain de la publication de ces informations, les journalistes stationnaient devant mon immeuble. Le cauchemar recommençait. Bien que sereine parce que nous n'avions commis aucun crime, j'étais terrifiée à l'idée que cela puisse affecter Juan Emilio, mon petit-fils de cinq ans. Voilà pourquoi j'ai paniqué. Je pensais qu'à tout moment la police fédérale argentine pouvait perquisitionner mon appartement et me placer en garde à vue.

Le fantôme de Pablo ne nous laisse toujours pas en paix. Cette nouvelle affaire a eu d'autres conséquences non moins douloureuses. J'avais l'habitude de passer du temps avec Juan Emilio et ses amis, à bricoler, à fabriquer des déguisements. Mais il est étonnant de voir à quel point des adultes préfèrent croire aveuglément les médias dans lesquels je suis décrite à nouveau comme la personne que je ne suis pas.

J'ai subi en silence pendant vingt-cinq ans, comme une condamnation, le fait d'être « la veuve de ». Et j'ai dû, à plusieurs reprises, renoncer à mes droits en tant que femme. Que puis-je enseigner à mes enfants si je continue à me résigner, à renoncer à ces droits ? La force brutale des préjugés m'a fait réaliser que même si je n'avais jamais été condamnée – et même sans avoir été poursuivie –, je n'étais plus la bienvenue. Ces signes de rejet relèvent de l'ostracisme social et ont des conséquences sur mon innocent petit-fils.

Je me sens obligée de le protéger en cachant le passé qui me blesse, et c'est injuste. Comment peut-il grandir si je continue à me taire ? Est-ce un bon exemple pour lui ? Je ne renoncerai jamais à mon rôle de grand-mère, à lui donner de l'amour et du respect, à partager mes expériences afin qu'il puisse grandir avec nos valeurs humaines. Après avoir discuté avec ma belle-fille, nous avons convenu de contacter Sebastián, qui était à Cannes, au salon des producteurs de films et de télévision, le Mipcom. Après avoir insisté pendant plus d'une heure, Ángeles l'a localisé. Il était inquiet et triste, car il a choisi d'être un homme bon malgré le mauvais exemple de son papa. Il a abandonné l'idée de vouloir devenir millionnaire dans l'illégalité, ayant retenu mieux que quiconque les leçons du passé meurtrier de son père. Aujourd'hui, il se consacre aux jeunes et aux adultes du monde entier, il leur raconte notre histoire afin de les empêcher de reproduire celle de Pablo.

Malgré cela, mon fils a décidé qu'il n'interromprait pas son voyage, car il devait se rendre dans trois autres villes pour présenter son premier livre, *Pablo Escobar, mi padre*, traduit en français. Il est ensuite parti à Barcelone pour rencontrer ses éditeurs et leur donner sa version des faits. De là, il s'est envolé pour Mexico où il devait parler devant plus de cinq mille étudiants. Le tumulte créé par les articles a déclenché un autre dommage collatéral : la banque Caja Social a fermé le compte d'épargne sur lequel il recevait ses droits d'auteur. Je n'oublie pas l'indignation de mon fils, qui ne savait plus quoi faire pour ne plus être associé aux activités illégales de son père. On dirait que les banques veulent le forcer à ressembler à un criminel : s'il n'a pas le droit, en tant que citoyen, à un simple compte d'épargne, comment pourra-t-il vivre normalement ?

Après avoir rempli tous ses engagements à l'étranger, Sebastián est rentré à Buenos Aires. Il nous avait demandé de ne pas venir le chercher à l'aéroport, car les journalistes seraient sûrement à l'affût. Il a raconté que cela avait été le vol le plus long et angoissant de sa vie. Grâce à Dieu, il n'a eu aucun mal à rentrer et aucun journaliste ne l'attendait.

Au moment où j'ai terminé ce livre, dix mois s'étaient écoulés depuis l'annonce de l'accusation portée contre nous. Pendant ce temps, et comme je ne l'avais jamais vu auparavant, mon fils n'avait pu cacher son irritation. Même son visage avait changé. Il était papa désormais. La saga criminelle de Pablo avait atteint Juan Emilio, son fils unique.

À partir du moment où le parquet argentin a rendu publique l'enquête, certains de nos amis se sont éloignés. Même si la grande majorité nous a soutenus, c'était toujours douloureux.

Certaines conférences à l'étranger ont été annulées, ce qui a inquiété Sebastián, parce que c'était une source de revenus pour sa famille. Cette nouvelle plainte a entraîné des frais d'avocats. Les gens croyaient encore que nous avions des millions de dollars, ce qui est complètement faux. Mes enfants et ma belle-fille travaillent et vivent de leur travail, comme tout le monde.

Cette nouvelle enquête judiciaire, qui a pris beaucoup de place dans les médias, a dévasté notre tranquillité. Mais aussi notre intimité. Ce qu'ils ont fait à ma fille le 24 avril

2018 est scandaleux. Un magazine a publié des photos d'elle, prises alors qu'elle sortait de mon appartement. Le titre était cruel : « Obèse et déprimée, Manuela, la fille de Pablo Escobar, réapparaît ». Enrique García Medina, l'homme qui a pris cette photo, a essayé de faire de même avec moi en se jetant sur le capot de ma voiture.

On sait peu de choses de Manuela, car elle a souhaité protéger sa vie privée et en a pleinement le droit. Elle veut vivre en paix. Cependant, il y a toujours un journaliste ou un écrivain opportuniste qui voudrait gagner de l'argent en publiant de fausses histoires sur sa vie. Tant de mensonges ont été racontés à son sujet que c'est peut-être le moment de rétablir la vérité.

Manuela était une petite fille désirée. Avant de la concevoir, j'ai subi quatre fausses couches. Avec Pablo, nous avons suivi différents traitements qui ont demandé du temps et de la persévérance. Finalement, en septembre 1983, je suis tombée enceinte. Cependant, alors que j'étais enceinte de huit mois et demi, j'ai dû fuir le pays à cause de la mort du ministre de la Justice Rodrigo Lara Bonilla. Manuela est née le 25 mai 1984 au Panama et, quelques jours plus tard, Pablo m'a forcée à l'envoyer à Medellín, car il était dangereux de la garder auprès de nous. Je l'ai retrouvée seulement deux mois plus tard, mais elle ne m'a pas reconnue.

Jusqu'à l'âge de deux ans, Manuela n'a quasiment eu aucun contact avec son père puisqu'il se cachait. J'ai vécu avec ma mère, toujours sur le qui-vive à cause des perquisitions. Ces faits sont gravés à jamais dans la mémoire de mes enfants.

En 1985, lorsque nous avons emménagé dans l'immeuble Monaco, Pablo était la plupart du temps absent. Mon mari a réussi à vivre avec nous pendant trois mois en 1987. Il accompagnait tous les jours sa fille à l'école maternelle. Pour Pablo, Manuela était son ange gardien, sa danseuse, sa chanteuse, sa princesse, comme il disait. Il a réussi à la maintenir dans une sorte de bulle de cristal parce qu'il ne lui a jamais dit qui il était ni ce qu'il faisait.

En 1988, les choses ont radicalement changé quand les ennemis de mon mari ont fait exploser une voiture piégée devant l'immeuble. Nous avons dû partir. Manuela avait trois ans et demi et nous sommes allés vivre un temps chez une de mes sœurs. Les moments de partage avec Pablo étaient de plus en plus rares parce qu'il était en fuite. De plus, ses maîtresses l'occupaient énormément.

Lorsque Manuela a eu cinq ans, en 1989, nous avons célébré son anniversaire au domaine Nápoles. Ce jour-là, Pablo lui a offert une jument et son poulain. De cet anniversaire est née une fausse histoire que beaucoup croient vraie, celle de la fameuse licorne. Quelle folie ! Des gens ont affirmé que Pablo avait donné l'ordre de clouer une corne sur le front d'un cheval blanc et de lui coller des ailes. Ils ont dit aussi que l'animal était mort de ses blessures. Je ne sais pas comment est né ce conte atroce, mais cela n'a jamais existé.

Manuela et Juan Pablo ont grandi dans la peur. La vie de Pablo, les poursuites et les perquisitions ont eu un impact négatif direct sur nos enfants, qui ont dû adopter des comportements anormaux pour leur âge. Dans le cas de Manuela, par exemple, Pablo lui disait comment se comporter si quelqu'un l'interrogeait, sans explication.

« Si un policier ou une personne te demande quelque chose, tu dois toujours répondre : "Demandez à ma maman." »

Raconter une partie de l'histoire de mes enfants vise à prouver que leur chemin a été épineux. Il est admirable qu'ils aient réussi à se reconstruire et à mener leur vie avec dignité. C'est pourquoi ce qui se passe avec cette nouvelle enquête est si douloureux. Mes enfants, et maintenant mon petit-fils, sont pris dans la tempête.

Ángeles a été très forte face à cette nouvelle épreuve. Elle est entrée dans nos vies alors qu'elle n'avait que vingt ans et a choisi de rester avec mon fils, coûte que coûte, malgré les turbulences. Aujourd'hui encore, je me demande ce qui l'a poussée à monter à bord de notre navire en perdition. Pourquoi n'est-elle pas partie ? Elle partage notre vie depuis trente ans. Elle a été mon ange gardien. J'ai rencontré un être humain merveilleux qui m'a accompagnée dans la douleur et a révélé ma force.

Pendant de nombreuses années, Sebastián a refusé d'avoir un enfant à cause de son vécu. Cependant, après y avoir réfléchi longuement, ils ont décidé que leur désir d'être parents était plus fort que tout. C'est ainsi que Juan Emilio est né le 21 décembre 2012 et depuis, notre famille est pleine de lumière et d'espoir.

Juan Emilio me réconcilie avec la vie, il est la joie pure. Quand je suis avec lui, je me lie à son innocence, sa tendresse et ses caprices. Je suis une grand-mère très présente.

Mais la réalité est impitoyable et il grandit à toute vitesse. Ángeles parle à son fils des livres que son père a écrits ; Sebastián lui montre des photos de son grand-père. Le moment venu, il lui racontera la vérité. Je dirai à mon petit-fils qui était l'homme que j'ai épousé, mais en me conformant aux directives de ses parents. La tâche n'est pas facile pour eux. Au fil des jours, il devient plus complexe de répondre aux questions de Juan Emilio. Comme le jour où il m'a demandé, alors que nous étions en voiture :

« Grand-mère, comment mon grand-père est-il mort ? »

J'étais pétrifiée. Je ne savais pas comment lui raconter et je ne voulais pas lui mentir non plus, c'est pourquoi j'ai demandé conseil à Ángeles et à Sebastián, qui m'ont suggéré de dire qu'il était sur un toit.

Juan Emilio a posé à nouveau la question.

— Je suis très triste quand j'y pense, mon amour, je n'étais pas avec lui quand c'est arrivé.

— Et toi, tu étais où ? Dans une autre ville ? Pourquoi n'étais-tu pas avec grand-père ?

— J'étais en colère contre lui, c'est pourquoi nous n'étions pas ensemble.

Et j'ai changé de sujet.

Au cours de ces deux années passées à écrire ce livre, j'ai mesuré la pression à laquelle Juan Pablo et Manuela ont été soumis psychiquement et physiquement. Je me rends compte qu'il reste de nombreuses conversations en suspens, de nombreuses demandes de pardon pour l'horreur, l'enfermement, le fait de ne pas avoir pu étudier, de ne pas avoir grandi avec d'autres enfants, ni même avec leur propre famille. Aujourd'hui, malgré tout, mes enfants continuent à croire en la vie et implorent la société de les voir comme les êtres humains qu'ils sont. Je demande seulement à Dieu que mon petit-fils ne subisse pas les conséquences de cette nouvelle épreuve et que le fantôme de Pablo nous laisse enfin en paix.

Épilogue

Mon secret

J'ai dû plonger dans les profondeurs de mon âme pour avoir le courage de révéler le triste secret que j'ai gardé pendant quarante-quatre ans. Une nuit, absorbée par les émotions qui surgissent lorsqu'on écrit, et au moment de rédiger les dernières lignes de ce livre, j'ai décidé d'ouvrir mon cœur à Sebastián. Découvrir mon secret l'a dévasté. Il avait l'impression, erronée, que son père et sa mère avaient eu une relation beaucoup moins cruelle que celle que j'avais révélée. Depuis, le lien que mon fils avait tissé avec son père n'est plus le même. Il est possible qu'il en soit de même avec mes lecteurs, éveillant en eux des sentiments contradictoires sur l'homme décrit dans ces pages. J'ai raconté ma relation avec Pablo telle que je l'ai vécue et ressentie.

À la fin de la rédaction de ce livre, j'ai ressenti le besoin de partager ce secret, pour raconter cette vérité qui va sûrement aggraver encore plus la perception que nous avons du véritable homme qu'était mon mari.

J'ai expliqué à Sebastián qu'à cette époque j'avais quatorze ans et Pablo, mon petit ami, vingt-cinq ans. Un jour, il m'a serrée dans ses bras, m'a embrassée et je me suis sentie paralysée et glacée de peur. Je n'étais pas prête, je n'avais pas encore de désir sexuel, je ne disposais pas d'outils nécessaires pour comprendre ce que signifiait ce contact intime et intense. Trois semaines se sont écoulées et, sans imaginer les conséquences, je me suis vite rendu compte que quelque chose d'étrange m'arrivait, mais je n'ai jamais pensé que j'étais enceinte. Quelques jours plus tard, Pablo m'a demandé comment je me sentais. J'ai répondu que ça allait et il m'a conduite chez une dame. Je n'ai pas trouvé son comportement anormal et, un peu plus tard, nous sommes arrivés dans une maison isolée de Medellín.

Presque aussitôt, une dame d'un certain âge, qui m'a à peine saluée, m'a ordonné de m'allonger sur une civière. Ensuite, elle a mis plusieurs tubes en plastique dans mon ventre. Elle a simplement précisé qu'ils serviraient en prévention. Naïve, je lui ai demandé : « Prévention de quoi ? » Et elle a répondu : « Que tu puisses être enceinte. » Ensuite, la dame m'a dit d'être prudente et que, lorsque je commencerais à saigner, je devais enlever les tubes en plastique.

Je ne comprenais rien, j'obéissais en silence, c'est tout. Après « l'intervention », Pablo m'a déposée chez moi et m'a demandé de suivre les recommandations au pied de la lettre. Je devais l'avertir aussitôt si quelque chose se passait. Mais ce n'était pas facile de gérer cette situation parce que nous étions huit frères et sœurs et que nous n'avions qu'un WC qu'il fallait utiliser rapidement. Les jours suivants, j'ai dormi avec ces corps étrangers en moi et j'ai dû aller à l'école comme ça pour que ma mère ne se doute de rien. Je souffrais d'intenses douleurs, mais je ne pouvais rien dire à personne. Je priais Dieu que ça s'arrête vite.

Après m'être confiée à Sebastián, j'hésitais à en parler à Manuela. Tout au long de notre vie, je lui avais caché des choses pour lui éviter davantage de douleur, mais j'ai considéré que le moment était venu. La réaction de Manuela a été dure parce qu'elle a posé des questions auxquelles je n'ai pas pu répondre. Pourquoi Pablo avait-il fait cela sans me demander mon avis et sans m'avertir des risques encourus d'un avortement dans ces conditions ?

Le comportement de Pablo lui semblait encore plus répréhensible. Il aurait pu mettre ma santé en danger et même affecter ma capacité à avoir d'autres enfants.

Cette conversation entre femmes est devenue plus douloureuse. Je n'avais pas d'arguments pour expliquer pourquoi j'avais mis si longtemps à leur en parler. J'ai répondu que je n'avais jamais évoqué ce sujet avec quiconque, pas même avec ma meilleure amie, car un avortement est encore aujourd'hui considéré comme un péché impardonnable. Je pensais garder ce secret jusque dans ma tombe.

En révélant cela, je cherche à regarder mon passé en face et à prendre mes responsabilités. Je ne suis pas à l'aise en me présentant comme victime de mon mari, car j'ai un grand respect pour ses autres victimes. Il y avait beaucoup de questions que je n'osais pas poser, je devais garder le silence. Chez mes parents, il n'y avait pas de place pour le dialogue. C'était un tabou, un sujet qui n'était pas abordé. J'avoue que tout cela s'est produit parce que j'étais coupée de la réalité. Au cours des thérapies sur les traumatismes que je suis encore régulièrement, j'ai questionné mon médecin, après lui avoir donné des détails. Pour lui, ce qui m'était arrivé doit être considéré comme un viol. Dans les années 1970, le contexte social était tel qu'avoir des relations sexuelles avec son petit ami était une transgression, surtout dans une famille profondément religieuse. Je devais agir comme une adolescente qui n'avait pas le droit d'exprimer son opinion, obligée de se taire, soumise à son futur mari et, surtout, vierge avant son mariage.

Pour supporter ce qui m'est arrivé, je me suis appuyée sur des professionnels. Le diagnostic m'a coupé le souffle :

« On peut entrevoir le début d'une attitude de psychopathe, de manipulateur. Pablo Escobar conçoit la relation de couple ainsi : la femme est sa propriété. Il peut disposer de son corps, pour avoir des relations sexuelles, tout comme lui imposer un avortement, quel que soit l'avis de la femme et sans même l'informer du processus. Il met en péril la vie de sa femme, la met froidement en danger face à sa famille. Au fil du temps, ces caractéristiques s'accentuent et s'aggravent. On peut considérer que la fillette de quatorze ans a été abusée et maltraitée (techniquement, une différence de cinq ans entre l'agresseur et la victime est requise pour être considérée comme un abus, et dans ce cas il y a une différence de onze ans). D'une part, la victime est la proie d'une personne qui lui ôte toute volonté. L'agresseur l'isole de la réalité extérieure, il devient son seul point de référence, manipulant ainsi sa réalité psychologique. D'autre part, il y a la peur. La peur de l'affronter et les conséquences qui pourraient s'ensuivre, qui pourraient entraîner la mort (comme cela se produit dans certains cas). Dépassée, la victime se trouve dans une réalité psychique qui obscurcit sa compréhension et voile la réalité. Son comportement est davantage guidé par l'état de l'agresseur que par ses propres émotions ou son jugement, dans une tentative, souvent sans résultats, de le calmer, de ne pas déclencher de réactions excessives et abusives. »

Il n'est pas facile de dévoiler tous ces secrets qui ont ouvert des blessures. Je n'avais pas jusqu'à présent le courage, l'envie, les émotions ou la force de les refermer. Aujourd'hui, j'arrive enfin à prendre la mesure de ce que Pablo m'a fait, en tant que petit ami devenu ensuite mon mari !

Je veux que vous sachiez que malgré tout, à ce moment-là, je ne me sentais pas contrainte, ou je ne voulais pas le voir ainsi, ou tout simplement je ne trouvais pas d'autre issue. Mais je pardonne à Pablo parce que j'estime qu'au moins une partie de ma vie s'est bien passée : nous avons deux enfants nés de cette union. Je les remercie, car ils me donnent la force de rester en vie.

Je me demande, dans l'intimité la plus absolue, si mon amour inconditionnel pour Pablo a un lien avec ma réaction face à toute cette violence à laquelle il m'a soumise à l'âge de quatorze ans ou si, au contraire, je n'ai jamais perdu l'essence de ma relation avec lui. À la fin de cette histoire douloureuse et cruelle que je partage avec vous aujourd'hui, je me demande encore si ce qui m'unissait vraiment à Pablo était de la peur ou de l'amour.

María Isabel Santos-Escobar est autrice et conférencière. Pendant quatre années consécutives, elle a été une coach de vie et une coach de dirigeants reconnue, certifiée Profesional Certified Coach (PCC) et approuvée par l'International Coach Federation (ICF).

Responsable des adhésions en 2010-2011 pour l'ICF en Argentine, elle fut également responsable des adhésions pour l'Amérique latine pour l'ICF Global, aux côtés de Damián Goldvarg.

Enfin, elle exerce toujours la fonction de présidente de la communauté de coaches diplômés au sein de l'Institut de formation professionnelle ICP (Instituto de Capacitación profesional).

Table

Composition Nord Compo
Impression CPI Bussière en septembre 2021
Éditions Albin Michel
22, rue Huyghens, 75014 Paris
www.albin.michel.fr
ISBN : 978-2-226-44933-7
N° d'édition : 23914/01 – N° d'impression : 2050139
Dépôt légal : octobre 2021
Imprimé en France